aruco

台湾
Taiwan

こんどの旅行も、みんなと同じ、お決まりコース？

「みんな行くみたいだから」「なんだか人気ありそうだから」
とりあえず押さえとこ。そんな旅もアリだけど……
でも、ホントにそれだけで、いいのかな？

やっと取れたお休みだもん。
どうせなら、みんなとはちょっと違う、
とっておきの旅にしたくない？

『aruco』は、そんなあなたの
「プチぼうけん」ごころを応援します！

★女子スタッフ内でヒミツにしておきたかったマル秘スポットや穴場のお店を、
　思い切って、もりもり紹介しちゃいます！

★観ておかなきゃやっぱり後悔するテッパン観光名所 etc. は、
　みんなより一枚ウワテの楽しみ方を教えちゃいます！

★「台湾でこんなコトしてきたんだよ♪」
　帰国後、トモダチに自慢できる体験がいっぱいです

そう、台湾では、
もっともっと、
新たな驚きや感動が
私たちを待っている！

さあ、"私だけの台湾"を見つけに
プチぼうけんに出かけよう！

aruco には、
あなたのプチぼうけんをサポートする
ミニ情報をいっぱい散りばめてあります。

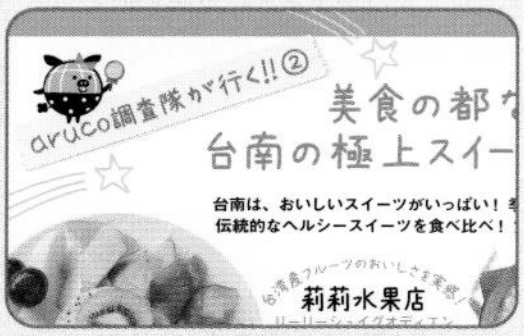

女子スタッフが現地で実体験＆徹底調査☆本音トークを「aruco 調査隊が行く !!」「裏 aruco」でお伝えしています。

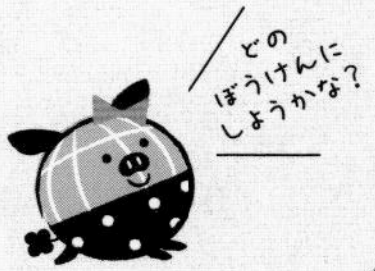

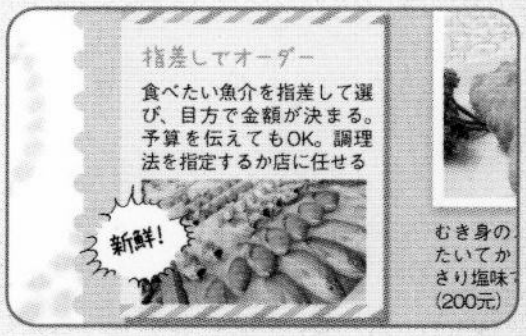

知っておくと理解が深まる情報、アドバイス etc. をわかりやすくカンタンにまとめてあります☆

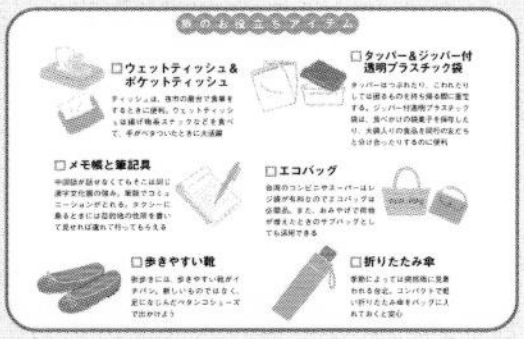

女子ならではの旅アイテムや、トラブル回避のための情報もしっかりカバー☆

右ページのはみだしには編集部から、左ページのはみだしには旅好き女子のみなさんからのクチコミネタを掲載しています☆

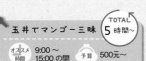

玉井でマンゴー三昧　TOTAL 5時間〜

[オススメ時間] 9:00 〜 15:00 の間　[予算] 500元〜

おすすめコース
9:00頃、台南駅からバスに乗り玉井へGO！にぎやかな市場を見学後、スイーツを食べ歩き、午後のバスで台南へ戻る半日コース。

プチぼうけんプランには、予算や所要時間の目安、アドバイスなどをわかりやすくまとめています☆

物件データのマーク

🏠……住所
🕘……営業時間、開館時間
(L.O. ラストオーダー)
[休]……休館日、定休日
[料]……予算、入場料、料金
[交]……交通アクセス
[予]……予約の必要性
※予約は中国語対応の店が多いので、ホテルスタッフに頼もう！
☎……電話番号
[URL]… URL
📷… instagram
✉ … E-Mail アドレス
[Card] … クレジットカード
A：アメリカン・エキスプレス、D：ダイナース、J：ジェーシービー、M：マスター、V：ビザ
[席]……座席数
[室]……宿泊施設の客室数
[日] … 日本語メニューあり
((日)) … 日本語 OK
[他]……他の店舗（支店）

別冊MAPのおもなマーク

●……見どころ、観光スポット
Ⓡ……レストラン、食堂
Ⓒ……カフェ、茶藝館
Ⓢ……ショップ
[B]……ビューティスポット、マッサージ
[H]……ホテル

■発行後の情報の更新と訂正について
発行後に変更された掲載情報は、『地球の歩き方』ホームページの本書紹介ページに「更新・訂正情報」として可能なかぎり案内しています（ホテル、レストラン料金の変更などは除く）。ご旅行の前にお役立てください。
[URL]book.arukikata.co.jp/travel-support/

本書は正確な情報の掲載に努めていますが、ご旅行の際は必ず現地で最新情報をご確認ください。
また掲載情報による損失などの責任を弊社は負いかねますので予めご了承ください。

台湾でプチぼうけん！
ねえねえ、どこ行く？ なに食べる？

観光にグルメにショッピング、スパ。
うーん、やりたいことはキリがない。
ココ行っておけばよかった、
あれも食べたかった……。
そんな後悔をしないように、
ビビッときたものにはハナマル印をつけておいて！

レトロとモダンが
入り交じる台湾は
あったか人情と
Happyが
あふれてる！

台湾 Lover になっちゃう♥ コレはゼッタイ見たい！ やりたい！

台南の路地さんぽには
わくわくドキドキがいっぱい P.26 →

かわいい♡が渋滞してる
乙女チックな台中町歩き♪ P.36 →

台湾のウユニ塩湖・高美湿地
＆彩虹眷村で絶景写真を撮りまくり〜♪ P.40 →

レイクリゾート日月潭でサイクリング
空中散歩＆遊覧船も楽しんじゃお！ P.42 →

登山鉄道に乗って神秘の森を歩く！
阿里山でパワーチャージ P.48 →

朝イチで九份をひとり占め♪
＆猫村で癒やされる日帰り旅 P.52 →

早起きして出かけたい！ 台南の
市場には美味と人情が満ちている P.70 →

「緑色のトンネル」とウワサの
景観も楽しめる高雄LRTでGO！ P.90 →

最旬も定番も
気になる台湾は
ぜんぶチェック！

ローカルフードに老舗ディナー、おしゃれカフェ……。台湾で食い倒れ!!

廟の中に屋台がたくさん！
"客家の町"新竹で安うまグルメ満喫 P.56 →

ひとりでも食に妥協なし！
高雄の人気店をチェック P.96 →

ハイハイ、
スイーツは
別腹です♪

ノスタルジックムード漂う
台南古民家カフェでブレイク P.78 →

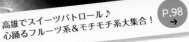

高雄でスイーツパトロール♪
心踊るフルーツ系＆モチモチ系大集合！ P.98 →

茶藝館発祥の地・台中ならでは
贅沢空間で優雅なひととき P.110 →

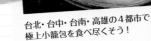

台北・台中・台南・高雄の4都市で
極上小籠包を食べ尽くそう！ P.142 →

進化系レストランで
とっておきディナー P.146 →

6

かわいい、ステキ、おいしいがあふれてる台湾♪
迷わずGETが正解

台南のおしゃれなデパート
林百貨でステキグッズをセレクト♥
P.82 →

こだわりマーケットで
"世界にひとつ"をGET
P.154 →

おみやげの宝庫♪
スーパーマーケット
P.156 →

癒やしの島、台湾でカラダもハートもリフレッシュ。
LOVE運♥もぐぐーんと一気にアップ↑↑

オンナ磨きは
まかせてね！

©台南市政府観光旅遊局

お肌ツルツル効果あり!?の泥温泉
關子嶺温泉でまったり
P.86 →

婚活女子の強〜いミカタ☆
台南で最強のLOVE運を手に入れる
P.30 →

メイドイン台湾のコスメで
キレイになりたい！
P.160 →

台湾式シャンプーでスッキリ
極楽スパ＆足裏マッサージも◎
P.162 →

Contents

🍴グルメ　📷ショッピング　✏おさんぽ　👀見どころ　💅ビューティ　🛏泊まる　📋情報

便利だね！

"取りはずせる"
別冊MAP

ざっくり知りたい台湾基本情報

これだけ
知っておけば
安心だね

お金のコト

通貨・レート **1元= 約4.7円** （2023年11月現在）

台湾の通貨単位は元（ユエン、NT$ ニュータイワンドル）

両替 手数料に気をつけて必要な分を

円から元への両替は、空港や街なかの銀行でできる。手数料は銀行ごとに違うので必ず確認を。数日の旅行なら空港での両替が効率的。屋台をはじめ、支払いは現金のみとする個人商店も多いため、現金もある程度は用意しておこう。国際ブランドのクレジットカードがあれば、現地ATMでのキャッシングも可能（金利には留意を）。

チップ 基本的に不要

物価 日本より少し安い

（例：🥤(500ml)=20元～、
🚕=85元～、🚃=20元～）

お金について詳細はP.184をチェック！

交通費は日本よりも少し安い。デパートに並ぶ服や靴などのファッションアイテムは、日本とあまり変わらない

ベストシーズン 3月～4月、10月～11月

台湾にはっきりとした四季はなく、長い夏季と短い冬季がある。春は晴天なら暑いくらい。5月中旬から6月中旬は梅雨。夏は、暑く日差しが非常に強いので紫外線対策は必須。冬は肌寒くなる程度だが、北部は12月から2月にかけては冷え込むこともある。

夏(8～9月)は台風シーズン！かなり蒸し暑い。

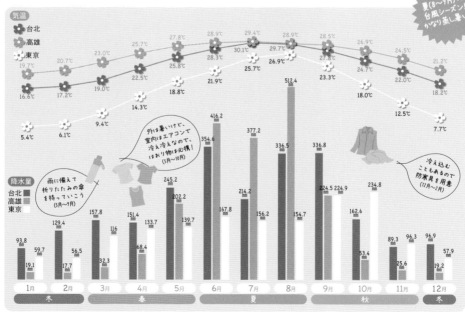

外は暑いけど、室内はエアコンで冷え冷えなので、はおり物は必携！（5月～10月）

雨に備えて折りたたみの傘を持っていこう（5月～9月）

冷え込むこともあるので防寒具を用意（12月～2月）

データ：気温は平均気温の月平均値　東京：気象庁　台湾：交通部中央氣象局

日本からの飛行時間　約**1時間半〜4時間**

（成田・羽田⇒台北＝約3時間35分、那覇⇒台北＝約1時間30分、福岡⇒台北＝約2時間30分、大阪⇒台北＝約3時間、札幌⇒台北＝約4時間など。高雄への直行便もある）

時差　**−1時間**

日本	1	2	3	4	5	6	7	8	9	10	11	12	13	14	15	16	17	18	19	20	21	22	23	0
台湾	0	1	2	3	4	5	6	7	8	9	10	11	12	13	14	15	16	17	18	19	20	21	22	23

サマータイムはない

ビザ　**90日**以内の観光は**必要なし**

日本のパスポートであれば、パスポート残存有効期間＝台湾入国時に滞在日数以上。往復または第三国への航空（乗船）券の提示が必要。

言語　**北京語**

台湾語や客家語も話されている。ホテルでは英語や日本語が通じる。日本語を学ぶ人も多い。原住民はそれぞれ固有の言語をもっている。文字は繁体字（旧来の正字）を使用。

旅行期間　**最低2泊3日**は必要

1都市滞在であれば2泊3日でも楽しめる。2都市以上や台湾周遊の旅なら、3泊4日または4泊5日以上の日程が望ましい。台北や高雄のみなら弾丸トラベルも可能。

交通手段　**都市によって異なる**

台北と高雄ではMRT、台中や台南ではバスが便利。台中もMRTも開通。

詳細はP.178〜181

詳細はP.178〜181

台湾で使われている民國暦

台湾では独自の年号「民國」が使われている。中華民国が発足した1912年を紀元として制定されており、西暦マイナス1911が民國の年号となる。西暦2024年は民國113年。お菓子など食品の製造日や賞味期限が民國暦で表示されていることがある（→P.158）。

トイレ

台湾の環境保護署は、水溶性トイレットペーパーを便器に流すことを奨励する政策をスタート。公的機関の公衆トイレでトイレットペーパーを流せるようになった。台北MRTの駅構内のトイレは水溶性トイレットペーパー。ただ、トイレ内に「請勿將衛生紙丟入馬桶內」という張り紙がある場合は流さずに、備え付けのゴミ箱に入れること。

台湾は親日的

台湾を旅していると日本語で話しかけられたり、親切にされることが多い。台湾の人々とのふれあいが旅をより思い出深いものに。

おもな祝祭日とイベント

1月1日　元日。中華民國開国記念日（祝日）
（2023年12月30日〜2024年1月1日は連休、2025年は1/1のみ）

1月下旬〜2月中旬　★旧暦大晦日、★旧正月1〜3日（祝日）
（旧暦正月元旦2024年2月10日、8〜14日は連休、2025年1月29日、25〜2月2日は連休）

2月28日　和平記念日（祝日 2025年2月28日〜3月2日は連休）

2月上旬〜3月上旬　元宵節（小正月）
（2024年2月24日、2025年2月12日）

4月4日　児童節（祝日）

4月　★清明節（祝日）
（2024年4月4日、4〜7日は連休。2025年4月5日、4〜6日は連休）

5月1日　國際勞動節（メーデー）
（2025年5月1日〜4日は連休）

6月上旬〜下旬　★端午節（祝日）（2024年6月10日、8〜10日は連休。2025年5月31日、30〜6月1日は連休）

9月上旬〜下旬　★中秋節（祝日）（2024年9月17日。2025年10月6日、4〜6日は連休）

10月上旬　國慶節。中華民國誕生の記念日（祝日）
（2025年は10〜12日は連休）

★印は毎年日にちが変わる。記念日や祝日が土曜と重なる場合は金曜、日曜と重なる場合は月曜が振替休日となる。店やレストランの多くが通常無休で営業するが、旧正月（春節）の大晦日から数日は休業する店が多い。

台湾では太陽暦（新暦）と太陰暦（旧暦）が併用されている。旧暦の祝日は毎年日にちが変わるので注意！

台湾の詳しいトラベルインフォメーションは、P.165〜をチェック！

台湾の詳しいトラベルインフォメーションは、P.165〜をチェック！

到着!

3分でわかる！
台湾かんたんエリアナビ

南北に細長い島、台湾は九州ほどの大きさ。中央を通る北回線を挟み、北が亜熱帯、南は熱帯。
中央部には南北に標高3000m級の山々が連なっている。
変化に富む地勢が台湾各地に独特の景観を造りだし、魅力あふれる見どころや文化、名物が生まれた。

新竹

台湾北部

楽しいスポットがいっぱい

A 政治・経済の中心地
台北　タイペイ
→ P.123

東京23区の半分ほどの大きさの台北市。歴史ある迪化街周辺、街のシンボル台北101がそびえる信義エリアなど、多彩な表情を持つ。

おもな見どころ

●忠烈祠……… P.124	●台北101……… P.125
●總統府……… P.124	●國父紀念館…… P.125
●中正紀念堂… P.125	●故宮博物院…… P.130
	●饒河街夜市…… P.131

その他北部エリア　●新竹………… P.56

B ノスタルジックタウン
九份　ジョウフェン
→ P.52

かつての金鉱で栄えた街は、今は人気No.1の観光地。情緒ある町並みを歩けば、タイムスリップしたかのよう。ローカルな平渓線の旅も楽しい。

おもな見どころ
●平渓線………… P.54
●猴硐………… P.54

台中　C

日月潭　☆D

台湾中部

都会と自然。両方揃ってる

C 台湾第2の都市
台中　タイヂョン
→ P.103

日本統治時代の建築物を再生したショップやレストランなど、話題のスポットが続々誕生中。今、注目なのは、草悟道沿いのエリア。

おもな見どころ
●寶覺寺………… P.104
●孔廟………… P.104
●國立自然科學博物館… P.104
●國立台湾美術館… P.105

嘉義

阿里山　☆E

D レイクリゾート
日月潭　リーユエタン
→ P.42

総面積793ヘクタールのダム湖。周囲の山と湖が織りなす景観が美しく、レイクリゾートとして人気。原住民サオ族の集落があり文化に触れられる。

おもな見どころ
●日月潭ロープウェイ… P.45
●九族文化村…… P.45

E 森林鉄道が走る
阿里山　アーリーシャン
→ P.48

阿里山とは、台湾の最高峰、玉山（3952m）の西に連なる山々の総称。樹齢数百年の巨木や森林鉄道、祝山での雲海＆ご来光など見どころが多い。

おもな見どころ
●奮起湖………… P.48
●祝山、小笠原山観景台… P.50
●阿里山森林遊樂區… P.51

台南　☆H

玉井

☆I

高雄　☆J

小琉球　シアオリォウチォウ
→ P.164

サンゴ礁の小島♪

その他中部エリア　高美湿地……P.40、59　彩虹眷村……P.41
集集線……P.46　嘉義……P.112

九份

台湾 東部

雄大な
自然に触れ
られる！

F 原住民文化を感じる
花蓮 ホアリエン

→ P.116

国際港として発展し、美しい海岸線をもつ。大理石や翡翠の産地として知られており、太魯閣峡谷観光のベースとなる町でもある。

おもな見どころ
● 松園別館……… P.116

G ダイナミックな景観
太魯閣 タイルーグー

→ P.118

台湾を代表する景勝地のひとつで峡谷一帯が国家公園に指定されている。2000m級の険しい山々に囲まれた大理石の峡谷はダイナミック。

おもな見どころ
● 燕子口……… P.118
● 長春祠……… P.119
● 九曲洞……… P.119

その他東部エリア

礁渓温泉……… P.120

温泉って
いいなぁ

I ♥ Taiwan

楽しめる！
森林浴が

太魯閣 G
花蓮 F

礁溪温泉

台北
aruco台北も
要チェック！
TAPEI

A
B

台湾 南部

美味の
宝庫を食べ
歩き〜♪

H 美食の都
台南 タイナン

おもな見どころ

→ P.63

台湾で最も早く開発され、かつては政治の中心地でもあった古都。美食の都としても知られ、伝統的なローカルグルメを満喫できる。

● 赤崁樓……………… P.64
● 孔廟……………… P.64
● 國立台灣文學館…… P.64
● 台南市美術館二館… P.65
● 安平古堡…………… P.66
● 德記洋行・安平樹屋… P.67

I マンゴーの聖地
玉井 ユイジン

→ P.32

台南の北東に位置するマンゴーの産地。5〜9月の最盛期には、観光客で大にぎわいになる。絶品マンゴー氷＆スイーツは必食。

おもな見どころ
● 玉井青果集貨場……… P.32

J 南部最大の都市
高雄 ガオシオン

おもな見どころ

→ P.87

高雄は、アジア有数の貿易港。夜の愛河クルーズやフェリーで旗津に渡って海鮮料理を堪能するなど、多彩な楽しみ方ができる町。

● 高雄流行音樂中心… P.22
● 駁二藝術特區……… P.23
● 旗津……………… P.34
● 六合夜市………… P.89
● 蓮池潭…………… P.92
● 瑞豐夜市………… P.93

海底温泉
があるよ

綠島 リュータオ
→ P.164

N

INFORMATION

台鐵に新車両『EMU3000』がデビュー

©TRA

決練された快適な車内

2021年末に新登場した台鐵の「EMU3000」。日立製作所が担当した車体はシンプルなラインとカラーが美しく、「2021グッドデザイン・ベスト100」にも選出された。台湾の駅や切符では「自強（3000）」と表記。

日本語音声もあって安心！

台鐵の券売機が進化
日本語対応がさらに便利に

2021年夏から導入が始まった台鐵の新型券売機では、チケット購入のほか予約チケットの受け取り、払い戻しや悠遊卡（→P.177）など交通ICカードのチャージも可能に。さらに多言語表記が充実し、日本語表記もよりわかりやすく進化。

台中初となるMRT『綠線』が開通

「台中MRT」（略称TMRT）の初となる烏日文心北屯線（通称グリーンライン、綠線）が2021年4月に開通。全長16.71km、台中市北東の「北屯總站」を起点に台中市を回り、終点「高鐵臺中站」まで全18駅（→P.179）。URL www.tmrt.com.tw/jp/

始発6時、終電24時。運賃20元〜。HPに日本語あり

©TMRT

台中駅の旧線路沿いに
『綠空鐵道1908』オープン

台鐵台中車站が高架化され新駅舎となり、その際廃線になった線路が2021年に緑道として整備された。台中駅旧駅舎の裏、鐵道文化園區から約1.6km。

綠空鐵道1908
リューコンティエダオイーチョウリンバー
Map 別冊P.18-B3 台中中心部

⌂ 台中市中區台中車站旧線路沿い
◷ 10:00〜20:00（ホーム入口）
Ⓜ 台中「台中」車站より徒歩すぐ

台鐵高雄駅
リニューアル進行中

2018年からスタートした改修工事で、ホームの地下化、新駅舎建設、周辺整備などが進行中。駅のデザインはオランダの建築設計事務所メカノーによるもの。

陽光を生かしたデザイン！

かざしてGO！ラクラク通過

高雄MRT改札に
タッチ決済を導入

高雄MRTは、クレジットカードで改札を通過できるタッチ決済対応改札機を採用。「タッチ決済対応マーク」があるVisa、MasterCard、JCBが利用可。

蜜柑駅長、出勤！
猫駅長に会えるかな？

高雄MRT紅線「R22A橋頭糖廠」站の猫駅長「蜜柑（ミカン）」。野良猫から駅長に抜擢、一躍大人気に。普段は執務室で職務にあたる。窓口の勤務日時は @krtcmikan で要確認。

ミカンです。安全第一にゃ

©高雄捷運公司

台湾各地に誕生した最新情報をご紹介。旅に役立つあれこれ、チェックして！

新しい台湾
来てにゃ
©高雄捷運公司

SIGHTSEEING

台湾各地に注目のアートスポットが誕生

ここ数年、デザインやクリエイティブな活動が注目されている台湾。各地に注目のアートスポットが誕生し、ますます目が離せない。斬新なデザインの美術館やアートセンターといった公共施設から撮影スポットとして人気のウォールアートまでarucoがご案内。

台北

斬新なデザインが目を引く台湾パフォーミングアートセンター

臺北表演藝術中心

タイベイビアオイエンイーシューヂョンシン/TAIPEI PERFORMING ARTS CENTER

[Map] 別冊P.3-C2 士林

2022年7月開館。MRT劍潭站近くに建つ舞台芸術に特化した複合施設。キューブ型の建物から3つのシアターが突き出て目を引く。

🏠台北市士林區劍潭路1號 ☎02-7756-3888 🕘12:00〜21:00 [休]月 [料]入場無料（チケット料金は公演により異なる） [Card]A.J.M.V. [交]MRT淡水信義線「劍潭」站3番出口より徒歩約2分 [URL]www.tpac-taipei.org

鳳凰木の花
がモチーフ
データは→P.65

台南

2019年開館。台南市美術館二館

現代的な白い建物は、台湾の建築家・石昭永とプリツカー賞を受賞した坂茂建築設計事務所が共同設計。現代アートを中心に展示し、図書館や劇場もある。ミュージアムショップ、レストラン、カフェを併設。

高雄

「海」がモチーフ 高雄流行音樂中心

2021年10月オープンのポップミュージック専用の音楽ホール。ひときわ目立つ「音浪塔」（2棟のタワー）、「鯨魚堤岸」（6つのライブハウス）など5つの要素で構成される。高雄の新カルチャーを体感できる。

波に鯨に
珊瑚礁。
新名所爆誕！
データは→P.22

高雄

4つのコンサートホール・劇場を収容

衛武營國家藝術文化中心

ウェイウイングオジアイーシューウェンホアヂョンシン

[Map] 別冊P.17-D1 高雄

2018年10月完成の芸術文化センター。同地に群生するガジュマルに想を得て、台鐵高雄駅と同じくオランダの建築設計事務所メカノーが手がけた。

🏠高雄市鳳山區三多一路1號 ☎07-262-6666 🕘11:00〜21:00 [休]無休 [交]MRT橘線「O10衛武營」站6番出口より徒歩約1分 [URL]www.npac-weiwuying.org

造形美は
必見！
散策にGO
©衛武營ウェイウイン國家藝術文化センター

エリア内に案
内図もあるよ

高雄

ウォールアートで地域を活性 衛武アートビレッジでSNS映えを狙う！

衛武迷迷村

ウェイウーミーミーツゥン

[Map] 別冊P.17-D1 高雄

2016年の「高雄苓雅國際街頭藝術節」をきっかけに、国内外のアーティストが描いた、100画を超えるウォールアート群。撮影スポットとして今では観光名所に。

🏠高雄市苓雅區衛武里行禮街・尚勇路周辺 🕘24時間 [休]無休 [交]MRT橘線「O10衛武營」站5番出口より徒歩約5分 [URL]khh.travel/zh-tw/attractions/detail/318

G GOURMET

台南

台南の歴史的建造物を リノベしたスタバが人気

2023年1月、台鐵台南駅から徒歩約5分、線路沿いにある「台南文創園區」にスターバックスがオープン。れんが造りのコの字型の建物は、日本統治時代に建てられた台湾総督府専売局台南出張所で、台南市が古蹟として指定している。

星巴克　台南文創門市
シンバークータイナンウェンチュアンメンシー
Map 別冊P.15-C1 台南

♠ 台南市東區北門路16號　☎06-223-5690
🕐7:30〜20:00　Card J.M.V.
Ⓟ106 ⊕台鐵「台南」車站より徒歩約5分
URL www.starbucks.com.tw

壁や床は当時のままで歴史を感じられる

台北

オープンちゃんファミリー♪

台北松山空港に待望のフードコートが登場

2023年6月、第2ターミナル（国内線）2階に誕生したフードコートには、「五花馬水餃館」、フライドチキン「頂呱呱TKK」など11店が並ぶ。

台北松山機場　美食廣場
タイペイソンシャンジーチャン メイシーグアンチャン
Map 別冊P.6-A1 台北松山區

♠ 台北市松山區敦化北路340-9號
台北松山機場第2ターミナル2F
🕐店舗により異なる　⊕6:00〜19:00（店舗により異なる）⊕無休 Card 店舗により異なる　⊕MRT文湖線「松山機場」站2番出口より徒歩約3分
URL www.tsa.gov.tw

H HOTEL

女子旅にぴったりの ホテルが続々オープン！

この数年、台湾各地に次々とホテルがオープンしている。台北には、日本語対応が心強い日系ホテルが登場。高雄には、デザインが楽しいカジュアルなホテルや都市型リゾートホテルなどが開業。予算と目的に合わせてセレクトしたい。

台北

西門町エリア初の日系ホテル
ソラリア西鉄ホテル 台北西門

2023年8月、台北・西門站近くにオープン。高さ120m、28階建てで6階がロビー、7階以上が客室でダブル、ツイン、トリプルなど14タイプあり全298室。

データは → P.140

高雄

無印良品が手がけたホステル
棧貳沐居

台湾無印良品「MUJI RENOVATION」が手がけたホステルが2023年春オープン。「大人の秘密基地」を歴史的建造物の倉庫に造る斬新なコンセプトから高雄の今を体感！

データは → P.102

高雄港の景色をひとり占め

高雄

ポシュテルで快適なホテルライフ
福容徠旅

データは → P.102

台湾各地にホテルを展開する福容大飯店が手がけるポシュテルが2023年10月に開業した。15階は、全室IKEAとのコラボルーム。IKEAの商品を試せると口コミで話題に。

朝食の「握飯丸」（おにぎらず）はスマホで注文可

IKEAテイストを満喫♪

高雄

都市型リゾートホテル
承億酒店

宿泊施設という枠にこだわらず、アート・カルチャーの交流の場を提供するモダンでラグジュアリーなホテルが2022年開業した。

データは → P.102

夜景と入浴を同時に堪能♪

台北
台北の『南門市場』がリニューアルオープン

老朽化により取り壊された南門市場が、4年の歳月をかけて2023年10月7日にプレオープン。地上12階建ての地下2階から2階が市場として営業し、254店が入居する。

南門市場　ナンメンシーチャン

Map 別冊P.8-B2　台北車站南部

⬚台北市中正區羅斯福路一段8號　☎02-2321-8069　⏰7:00～19:00　⬚月　Card店舗により異なる　⬚MRT淡水信義線・松山新店線「中正紀念堂」站2番出口より徒歩すぐ　URLwww.tpnanmen.org.tw

台中
宮原眼科のお茶専門店『礫社』営業を再開

2019年の開業後、コロナ禍で臨時休業していた「礫社」が2023年6月に営業再開。多種揃う美しい包装のお茶はおみやげに最適。

データは→P.158

台中
Mitsui Shopping Park LaLaport

台湾初のららぽーとだよ♪

Map 別冊P.18-B3　台中

⬚台中市東區進德路600號　☎04-2215-6991　⏰11:00～22:00、土・日10:30～異なる　⬚台鐵「台中」車站より徒歩約6分　URLwww.mitsui-shopping-park.com.tw/lalaport/taichung/jp/index.html

三井ショッピングパークららぽーと台中が開業

台湾初のららぽーとが2023年春、台中に誕生。北館・南館合わせて約300店舗が出店。2つのフードコートを含む飲食店も多彩。無印良品の地域最大店舗も。

全土
無印良品　台湾限定商品を続々リリース

台湾全土に店舗を展開する「無印良品」。お菓子やお茶、海鮮醤といった調味料など、台湾限定商品が続々リリースされている。おみやげ選びに立ち寄ってみて。

データは→P.157

電鍋にも使える多用鍋は3サイズ、490～690元

台北
2024年、松山文創園區の『誠品生活』24時間営業開始

「松山文創園區」にある「誠品生活」が書籍数を3倍に増やし、24時間営業を開始。朝食から夜食まで提供するカフェも登場予定。

誠品生活 松菸店
チェンピンションフォ ソンイエンディエン

Map 別冊P.11-C1
台北信義イースト

⬚台北市信義區菸廠路88號　☎02-6636-5888　⏰24時間（2024年以降）　⬚無休　CardJ.M.V.　⬚MRT板南線「市政府」站1番出口より徒歩約8分　URLwww.eslitecorp.com

台中
台鐵台中駅に『鐵鹿大街』オープン

台鐵台中車站の新駅舎1階に、2020年末に登場したショッピングストリート「鐵鹿大街」。飲食店やコンビニなど約40店舗が入り、フードコートも。

鉄道利用の前後に便利

鐵鹿大街　ティエルーダージエ

Map 別冊P.18-B3　台中

⬚台中市中區台灣大道一段1號 台中車站1F　☎04-3505-9988 内線50555　⏰11:00～21:00、土・日・祝10:30～21:30　⬚無休　Card店舗により異なる　⬚台鐵「台中」車站すぐ　URLwww.tcrp.com.tw/stores

台南
台湾の美味も味わえる三井アウトレットパーク台南

2022年にオープン。台南の「阿霞飯店」の新業態「A SHA」、嘉義の行列店「林聰明沙鍋魚頭」などの飲食店や「郭元益」など有名菓子店もある。

三井アウトレットパーク台南
MITSUI OUTLET PARK 台南

Map 別冊P.2-A3　台南

⬚台南市歸仁區歸仁大道101號　☎06-303-3666　⏰11:00～21:30　⬚無休　Card店舗により異なる　⬚高鐵「台南」站または台鐵「沙崙」車站より徒歩約3分　URLwww.mitsui-shopping-park.com.tw/mop/tainan/jp/index.html

高雄
高雄にアウトレットが開業
SKM Park Outlets 高雄草衙
ガオシオンツァオヤー

Map 別冊P.17-D1　高雄

⬚高雄市前鎮區中安路1之1號　☎07-796-9999　⏰11:00～21:30、金・土・日・祝～22:00　⬚無休　Card店舗により異なる　⬚MRT紅線「R4A草衙」站2番出口よりすぐ　URLwww.skmpark.com

アウトレット併設の大型ショッピングモールが高雄国際空港近くにオープン。台湾で唯一の複合娯楽施設「鈴鹿サーキットパーク」は家族連れに大人気だ。

台湾3泊4日 aruco的 究極プラン

プチぼうけんしちゃうぞ!

台湾には、行ってみたい町、必食グルメ、GETしたい物がいっぱい!
台北を起点に3泊4日で人気スポットをチェック&各地の名物食べ歩き〜♪
arucoが究極旅プランをご提案。1日プラスすれば台湾をもっと楽しめちゃう!!

Day1 台北の定番をもらさずチェック!

迪化街+永康街でお買い物♪
台北101と饒河街夜市も必見。

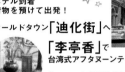

- **13:00** 桃園空港/松山空港に到着
  - バスまたはタクシー・MRT
- **14:30** ホテル到着 荷物を預けて出発!
  - MRT+徒歩
- **15:30** オールドタウン「迪化街」へ
  - 「李亭香」で
  - 台湾式アフタヌーンティー P.127
  - 伝統スイーツでゆるり
  - 「BUWU 布物設計」「梁山泊壹零捌」
  - 「大春煉皂」「富自山中」でお買い物

P.126-127

- MRT約7分
- **17:00** 「永康街」で雑貨をチェック P.125
  - MRT約11分
- **17:30** 「台北101」からビューを満喫 P.125
  - 徒歩すぐ
- **18:30** 「鼎泰豐 101店」で小籠包ディナー P.125
  - アツアツ小籠包食べて幸せ〜♪
  - 徒歩約20分

- **19:30** リノベスポット「松山文創園區」をぐるり P.125
  - ショッピングもアートも楽しめる!
  - 徒歩約7分+MRT約25分

- **21:30** 「饒河街夜市」〜「五分埔」をぶらり P.131
  - MRTまたはタクシー
- **23:00** ホテル到着

Day2 高鐵に乗って港町・高雄へGo!

南部最大の都市・高雄で
MRT&LRTに乗って食べたり買ったり♪

- **9:00** 台北のホテルをチェックアウト
- **9:21** 台北站から高鐵に乗車、高雄をめざす
  - MRT約13分+徒歩約9分
- **11:20** 左營站に到着
- **12:00** 「三餐暖食」で台湾伝統料理のランチ P.96
  - 徒歩約15分
- **13:30** 「正牌白糖粿」の高雄名物・白糖粿でおやつ P.99
  - しみじみおいしい♪
  - 徒歩約15分

- **14:00** 「高雄流行音樂中心」対岸や横の公園からウォーターフロントを撮影 P.22
  - 徒歩約5分
- **14:20** 「高雄流行音樂中心」の見学&散策 P.22
  - 毎日15時に旋回します
  - LRT約2分

- **15:00** 「高雄港大港橋」で旋回を撮影 P.23
  - 徒歩約10分
- **15:10** 「駁二藝術特區」をぐるり P.23、89
  - 徒歩約3分
- **15:45** 「棧貳庫 KW2」でショッピング P.89、101
  - 徒歩約5分
- **16:30** 「新濱・駅前」でコーヒーブレイク P.91
  - 徒歩約9分

- **18:30** 旗津の「海濱海產」でシーフードディナー P.35
  - 徒歩約9分+フェリー約10分+タクシー約3分
- **20:00** 「六合夜市」をひやかす P.89
  - 徒歩約15分

- **20:45** 「放鬆意識」で足裏マッサージ P.163
  - タクシー約4分
- **22:00** 「高雄婆婆冰 創始店」のかき氷でクールダウン P.98
  - MRTまたはタクシー
- **23:00** ホテル到着

Day3 古都台南でショッピング＆グルメ三昧

古民家カフェやおしゃれデパートetc.
人気スポットを制覇。夜はマッサージへ。

8:30	ホテルをチェックアウト
鉄道 約35分 **9:00**	台鐵高雄車站から台鐵台南車站へ自強號で移動
徒歩 約20分 **9:34**	台南車站着 P.64
10:00	グルメストリート 「**國華街**」で小吃食べ歩き P.24-25

グルメなら
ここだよ

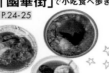

徒歩 約10分 **11:00**	「**戎舘**」「**錦源興**」「**年繡花鞋**」で 台南雑貨をチェック P.80-81

徒歩 約15分 **12:30**	「**赤嵌樓**」を見学 P.64
徒歩 約10分 **13:30**	「**上海華都小吃**」で 小籠包ランチ P.144

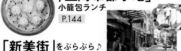

徒歩 約10分 **14:30**	「**新美街**」をぷらぷら♪ 「金德春老茶荘」「富貴冰淇淋」「慢温MenWen」 P.27
徒歩 約15分 **16:30**	「**林百貨**」で おみやげ探し P.82-83

台南名物
美味です

徒歩 約2分 **18:00**	「**度小月**」で擔仔 麺＋台南料理で夕食 P.75
徒歩 約8分 **19:00**	「**莉莉水果店**」で フルーツデザート P.84

徒歩 約24分 **20:00**	幻想的な「**神農街**」を夜さんぽ☆ 「BAGSMITH&CO.」「五條港行號」で お買い物＆「沃準醸造」の クラフトビールで乾杯！ P.28-29

徒歩または タクシー **21:30**	「**御手國醫養生會館**」 で足裏マッサージ P.163
23:00	ホテル到着

イタ気持ち
いい〜♪

Day4 最終日は台中の伝統市場で食べ歩き

人気のお菓子を入手したら台北にリターン
ラストミニッツまで楽しんじゃお！

7:00	ホテルをチェックアウト
高鐵45分＋ 台鐵30分＋ 徒歩約15分 **8:13**	台南站から台鐵＋高鐵で台中へ移動
10:00	台中「**第二市場**」で朝食食べ歩き 「顔記肉包」「老王菜頭粿」 「嵐肉燥専賣店」ほか P.106-107、150

市場で発見
行列グルメ

徒歩 約10分 **11:00**	「**宮原眼科**」で おみやげGET！ P.39

徒歩 約5分 **11:30**	「**第四信用合作社**」 でもりもりアイスを 完食 P.36

たくさん
揃ってます

徒歩 約5分＋ 台鐵20分 **12:30**	高鐵台中站から高鐵で桃園站 or 台北站へ
高鐵 約1時間 **13:30**	桃園站 or 台北站着
MRT または バス **夕方**	桃園空港 or 松山空港発、日本へ

こんなおみやげ
買っちゃいました

打狗餅鋪の高雄郎
120元
P.100

林百貨でお守り 各190元
P.83

宮原眼科で
パイナップルケーキ
450元 P.39

猪飼料柑仔店でポップコーン
3缶350元（バッグ付）
P.158

梁山泊壹零捌で
ピアス 各430元
P.127

+1 Day 台中の人気リノベスポットへ 郊外へも足を延ばして♪

台中のリノベスポット巡り&
絶景スポットへミニトリップ

皆さんを笑顔でお迎え

| 高鐵約50分
+台鐵約10分 | **8:45** 台北 |
| バスまたはタクシー | **10:30** 「台中」車站 |

11:00 「寶覺寺」 P.104

↓ タクシー約15分

11:40 リノベスポットをハシゴ
「審計368新創聚落」
「緑光計畫」 P.38

↓ 徒歩約9分

13:00 地元っ子が熱愛する「葉小籠包」でランチ P.145

↓ タクシー約7分

14:00 レトロな「中非咖啡」でまったりチルタイム♪ P.38

午後時間を満喫して

↓ タクシー約26分

15:30 「彩虹眷村」で写真撮りまくり P.41

カラフル♡ビレッジはSNS映え！

↓ バス+台鐵+バス

18:00 「高美湿地」でサンセットを愛でる P.40-41、59

超絶★美景に出合えたらラッキー！

↓ バス+台鐵+バス

一中街名物スナック♡

21:00 一中街夜市で小吃食べ歩き P.109

↓ 徒歩または タクシー

23:00 台中泊

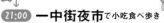

アレンジプラン

マンゴーの聖地、玉井 P.32
夏のマンゴーシーズンに狙いを定めて台南から玉井へ。半日でもマンゴー三昧を楽しめて大満足。

レイクリゾート、日月潭
台中からバスで約1時間40分なので日帰りでも十分可能。1泊すれば朝の美景が楽しめる。 P.42

集集線でローカル線の旅
台中から日帰りでOK。二水車站から、終点の車埕車站まで約50分ののんびり鉄道旅。 P.46

阿里山
嘉義を早朝に出発すれば日帰りも可能。台北、台中、高雄からは1泊2日で出かけよう。 P.48

台湾の自然を体感できる東部
ダイナミックな自然美が楽しめる太魯閣峡谷は、花蓮観光とあわせて1泊2日がおすすめ。 P.118

安うまグルメが楽しめる新竹
台北車站から約70分。日帰り観光が十分可能。ビーフンなど台湾ローカルグルメが豊富。 P.56

人気No.1観光地、九份
台北近郊のレトロタウン。写真撮影が目的なら15時頃に九份入りし、夕暮れから撮影開始。 P.52

ほっこり癒やされる礁溪温泉
台北から鉄道・バスで1時間程度と駅近でアクセス便利な温泉リゾート。日帰りもできる。 P.120

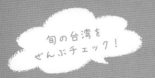

旬の台湾を
ぜんぶチェック！

感動のトレジャーアイランド、台湾でドキドキ、わくわく体験♪ とっておきのプチぼうけん☆

北から南まで多彩な見どころ＆名物があるトレジャーアイランド、台湾。
絶景と美味と人情あふれる台湾の町をめいっぱい楽しめる
arucoがセレクトした14のプチぼうけん♪
さぁ、とっておきの台湾と出合える旅に出かけよう！

新スポットが続々登場！

今話題の「高雄」ウオーターフロントで 最新ランドマークを全制覇！

KAOHSIUN

高雄港周辺が大変貌！ ウオーターフロントに続々登場した個性的な建築たち。国際港湾都市「高雄」のイメージを塗り替えた、旬のスポット巡りに出かけよう。

ベイエリア散策

TOTAL 2時間〜

オススメ時間 朝〜　予算 30元〜

💡 夕暮れから夜もおすすめ
昼間もロマンティックな夕日やライトアップがロマンティックな夕暮れから夜もおすすめ。海辺なので暑さ・寒さ対策を忘れずに。

どこを撮ってもフォトジェニック 超絶進化中の高雄を探検！

夜景の魅力は水面に映る光。港町の情緒を感じて

「それ、どこで撮ったの？」と聞かれること間違いなし！ 天候、時間、角度によってさまざまな表情を見せるキラキラ☆ウオーターフロント。歩きやすい服装で、徒歩やLRT（→P.90）を組み合わせてLet's Go！

 哈瑪星　駁二蓮薬 ③
 受河 ↑白色戀人貨櫃屋
駁二大義 大義倉庫群 ①　真愛碼頭
 ②
 光榮碼頭
高雄港　鯨魚魚堤岸
旅運中心
←高雄港旅運中心
高雄展覧
500 m

台湾国内のポップミュージック人材育成などの目的で造られた音楽ホール。ひときわ目立つのが白いトレブルタワーとバスタワー。対岸の商業施設、珊瑚礁やクジラの堤防（展示場）などで構成される。

Map 別冊P.16-B1 高雄

🏠高雄市鹽埕區真愛路1號　☎07-521-8012
🕐高浪塔10:00〜22:00（屋外24時間）　🈺月
🚇LRT「C11真愛碼頭」站よりすぐ
🔗kpmc.com.tw

蜜柑（ミカン）駅長などキャラクターとのコラボも♪

蜜柑（ミカン）駅長→P.14

POINT
建物前の「海風廣場」や対岸の「光榮碼頭」で撮影。夜景撮影はカメラ固定がベター

Location

朝から夜まで撮影必至！
高雄の新アイコン

「海」がテーマのポップ・ミュージック専門ホール

高雄流行音楽中心
ガオシオンリォウシンインユエヂョンシン

絶景度 ★★★
ロマンティック度 ★★
建築美 ★★★

高い塔がトレブルタワー

撮るしかないでしょ♡

バスタワー

WAREHOUSE

Location
夕暮れ時から夜が狙い目！

毎日15時に旋回

高雄港大港橋
ガオシオンガンダーガンチアオ

POINT
15時前は混雑するので撮影場所は早めに確保。条件次第で、美しい夕暮れの撮影も可能

台湾で唯一の回旋橋。毎日15：00のほか、金・土・日曜の19：00に旋回（約3分で終了）。倉庫をリノベした「大港倉」で買い物やグルメも楽しめる。

[Map] 別冊P.16-B1 高雄

⌂高雄市鹽埕區大港橋 ◷24時間（回旋時は通行止め） [交]LRT「C12駁二大義」站よりすぐ
[URL]www.facebook.com/GreatHarborBridge

絶景度 ★★☆
ロマンティック度 ★★★
建築美 ★★★

貝殻とイルカをモチーフに設計された橋

労働者の町、高雄を象徴するようなアートも点在

POINT
イベント開催時は混雑する。周囲に気配りしながら撮影を。LRT線路横断は指定場所で

セルフィでSNSアップ

絶景度 ★★
ロマンティック度 ★★
建築美 ★★☆

Location
ユーモラスな作品が点在するアート特区

どこも絵になるアートスポット

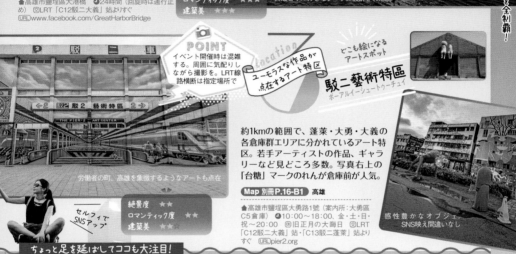

駁二藝術特區
ボーアルイーシュートゥーチュイ

約1kmの範囲で、蓬萊・大勇・大義の各倉庫群エリアに分かれているアート特区。若手アーティストの作品、ギャラリーなど見どころ多数。写真右上の「台糖」マークのれんが倉庫前が人気。

[Map] 別冊P.16-B1 高雄

⌂高雄市鹽埕區大勇路1號（案内所：大勇區C5倉庫） ◷10:00～18:00、金・土・日・祝～20:00 [休]旧正月の大晦日 [交]LRT「C12駁二大義」站・「C13駁二蓬萊」站よりすぐ [URL]pier2.org

感性豊かなオブジェ。SNS映え間違いなし

ちょっと足を延ばしてココも大注目！

愛河に面した映えカフェ

白色戀人貸櫃屋 バイスーリエンレンフオグイウー

高雄の中心を流れて高雄港に注ぐ愛河。河岸には、SNSアップに欠かせない映えアイテム、透明なハンギングチェアを置いたカフェも登場して話題に。

[Map] 別冊P.16-B1 高雄

⌂高雄市前金區河東路189號
☎07-281-5380 ◷11:00～23:00
[休]無休 [料]120元～ [Card]不可
[席]30 [交]MRT橘線「O4市議會（舊址）」站2番出口より徒歩約10分
[URL]www.facebook.com/whitelover.189

昼間の台湾ビール最高♪

海の玄関口、クルーズターミナル

高雄港旅運中心
ガオシオンガンリューユィンチョンシン

クジラ形を模した曲線の造形美が話題の国際クルーズターミナル。2023年末完成予定。3階のテラス「海韻藝術廣場」と1階の公園のみ一般開放中。

[Map] 別冊P.16-B2 高雄

⌂高雄市苓雅區海邊路5號
◷10:00～21:00、土・日9:30～（3F） [休]無休 [交]LRT「C9旅運中心」站よりすぐ

2023年11月現在、正式開業に向けて準備中

港の景色ってステキね～

台南注目のグルメストリート
國華街(グオホアジエ)で激うま食い倒れ

台南の台所として古くから愛されている永樂市場に隣接する
國華街三段には、台南の伝統小吃を支えてきた小さな店が
並んでいる。台南の美食を國華街三段で食い倒れちゃおう!

食べ歩きを
楽しんで!

阿松割包の
店主・林夫妻

碗粿
魚羹

台湾版バーガー(豚の舌)

oYUCoオススメ
①皿目
割包
グアバオ

1個45元

台湾版バーガー

1個40元

豚肉や酸菜をバンズで挟んだ
割包。他店では見かけない豚
の舌がイチオシ。紅麹やスパ
イスで煮込んだ舌を味わって。

瘦肉(豚赤
身肉)もあ
る

ローカルB級グルメを
狙い撃ち!

おいしいものしか生き残れない名店
揃いの台南で、約150mの國華街三
段にはB級グルメの名店が軒を連ね
ている。現地の人には古くからなじ
みのあるグルメストリートは、今で
は観光客にもマストなスポットに!

グルメストリートで食い倒れ
TOTAL
1時間〜

オススメ 9:00頃〜
時間 16:00頃 予算 100元〜

人気のB級グルメを満喫♪
まずは食べたいメニューを事前にピックアッ
プし、優先順番を決めて食べ歩きをスター
ト。食べ過ぎに注意して。

イートインで
内用
ネイヨン

イートインOK
台湾式バーガーの人気店
阿松割包
アーソン
グアバオ

阿松割包

Map 別冊P.14-B2 台南

🏠台南市中西區國華街三段181號
☎06-211-0453 ⏰8:00〜
18:00(売り切れまで) 休木、旧正月 Card不可 席15
🚉台鐵「台南」車站より徒歩約20分

とろうま肉そぼろごはん

oYUCoオススメ
②皿目
肉燥飯
ロウザオファン

小15元+滷蛋15元

順番に作る
からね〜

細切れの豚肉を醤油やネギ
を入れたたれで煮込んだ
濃厚なそぼろをご飯に
かけて食べる。煮玉子を
添えても◎。

oYUCoオススメ
③皿目
豆花
ドウホア

40元

新鮮な大豆から
作る豆乳に、に
がりを入れて作る
豆乳プリン。シ
ロップをかけて
食べる。冬季
は温かいタイプ
が45元。

イートインOK
氷菓で
クールダウン
修安扁擔豆花
シウアンピエンダンドウホア

Map 別冊P.14-B2 台南

🏠台南市中西區國華街三段
157號 ☎06-226-1069
⏰8:30〜21:30
休無休
Card不可 席25
🚉台鐵「台南」
車站より徒歩約21分
URL www.facebook.
com/XiuAnDoHua

台湾版大豆プリン

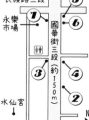

イートインOK
庶民的な味わいの食堂
阿芳肉燥飯
アーファン
ロウザオファン

Map 別冊P.14-B2 台南

🏠台南市中西區國華街三段140號
☎06-222-4181 ⏰6:30〜14:00 休月
Card不可 席10
🚉台鐵「台南」車站より徒歩約22分

國華街三段MAP
Map 別冊P.14-B2

好味紅燒蚵仔魚煨

民族路三段

永樂市場

國華街三段(約150m)

① ⑤
⑥
③ ④
②

水仙宮

N

民權路三段

民族燒肉飯

HUA
STREET

テイクアウトします
外帯
ワイダイ

aruco オススメ
④皿目
蚵仔煎
オーアージェン

70元

新鮮なカキと野菜を使っ
たオムレツは、ふわっと
したやさしい食感。だし
のうま味を感じるシイタ
ケ雑炊もクセになる。

90元

香菇飯湯
シアングー
ファンタン

シイタケ雑
炊も美味。
手入れが行
き届いた鉄
板で焼く

カキ入りオムレツ

イートインOK

ふんわり♪絶品！カキオムレツ
石精臼蚵仔煎
シージンジョウオ
オーアージエン

Map 別冊P.14-B2 台南

🏠台南市中西區國華街三段182號
☎06-223-5679　🕖7:00～17:30　🈺不定休
Card不可　🚻20　🚉台鐵「台南」
車站より徒歩約21分

永輝樂
牛肉湯

阿松
割包
訂購専線
2110453

碗粿
魚羹

永輝
牛肉湯

砂鍋魚頭
専賣店

石精臼
蚵仔煎

aruco オススメ
⑤皿目
潤餅
ルンビン

55元

お正月や清明節に食
べる伝統食。今は手
軽にいつでも食べ
る。薄焼きの皮に野
菜や肉、漬物などを
巻いている。

台湾版生春巻き

グルメストリート國華街で激うま食い倒れ

具は選べない。
ピーナッツ砂糖
入りだから甘め

イートインOK

行列が絶えない人気の老舗
金得春捲
ジンデー
チュンジュエン

Map 別冊P.14-B2 台南

🏠台南市中西區民族路三段19號
☎06-228-5397　🕖7:30～16:30
🈺火、旧正月1週間　**Card**不可　🚻10
🚉台鐵「台南」車站より徒歩約20分
URL www.kintoku.com

食べごたえ
十分！

おいしい
好呷
ホウジャー

aruco オススメ
⑥皿目
碗粿
ワークゥイ

35元

米粉の汁に豚肉やエビを
入れて味付けし、お椀に
入れて蒸す。甘いとろみ
ソースとわさびで食べる。

つみれのとろ
みスープ、魚
煉35元も◎

フォークで崩して。弾
力が心地よくて完食！

イートインOK

B級グルメの必食代表格
富盛號碗粿
フーションハオワークゥイ

Map 別冊P.14-B2 台南

いくらですか？
多少錢？
ドゥオシャオチエン

🏠台南市中西區民族路
三段11號　☎06-227-
4101　🕖7:00～17:00
（売り切れまで）　🈺木、
旧正月未定　**Card**不可
🚻14　🚉台鐵「台南」
車站より徒歩約20分

食べ歩き心得五ヶ条
一 混み合う時間帯は8:00～
10:00、12:00～13:00
二 テーブルがない店は
テイクアウトのみ
三 ウェットティッシュを持参
しておきたい
四 小銭や小額紙幣を
用意しておくと会計が楽
五 通りはスクーターが多く
行き交う。十分注意して

台湾版ライスプリン

ひとつ
ください
買一個
マイイーゴ

古都・台南のストリート&路地へ ぶらぶら気ままにおさんぽしよ♪

心ときめく♡路地探検 わくわくが止まらない!

台南ならではの歴史あるストリートや路地には、老舗や古民家カフェが。気ままに歩いてお宝を探そっ♪

ランタンにときめく神農街へ

路地歩き楽しすぎる

台南気ままさんぽ

TOTAL 2時間〜

オススメ時間 午後から夜　　予算 お買い物次第

ストリート&路地を行ったり来たり 台南に数ある魅力的なストリート&路地を気分でチョイスしておさんぽ。お買い物&カフェ巡りなら新美街へ。かわいい写真を撮るなら蝸牛巷がおすすめ。夕暮れからはレトロな神農街へ。

OLD TOWN 老街

古都台南の歴史地区には、多くの老街がある。そこには人々の信仰を集める廟がある。昼と夜で趣きを変える神農街は台南一の人気ストリート

旅の記念にどうぞ♪

路地を探検にゃ

TAINAN STREET MAP

兌悦門　新美街
信義街
神農街
正興街
蝸牛巷
旭峰號 慢果鮮
甘單咖啡館

N

静かな路地だよ

蝸牛巷

ヲーニゥゥアン

かたつむりに合える路地

蝸牛(カタツムリ)の路地という意味。小説家・葉石濤が作品『往事如雲』で書いている「蝸牛巷」から命名。

1. 住宅地を通る路地　2. かわいい道標　3. 蝸牛グッズのカプセルトイ　4. 「蝸牛巷をゆっくり歩こう」の標識

Map 別冊P.14-B2　台南

信義街

シンイージェ

歴史を感じる

古都の歴史を実感できる路地。西端に位置する「兌悦門」は、清朝の城郭都市台南府城」の城門。

1. 兌悦門に上ると信義街が見下ろせる　2. 信義街と文賢路の交差点に位置する兌悦門

Map 別冊P.14-A1　台南

新美街

シンメイジェ

OLD&NEWがMIX

古い街並みに現れるおしゃれなジェラートショップ。ジェラートは、カップかコーン、いずれかを選べる

1 慢温Menwen
マンウェン

ハンドメイド♡アクセ

デザイン学科で学んだアクセサリー好きの女性2人がオーナー。天然石のオリジナルブレスレットを中心に扱い、オーダーメイドもできる。

恋愛運
アップ♪

1. ブレスレット「藍色清真寺」3760元　2. ブレスレット「聖母峰的整復者」3780元

Map 別冊P.14-B2 台南

🏠台南市中西區新美街320號　📞06-221-1313　🕐11:00〜19:00　🈺月　💳J.M.V.（3000元〜）　🚃台鐵「台南」車站より徒歩18分　🔗www.menwen.com.tw

こんなお店も

Ⓐ 舊來發
1875年創業の菓子店。伝統菓子を販売
Map 別冊P.14-B1
台南
🏠台南市北區自強街15號　📞06-225-8663　🕐9:30〜20:30　🈺無休　🚃台鐵「台南」車站より徒歩16分　🔗www.twglf.com

Ⓑ 花出
厚焼きトーストと人形焼きのショップ
Map 別冊P.14-B2
台南
🏠台南市中西區郡緯街33號　📞0928-873-482　🕐13:00〜19:00　🈺無休　🚃台鐵「台南」車站より徒歩18分　🔗www.facebook.com/huachutoast/

Ⓒ 呼嚕咖啡館
かわいい猫たちと出合えるカフェ
Map 別冊P.14-B2
台南
🏠台南市中西區新美街198號　📞06-222-9971　🕐12:00〜無休　🈺無休　🚃台鐵「台南」車站より徒歩18分　🔗www.facebook.com/gorogorokohii/

2 富貴冰淇淋
フーグイビンチリン

台湾産の素材にこだわる

オーナーの郭さんは、台湾産の新鮮な素材を使うことにこだわる。毎日7種ほどを用意しており、季節のフルーツを使ったメニューも。

Rich Gelato

定番の高山烏龍茶檸檬（シングルカップ）100元。甘酸っぱい

Map 別冊P.14-B2 台南

🏠台南市中西區新美街143號　📞06-223-8185　🕐11:00〜18:00　🈺水・木　💳不可　🈺16　🚃台鐵「台南」車站より徒歩20分　🔗www.facebook.com/weloveRichGelato

水出しでも美味

店主イチオシの高山烏龍茶「萬年青」400元（4両＝150g）。南投縣仁愛鄉産

3 金德春老茶莊
ジンダーチュンラオチャーヂュアン

155年間この地で営業

1868年に開店。以来、同じ場所で商売を続けるお茶屋さん。現在は5代目が店を守っている。茶葉の産地を訪れ買い付け、自ら焙煎。茶葉は1両から購入可能。

新美街MAP

▲新美術
成功路
Ⓐ①
Ⓑ
Ⓒ
民族路　②
③→大天后宮 →P.31
約400m（徒歩5分）
民權路
N
蝸牛巷へ 500m

Map 別冊P.14-B2 台南

🏠台南市中西區新美街109號　📞06-228-4682　🕐9:00〜20:00　🈺無休　💳不可　🚃台鐵「台南」車站より徒歩20分

正興街

ジェンシンジェ

にぎやかタウン

スイーツ店やレストラン、カフェや雑貨店などが並ぶ。週末は多くの人でにぎわう人気ストリート。

蝸尾家

蝸尾家甘味處
散歩甜食
チュエンウェイジアガンウェイチューサンブーティエンシー

大人気！ソフトクリーム

店頭に順番待ちの人が集う大人気のソフトクリーム店。添加物不使用のこだわりのソフトクリーム100元は日替わり・数量限定で2種類。

自然な甘さです♪

Map 別冊P.14-A2 台南

🏠台南市中西區正興街92號　🕐11:00〜18:00（売り切れまで）　🈺不定休、旧暦大晦日　💳不可　🈺テイクアウトのみ　🚃台鐵「台南」車站前の南站からバス14、88で「中正商圈」下車、徒歩約3分

泰成水果店
タイチョンシュウイグオディエン

新鮮フルーツデザート

1935年創業の老舗フルーツ店。メロンを器にした「哈蜜瓜瓜冰」230元が名物。夏季はマンゴー、冬季はイチゴなどで作ったシャーベットがのる。

インスタ映え！

Map 別冊P.14-A2 台南

🏠台南市中西區正興街80號　📞06-228-1794　🕐12:30〜18:00　🈺木　🈺60元　💳不可　🚃台鐵「台南」車站前の南站からバス14、88で「中正商圈」下車、徒歩約3分　🔗www.facebook.com/Taicheng.fruit.shop

幻想的なレトロストリート
神農街を街ぶらしましょ☆

台南の夜を彩る幻想的なストリート。
歴史的建造物とランタンが調和する
神農街を行ったり来たり。

夜さんぽが楽しい♪ストリート

OLD TOWN

神農街 シェンノンジエ

ランタンが彩る老街

台湾のビールをどうぞ

1 金華府 ジンホアフー

1830年に創建

Map 別冊P.14-A2 台南

⌂台南市中西區神農街71號 🕘8:00～21:00 [休]無休 [交]台鐵「台南」車站前の南站よりバス14で📍「西門、民權路口」下車、徒歩約6分

かつてこのあたりで勢力を持っていた許姓一族によって建てられたと伝えられている小さな廟。主神は関聖帝君。

2 太古 タイグー

レトロなバーでチルタイム

築100年以上の古民家を使ったバー。神農街のほぼ中央にあり、2階のバルコニー席からは通りを一望できる。

Map 別冊P.14-A2 台南

⌂台南市中西區神農街94號 ☎06-221-1053 🕘19:00～翌2:00、土18:00～、金・土～翌3:00 [休]無休 [料]200元～ [Card]不可 [席]200 [交]台鐵「台南」車站前の南站よりバス14で📍「西門、民權路口」下車、徒歩約7分 [URL]ja-jp.facebook.com/taikoo94

神農街の夜はステキ！

3 沃隼釀造 ヲースンニアンザオ

クラフトビールで乾杯

台湾のクラフトビールが飲めるバー。4種のビールを飲み比べる四種口味350元。ビール各種は1杯180元。

Map 別冊P.14-A2 台南

⌂台南市中西區神農街108號 ☎06-358-3994 🕘16:00～24:00、金・土～翌1:00 [休]不定休 [Card]不可 [席]18 [交]台鐵「台南」車站前の南站よりバス14で📍「西門、民權路口」下車、徒歩約7分 [URL]www.facebook.com/wedrinkbc

4 藥王廟 ヤオワンミアオ

医学の神様・神農大帝を祀る廟

台湾最古の「薬王廟」で1685年建立。神農大帝が祀られており、神農街の名前の由来となっている。

Map 別冊P.14-A2 台南

⌂台南市中西區金華路四段86號 🕘6:00～17:30 [休]無休 [交]台鐵「台南」車站前の南站よりバス14で📍「西門、民權路口」下車、徒歩約9分

レトロ映えスポット

中山路 79巷

「旭峰號」から路地をてくてく

旭峰號 優果鮮 シューフォンハオ アイグオシエン

フォトジェニックな老屋

日本統治時代に建設されたレトロな建物。現在、1階は「優果鮮」という果物やジュースを販売するショップになっている。

Map 別冊P.14-B2 台南

⌂台南市中西區中山路79巷6號 ☎06-222-5890 🕘9:30～17.30 [休]火 [Card]J.M.V. [交]台鐵「台南」車站より徒歩約12分 [URL]www.facebook.com/ilovefreshfruit

レトロ感漂う

甘單咖啡館 ガンダンカーフェイグアン

ノスタルジックな空間

台南に古民家カフェブームが起こる以前から営業。自家焙煎の豆を使ったコーヒーがおいしい。

Map 別冊P.14-B2 台南

⌂台南市中西區民權路二段4巷13號 ☎06-222-5919 🕘13:30～21:30 [休]無休 [Card]不可 [交]台鐵「台南」車站より徒歩約13分 [URL]www.facebook.com/開隆宮-甘單咖啡館-148567851869417

メイドイン台湾雑貨をGET

台南の
MAP柄

台南の
グルメ柄

隱藏在廟裡的
神獸天兵

本も出版！
台南の廟や文化を
テーマにした子供向け
の本を出版している。
かわいいイラストで中
国語がわからなくても
楽しめる。

1. コースターとしても使えるマグネット99元　2. 台南の地図などを染めた布製ブックカバー付きノート各250元　3. 台南名物料理柄のTシャツはオリジナルデザイン450元　4. 鉛筆3本入り50元　5. ポストカード各35元

A "台南ならでは"を発見

五條港行號
ウーティアオガンハンハオ

台南市文化協会が運営する雑貨
ショップ。台南の歴史や文化を
テーマにした、台湾メイドの商品
が揃っている。オリジナルデザイ
ンのTシャツや文具がおすすめ。

Map 別冊P.14-A2 台南

🏠台南市中西區神農街79號　☎06-
220-3866　🕐9:00～21:30、金・土・
23:00　⊖無休　Card不可　🚉台鐵「台
南」車站前の南站よりバス14で「西門、
民權路口」下車、徒歩約6分　URL www.
facebook.com/fivechannelcompany

神農街MAP

昼も夜も
楽しい町ね！

③ ← ② ← Ⓑ

④

康樂街

約300m
（徒歩4分）

神農街

海安路

N

Ⓐ ① →

B 2023年開業のバッグ店

BAGSMITH&CO.
バッグスミスアンドコー

帆布製バッグ店の激戦地である
台南にあえて出店したニュー
ショップ。ブランドは2020年に
スタートし、2023年1月、1号店
として神農街にオープンした。

Map 別冊P.14-A2 台南

🏠台南市中西區神農街76號　☎0955-
452-747　🕐14:00～22:00、土・日
11:00～　⊖無休　Card J.M.V.　🚉台鐵
「台南」車站前の南站よりバス14で「西
門、民權路口」下車、徒歩約6分

こだわりはココ！
こだわりポイントは「CANVAS
＝ 帆布」「VEGETABLE
TANNED＝植物成分でなめし
た革」「RIVET＝びょう」細
部にまでこだわり高雄で手作り

肩かけも
できて
便利！

1. A4が入るトートバッグ1480元　2. ブランドロゴが印象的な大型トートバッグ2680元　3. iPadミニが入るショルダーバッグ1580元　4. スマホポーチ1580元

お店に
見に来て！

29

プチ
ぼうけん

婚活女子の強〜いミカタ☆台南4大月老で御利益別♥最強のLOVE運をGET!!

台南には縁結びの神様「月下老人（月老）」が4神も集結、これが『4大月老』! 恋の御利益別にお参りする月老が決まっていて、多くの人が真剣に参拝。あなたは、どの月老に参拝する？

祈願カード完備!

真剣に祈願中♡

月下老人に真剣に祈願する！

台湾各地の廟に祀られている月老。なかでも台南の4大月老のパワーは絶大と評判だから、最強のラブ運を味方につけるには月老を頼ってみたい。月老からゲットできる赤い糸は生涯1本が基本だから祈願は1ヵ所に絞る。

なになにフムフム

良縁、幸せな結婚を願うなら迷わず来ておくれ

GET!

赤い糸をGETしたらOK!

願いをかなえて！

モテたい！

重慶寺の月老
チョンチンスー

いい人に出会いたい

ぜったい浮気しないで

ラブ運上昇祈願

TOTAL 2時間〜

オススメ時間 9:00〜18:00の間　予算 200元〜

◎参拝のヒント
月老の参拝では次の2点に注意を。①月老だけでなく本尊も参拝すること。②月老のハシゴをせず1ヵ所で真剣に参拝。

月老（月下老人）とはこんな神様

月下老人（月老とも）とは、唐の時代の伝奇小説に登場する老人で縁結びの神様。運命の婚姻相手が書かれた婚姻簿と、縁のある人たちの足を結ぶための赤い糸（求紅線）をたくさん持っていた。婚姻簿に書かれた内容をもとに、夫婦になる男女の足の小指に赤い糸を結ぶのが月老の役目。月老のご神像は右手に杖を、左手に婚姻簿を持ち、長いひげとふっくらしたほっぺが特徴的。ほかの神様と比べると小さいサイズなのは、みんなの願いを聞いてすぐに赤い糸を結べるように低い姿勢でいる、という説もある。

祈願時の中国語例

ご縁のある人と巡り合えますように
請月老幫助我可以早日遇到有緣人
チンユエラオバンヂューヲークーイーザオリーユイダオヨウユエンレン

今つきあっている人と結婚できますように
和現在交往的人結婚
ホーシエンヅァイジアオワンダレンジエホン

結婚したらずーっとラブラブでいられますように
希望結婚以後會一直幸福甜蜜
シーワンジエホンイーホウホイイーヂーシンフーティエンミー

参拝手順をCheck!

一　入口で線香、お供え、金紙を買い、線香に点火する（セットで100元〜）

二　ご本尊から参拝。お供えをして、名前、生年月日、住所、参拝の目的を念じる

三　月老の前でも名前などの情報と参拝の目的を念じる（日本語可）

30

台南4大月老で最強のLOVE運をGET!!

どこで祈願する？ 参拝したい月老様をひとり選ぶべし！

---

01 祀典武廟 スーディエンウーミァオ **本尊 關帝爺**

4大月老中、最小なんじゃ

こんな人に
♥相手がいないのでとにかく良縁祈願
♥片思いの相手がいて、両思いを祈願
♥不幸をもたらす異性を断ち切る

参拝アドバイス
赤い糸と縁粉をゲットできてもできなくても、「許願卡（恋愛or結婚）」に名前、生年月日、願い事を書き、月老に念じながら許願卡を瓶に入れることは可能。許願卡を入れた瓶は香炉の煙を浴びせて念押しを。

オプション
❶ 念押しの「許願卡」はお布施として100元必要。
❷ 切羽詰まった場合は月老に速達を出すことも可能。

Map 別冊 P.14-B2 台南
🏠台南市中西區永福路二段229號 ☎06-229-4401 ⏰5:30～21:00 無休 台鐵「台南」車站より徒歩約16分 URL www.twsdwumiao.org.tw

---

02 大天后宮 ダーティエンホウゴン **本尊 媽祖**

ワシが最古じゃ 後ろには新入りがおる

こんな人に
♥片思いの相手との距離をさらに縮めたい
♥今の相手とより深い愛を祈願

参拝アドバイス
相手がいない人は「祈姻縁」用紙、相手がいる人は「月老尊神」用紙を記入後、月老に参拝（紙は無料）。

オプション
❶ 無料の♡型祈願カードに願い事を書く
❷ 筊杯の出目に応じた月老おみくじ。出目が気になる人向け。

Map 別冊 P.14-B2 台南
🏠台南市中西區永福路二段227巷18號 ☎06-221-1178 ⏰6:00～21:00 無休 台鐵「台南」車站より徒歩約17分 URL www.tainanmazu.org.tw

---

03 大觀音亭 ダーグアンインティン **本尊 觀音菩薩**

仲人パワー最強じゃよ！

こんな人に
♥結婚間近で永遠の愛や幸せな結婚生活を祈願

参拝アドバイス
仲人パワーを信じて、結婚間近の人はより強い絆を祈願しつつ赤い糸をゲットしてもOK。すでに赤い糸を持っている場合は祈願だけの参拝を。相手がいない人は下段の参拝手順を参考にして参拝を。特別なオプションは用意されていない。

Map 別冊 P.14-B2 台南
🏠台南市北區成功路86號 ☎06-228-6720 ⏰5:00～21:00、月・火7:00～ 無休 台鐵「台南」車站より徒歩約9分 URL www.facebook.com/shring.tn/

赤い糸ほしいなぁ

04 重慶寺 チョンチンスー **本尊 釈迦牟尼、文殊菩薩、普賢菩薩**

首を傾けて恋の悩みを聞くんじゃ！

こんな人に
♥浮気封じ
♥邪魔者の出現でできたカップル間の溝の修復

参拝アドバイス
自分の情報を無料の「善行終有報」に記入して月老に参拝しても念じたのと同じになる。邪魔者の排除やきずてしまった溝の修復祈願だけでなく、良縁祈願もOK。念押しは脇にいる速達司に速達を託す。

オプション
酢の入った壺があり、永遠の愛祈願はひしゃくを時計回りに3回動かす。速達を書いて祈願すれば月老に代わって天に連絡してくれる。

Map 別冊 P.14-B2 台南
🏠台南市中西區中正路5巷2號 ☎06-223-2628 ⏰7:30～17:30 無休 台鐵「台南」車站より徒歩約17分

お願い！神様

願いが神様に届くかな？

 イエス（聖） もう一回（陽） ノー（陰）

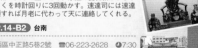

四 筊杯を投げて出目を見る。3回まででOK。「聖」が出たら赤い糸ゲット、「陰」が出たら時機ではないから日を改めてトライ

出目に応じたおみくじをひきたい人は
お伺いをしたときの出目に応じたおみくじが用意されている大天后宮の月老。おみくじは中国語だが、出目についての解釈を知りたい人は、大天后宮の月老をセレクトしてみて。

五 神殿前の箱の中から「求紅線」をもらい大切に持ち帰る

まだおいでぃ〜！

マンゴーの聖地 ♡ 玉井(ユィージン)で
マンゴースイーツ三昧しちゃいましょ♪

マンゴー最高！

台南の北東部に位置する玉井は、マンゴーの産地。
キングオブフルーツ♡マンゴーであふれる市場を訪ね、
リッチなマンゴースイーツを堪能するショートトリップへ。

リッチな甘さ♪

激うまマンゴーの山
贅沢な甘い香りにうっとり

台湾でマンゴーのおいしさに目覚めた
人も多いはず。マンゴー♡LOVERな
ら訪れてみたいマンゴーの聖地が玉
井。5〜9月は青果市場内がマンゴー
だらけに。マンゴースイーツも大充実。

Map 別冊P.2-A2

玉井へのアクセス
台鐵「台南」車
站の北站より興南客運
「玉井」行きバス（大台
南公車の緑幹線）で終
点の「玉井站」下車。
所要約1時間10分。
119元。時刻表 **URL**
www.snbus.com.tw

玉井でマンゴー三昧

TOTAL 5時間〜

オススメ時間 9:00〜15:00の間　予算 500元〜

🚶 おすすめコース
9:00頃、台南駅からバスに乗り玉井へGO！
にぎやかな市場を見学後、スイーツを食べ
歩き、午後のバスで台南へ戻る半日コース。

玉井に
おいで！

玉井のオキテ

シーズンは5〜9月。最
盛期の7月がイチオシ！
市場はカゴ売り（20〜
30個）が基本。市場
外ではバラ売りもあり。
検疫上、日本にマンゴ
ーは持ち込めない。ド
ライマンゴーはOK。

とても
甘いよ！

なんて
ゴージャス！

まずはフルーツ市場をぐるっと見学しよ！

市場に並ぶ赤、黄、緑のマンゴー。
一面、カゴ入りマンゴーが並び圧巻。
マンゴースムージーは感動のおいしさ。

芒果冰（マンゴオピン）

マンゴーかき氷100元
とスムージー40元

遊びに
来てね！

フルーツの卸売市場
玉井青果集貨場
ユィージンチングオジーフオチャン

各種果物を扱う市場だが5〜9月
はマンゴー一色。新鮮マンゴー
を使ったかき氷も食べられる。

Map 別冊P.2-A2 玉井

🏠 台南市玉井區中正路12號 ☎06-
574-5572 ⏰6:00〜16:00 ⛔無休
Card不可 🚶「玉井站」より徒歩約3分

マンゴーの品種いろいろあるよ!

マンゴー博士 葉おじさんの 芒果(マンゴー)講座

さまざまな品種のマンゴーを市場で発見。マンゴー博士、葉おじさんのマンゴーレッスン。

旬 2 3 4 5 6 7 8 9月
オレンジ=最旬
グリーン=収穫時期

ジンホアンマングオ
金煌芒果
味 糖度が高い
重さ 600g〜2kg
旬 2 3 4 5 6 7 8 9月

アイウェンマングオ
愛文芒果
味 リッチな甘さ
重さ 320〜500g
旬 2 3 4 5 6 7 8 9月

ユイウェンマングオ
玉文芒果
味 すっきりした甘さ
重さ 659g〜1kg
旬 2 3 4 5 6 7 8 9月

ミーマングオ
蜜芒果
味 濃い甘味
重さ 180〜200g

ホンカイテーマングオ
紅凱特芒果
味 甘味酸味のバランスよし
重さ 750g
旬 2 3 4 5 6 7 8 9月

トウーマングオ
土芒果
味 甘酸っぱい
重さ 120g前後
旬 2 3 4 5 6 7 8 9月

おいしい愛文芒果の見分け方

茎のつけ根周辺が赤くなっているものが甘い ✕

葉基萬さん
幼少から50年以上マンゴー栽培に携わる。現在はマンゴーかき氷店を経営。

マンゴーミエンミエンピン
芒果綿綿氷
ふわっとした氷。150元

葉おじさんの店 冰島芒果冰
ビンダオマングオビン

マンゴー農家に生まれ育った葉おじさんが厳選したマンゴーをふんだんに使った氷を食べられる。芒果冰と芒果綿綿氷、どちらも超絶的なおいしさ。

太鼓判!

マングオビン
芒果冰
大サイズ130元
至福のスイーツ▼

Map 別冊P.2-A2 玉井
🏠 台南市玉井區憲政街64號
📞 097-260-3474 🕖 7:00〜17:00
🈺 旧正月 Card不可 🅿20 🚉「玉井站」より徒歩約5分

マンゴースイーツをハシゴ♪

玉井農協が運営 熱情小子芒果冰館
ルーチンシァオヅマングオビングアン

農家と契約し、フレッシュなマンゴーを直送。かき氷やジュースなど、さまざまなメニューにマンゴーを使用。マンゴーカレーなど軽食もある。

Map 別冊P.2-A2 玉井
🏠 台南市玉井區中正路139號 📞 06-574-8552
🕖 10:00〜17:00 🈺10月〜3月の月、旧暦大晦日前日より3日間 CardJ.M.V. 🅿250
🚉「玉井站」より徒歩約4分
🔗 www.ycfa.org.tw

マンゴープリン55元

太鼓判!

シァヅーミーチンシュエホアビン
夏日迷情雪花氷

1. お店のゆるキャラ 2. ドライマンゴー170〜240元 3. 濃い味わい 4. マンゴーどっさりのかき氷。170元 5. 熱情小子芒果実冰160元

絶品ジェラート
光芒果子工房
グアンマングオヅゴンファン

20種ほどのフレーバーのジェラートとソルベをラインアップ。マンゴー味は金〜日曜限定で提供している。

Map 別冊P.2-A2 玉井
🏠 台南市玉井區中正路103號
📞 06-574-3999 🕖 11:00〜18:00 🈺 なし Card A.J.M.V.
🈺テイクアウトのみ 🚉「玉井站」より徒歩約2分
🔗 www.facebook.com/SunnyMangoGelato/

おいしぃ〜♪

1. 3フレーバーで160元 2. マンゴー味は必食 3. おしゃれな店構え

新鮮シーフードを食べに旗津へGO！
高雄からフェリーでプチトリップ♪

高雄からフェリーで海を渡って、新鮮なシーフードを食べに旗津へGO！
食事のあとはおみやげ探しや散策も楽しめる旗津。
南国ムードたっぷりの海辺の雰囲気を楽しんで。

旗津へプチトリップ

TOTAL 4時間～

オススメ時間　11:00頃～、もしくは17:00頃～

予算　500元～

💡 ランチかディナーを旗津で
シーフードを食べに旗津へ出かけたら、名物の輪タク（約20分200元～）で見どころも回って観光するのがベター。夜は高雄市街の夜景もロマンティック。

崖の上には灯台があるよ

フェリーでレッツゴー♪

観光＆地元の人の足としても欠かせないフェリー

潮風が心地いい
約10分の船旅で旗津へ

古き港町の風情を残している旗津。旗津までの主要な交通であるフェリーは地元の人の大切な足。下層はスクーター、自転車と運転者用、上層が一般の客席。約10分の船旅で気分を盛り上げよう。

旗津MAP

鼓山輪渡站●

廟前路

● 新光碼頭

中洲渡船路

旗津渡船路

前鎮輪渡站●

旗津一路

海濱海産

旗津フェリーターミナル前にある旗後天后宮は赤い提灯が撮影所として人気

中洲フェリーターミナル。前鎮間を1日18本で運航

旗后観光市場（🏠旗津三路1050號）
⏰8:00～19:00、土・日～21:00）には海産物の加工品などが並び、おみやげ探しにぴったり

屋台をはしごしちゃお！
週末の歩行者天国にはイカ焼きなどシーフードの屋台が並ぶ。食べ歩きが楽しい

旗津フェリーターミナル（旗津輪渡站）

新鮮なシーフード満載！
素材を選んで調理してもらう食堂も旗津の名物

港町の風情が残る観光地

旗津 チージン

名物のフレッシュなシーフードに加えて、見どころも点在。アクセスも簡単なので多くの人が訪れる。好天の週末はかなり混雑する。フェリーのほか、旗津南端のトンネル使用で車でのアクセスも可能。

Map 別冊P.17-D1 旗津

●鼓山輪渡站
🏠高雄市鼓山區濱海一路109號 ☎07-551-4316 ⏰5:00～翌2:00（5～30分間隔で運航）⚠悪天候時は30元 Card不可 🚇MRT橘線「01西子灣」站1番出口より徒歩約8分 URL kcs.kcg.gov.tw

●旗津輪渡站
🏠高雄市旗津區海岸路10號 ☎07-571-2542

気軽に乗れるフェリーで旅気分を満喫

※桟貳庫KW2（→P.89）よりフェリーが午後運航（片道80元）。詳細は URL www.k com.tw/post/kw2-ferry

カラスミを干す様子は風物詩！

12月頃から2月頃まで見られる。おいしくな～れ！

新鮮シーフードを食べに高雄から旗津へGO！

焼きソデイカ。弾力があり、軟らかくて甘い（200元）

Best 4
胡椒烤小卷
フージアオカオシアオジュエン

Best 1
沙茶炒蟹
シャーチャーチャオシエ

Best 5
海鮮蝦排
ハイシエンシエパイ

指差しでオーダー
食べたい魚介を指差して選び、目方で金額が決まる。予算を伝えてもOK。調理法を指定するか店に任せる

新鮮！

むき身のエビとイカを包丁でよくたたいてからフライに。プリプリあっさり塩味で食べやすい（200元）

取れたてピチピチをいただきます！

人気海鮮料理
Best 5はコレ！
取れたてシーフードを最適な調理法でいただく絶品メニューはこちら！

沙茶醤風味のカニ炒め（春雨入り）。春雨に味が絡んであと引くおいしさ！時価（700元〜）

カニ好きならコレ！

Best 2
蒸魚
ヂェンユィ

その日入荷した白身魚を蒸したもの。魚の身と醤油ベースのたれをご飯にかけるのも◎（写真は石斑魚、600g480元〜）

Best 3
沙茶海瓜子
シャーチャーハイグアヅ

沙茶醤風味のアサリ炒め。アサリの味がかなり濃い！（中250元）

海鮮はおまかせ！

オーナーの莊さん親子

新鮮な海鮮をよりおいしく提供
海濱海產
ハイビンハイチャン

新鮮な魚介を安く、おいしく提供するシーフードレストラン。漁師料理や伝統の味だけでなく、創作メニューも定評がある隠れた名店。

Map 別冊P.17-D1 旗津

🏠 高雄市旗津區中洲巷68-16號
☎07-571-3485 🕐11:00〜14:00、17:00〜20:30 🚫旧正月大晦日
💰200元〜 💳J.M.V.（+5%）
🅿250 🚃中洲輪渡站より徒歩約1分、旗津輪渡站よりタクシーで約5分、港都バス紅9線「中興里活動中心」下車、徒歩約1分
🌐www.seashore.com.tw

元漁師の絶品海鮮だよ

フレッシュが命のアサリ！

ていねいに下処理

マリンスポーツや海水浴が楽しめる砂浜の海水浴場

砂のアート祭りも毎年夏に開催

旗津楽しいよ！

遊びにおいで〜

シーフード 知っ得中国語講座

カニ	アサリ	ナマコ	スルメイカ	イカの口
螃蟹	海瓜子	刺參／海參	魷魚	龍珠
パンシエ	ハイグアヅ	ツーシェン／ハイシェン	ヨウユイ	ロンヂュー
伊勢エビ	バイ貝	コウイカ	魚の浮袋	シラス
龍蝦	鳳螺	花枝	花膠／魚肚	銀魚
ロンシア	フォンルオ	ホアヂー	ホアヂアオ／ユイドゥー	インユイ

「レトロ♡かわいい」に胸キュン
乙女チックな台中町歩き♪

ステキ
がいっぱい

日本統治時代の建築物や家屋をリノベしたショップやラブリーなスイーツ……。
台中には「レトロ♡かわいい」がたくさん。さあ、女子ゴコロを魅了する
ショップやカフェを巡る乙女チックな町歩きに出かけましょ♪

Let's go Taichung Walk!

10:00の開店前から待
つ人もいる超人気ス
イーツ店、宮原眼科

緑光計畫をぶらぶら

休憩にレトロ喫茶♪

絵本の
世界みたい

おしゃれにリノベ☆
台中には「かわいい」が
あふれてる！

おしゃれなショップが次々登場して大注
目の台中。レトロ空間でいただく贅沢ス
イーツや女子クリエイターがデザイン
するキュートなグッズなど、arucoが見
つけた台中のステキを味わう旅へGO！

台中　乙女な町歩き	TOTAL 6時間〜
オススメ時間 14:00〜20:00頃	予算 1000元〜

😋美味＋お買い物プラン
観光スポットともいえる駅近の第四信用合
作社からスタートし、宮原眼科でおみやげ
を入手して終了という台中満喫半日プラン。

ココに胸キュン

62種のアイス
と24種の
トッピング

バリエ
豊富です

1. アイス3種にトッピングをオン。
2〜3人でシェアが正解　2. マン
ゴーたっぷりの芒果冰480元

徒歩
約5分

Sweets
A 1966年建造の銀行をリノベ
第四信用合作社
ディースーシンヨンホーヅオシャー

62種のアイス×24種のトッピングから
選べる。アイス1種100元、2種180元、
3種255元。トッピングは無料のもの
と、スペシャルトッピング80元がある。

Map 別冊P.18-B3 台中

🏠台中市中區中山路72號　☎04-2227-1966
🕙10:00〜21:00　🗓旧暦大晦日　💴100元〜
💳J.M.V.　🪑250　🚻少し　🚇台鐵「台中」
車站より徒歩約8分　🔗www.miyahara.com.tw

太陽餅だよ

乙女チックな台中町歩き♪

国立自然科学博物館　植物園　中正公園

台中乙女チック♥おさんぽMAP

台灣大道二段（台中港路二段）

E

中興街

英勤美　誠品綠園道

F
G
I
民生路

忠明南路

国立台湾美術館

忠信市場

さんぽが楽しい町ね

台灣大道一段（中正路）

民權路

民族路

五權路

三民路二段

精武路

台中公園

台中公園

D

H　C　A

自由路二段

白路二段

林森路

建國路

台中車站

J

L

K

ここに胸キュン

ふわふわ！レトロ包紙のサンドイッチ

Sweets

ときめきのサンドイッチ

C 正宗洪瑞珍餅店
ヂョンゾンホンルイヂェンビンディエン

地元で人気のベーカリー。ふわふわ食感のサンドイッチは味のバリエーション豊富。賞味期限は常温12時間、冷蔵4日が目安。

Map 別冊P.18-B3 台中

🏠 台中市中区中山路125-2號（中山路、市府路交叉口）　☎04-2226-8127　⏰9:00～21:50　休無休　¥28元～　Card M.V.　🚃台鐵「台中」車站より徒歩約10分　URL www.22268127.com/

ちょっと甘いもの

B 中央書局 ヂョンヤンシュージュー
90年の時を経て蘇る文化の地

1926年に200名超の台湾文化人により生まれた場所が2019年に再生。日常文化のなかでよき暮らしを継承する場に。2階には、カフェも。

Map 別冊P.18-B3 台中

🏠 台中市中区台灣大道一段235號　☎04-2225-9024　⏰11:00～19:00　休火　Card M.V.　🚃台鐵「台中」車站から徒歩約10分　URL www.facebook.com/centralbook.1927/

徒歩約2分

1. ハムと薄焼き卵にほの甘いクリームが妙なる原味28元（左）、素朴なピーナッツ味の花生32元　2 レモンケーキ35元

LEMON CAKE

Sweets

体が喜ぶナチュラルスイーツ

D 小庭找茶 台中第二市場店
シアオティンヂャオチャー　タイヂョンディーアルシーチャンディエン

徒歩約5分

厳選素材を用いて伝統手法でまじめに作られたスイーツは心身が喜ぶシンプルなおいしさ。中医師監修による特製の梅煎茶も見逃せない。

Map 別冊P.18-B3 台中

🏠 台中市中区三民路二段81號（第二市場）　☎04-2221-1252　⏰9:00～16:30　休月　¥50元　Card A.J.M.D.V.　🚃10　台鐵「台中」車站より徒歩約15分　URL meijiantea.com.tw/

1. 5種の漢方を16時間煮込んだ梅煎茶60元　2. 凸餅冰淇淋65元は台南銘菓にアイスとタピオカが3. もっちりおいしい相思粉粿65元

癒やしの甘味です

白壁に金字の店名が目を引く半円形の建築。台中の歴史と文化をいまに受け継ぐ

37

タクシー
約11分

ココに胸キュン♡
見やすい場内
オシャレな
ロゴも素敵
☆

1. 場内 2. 水餃子がおいしい「馬二姐」など個性豊かな店が入る

E 雨でも安心！
第六市場 ディーリォウシーチャン

デパート内のワンフロアが小さな市場に。食事ができる店舗のほか、生鮮食品やおやつ（→P.122）なども。ちょっと立ち寄るのにいい感じ。

Map 別冊P.18-A2 台中

🏠台中市西區健行路1049號「金典 緑園道商場」3F ☎04-2319-8000 Card店舗により異なる ⏰10:00～20:30 🚫月 🚇台鐵「台中」車站よりバス301、302などで↓「科博館（専用道）」徒歩約7分 URLparklanes.com.tw/sixth-market/

ココに胸キュン♡
小さな店を発掘する楽しさ♪

徒歩
約17分

1. 2階では時折マーケットなども 2. 緑の木々に癒される 3. レトロ柄のタイルなど建物自体も見応えあり

F 緑揺れる複合施設
緑光計畫 リューグアンジーホア

もとは台中水道局宿舎だった建物を改修し、ショップやカフェ20店が入る複合施設として再生。ティーショップや傘店、雑貨店などをめぐる。

Map 別冊P.18-B2 台中

🏠台中市西區中興一巷2號～26號 ☎04-2305-0519 ⏰11:00～22:00（店舗により異なる）店舗により異なる Card店舗により異なる 🚇台鐵「台中」車站よりバス11で↓「美村向上北路口」下車、徒歩約3分 URL www.instagram.com/fantasy_greenray/

徒歩
約5分

2つのリノベスポット

ココに胸キュン♡
キュートなクリエイターたち

1. 赤い屋根にクリーム色が愛らしい 2,3. マーケット（→P.154）にはかわいいがあふれてる

G 毎日マーケットが大人気！
審計368新創聚落 シェンジーサンリォゥバーシンチュアンジュールォ

1969年に建てられた公務員宿舎を2015年、クリエイティブスポットとして再生。若いクリエイターの店が20軒ほどある。

Map 別冊P.18-B2 台中

🏠台中市西區民生路368巷2弄12號 ☎ ⏰11:00～20:00（店により異なる）、マーケットは13:30～18:00、土・日11:00～18:30 🚫無休 Card店舗により異なる 🚇台鐵「台中」車站よりバス11で↓「向上國中」下車、徒歩約4分

H 愛され続けるレトロ喫茶
中非咖啡 ヂョンフェイカーフェイ

1977年にコーヒー豆問屋として出発、1992年に喫茶店を開業。以来地元民の憩いの場に。サイフォンでていねいに入れるコーヒーは芳醇。

Map 別冊P.18-B2 台中

ココに胸キュン♡
懐かしの純喫茶の雰囲気

コーヒーひと息ど♡

🏠台中市西區四維街46號 ☎04-2226-4361 ⏰8:00～21:00 🚫無休 消費Card不可 🪑50 🚇台鐵「台中」車站よりバス21で↓「台中科大生生校區」下車、徒歩約4分 URLwww.facebook.com/chungfeicoffee/

1. オリジナルブレンドのドリップパック12袋360元
2. アフタヌーンひとりセット午茶套餐（獨享套餐250元）。14:30～18:00の提供

おすすめカフェ2

タクシー
約8分

I 濃厚な杏仁にうっとり
三時杏仁 サンシーシンレン

Map 別冊P.18-B2 台中

杏仁スイーツ＆ドリンクに特化した専門店。杏仁と玄米で作った杏仁アイテムはどれも濃厚で潔い味わい。多様な杏仁を味わって。

1. 原味杏仁豆腐60元（手前）
2. 濃厚なホット杏仁茶にごまたっぷり。芝麻杏仁茶95元

🏠台中市西區民生路356號（審計368新創聚落 内）☎04-2301-7301 ⏰11:30～18:30 🚫無休 🪑55元～ Card不可 🪑14 🚇台鐵「台中」車站よりバス11で↓「向上國中」下車、徒歩約4分 URLwww.facebook.com/profile.php?id=100057027476477

ココに胸キュン♡
濃厚かつピュアな杏仁スイーツ

自慢の味です★

タクシー
約8分

ここに胸キュン♥

歴史と
新しさの
交差点。

J 台鐵台中車站
タイティエタイヂョンチェーヂャン

新旧見どころ満載！

2016年運用開始の台鐵新台中駅と、1917年の大正時代に竣工した旧台中駅が並ぶ。新駅にはショッピング街が、旧駅は展示や催事の場に。

Map 別冊P.18-B3 台中　URL www.tcrp.com.tw/

台中

プチぼうけん♪

1. バロック様式の美しい旧台中駅舎　23. 新台中駅の「鐵鹿大街」にはフードコートも。ベジなワンプレートが楽しめる「斐得蔬食」など約40店が入る　4. ホームでは週末マーケット（→P.155）が　5. 車両の展示も

乙女チックな台中町歩き♪

徒歩
約6分

1. 外観内観ともにかつての記憶をとどめるような趣き　2. 1階の奥には中庭が。緑多く心地よい空間で地元の人々がひと休みする姿も

K 化粧品工場をリノベした
富興工廠1962
フーシンゴンチャン イージォウリォウアル

台湾の化粧品メーカー「盛香堂」の古い工場をリノベーションし2021年夏にオープン。感度の高いカフェやショップが入居するスポットに。

Map 別冊P.18-B3 台中

🏠台中市東區復興路四段37巷2號　☎04-2222-0538　🕐11:00〜20:00（店舗やエリアにより異なる）🈺店舗により異なる　Card店舗により異なる　🚉台鐵「台中」車站より徒歩約6分　URL www.fusionspace1962.com

1. 活版体験で自分だけの切符を　2. 旅の思い出に

印刷する文字を決め活字を拾い配置して印刷。所要約1時間

活版にトライ！

活版印刷
楽しいよ♪

楽しい活版体験ができる！
樂田活版工房
ラーティエンフオバンゴンファン

地元の活版工房による上質なグッズが買えるほか、活版体験も！

🏠臺中驛鐵道文化園區（旧台中駅ロビー）　☎0919-835-801　🕐10:30〜18:30、日・祝は19:30　🈺火　💰活版体験350元　Card不可　URL www.facebook.com/letterpress.com.tw/

Souvenir

ラブリーなお菓子

L 宮原眼科
ゴンユエンイエンコー

1920年代後半に建てられた医院「宮原眼科」をスイーツ店にリノベ。パイナップルケーキをはじめ、おしゃれパッケージのお菓子が多彩。

Map 別冊P.18-B3 台中

🏠台中市中區中山路20號　☎04-2227-1927　🕐10:00〜21:00　Card J.M.V.　🈺旧暦大晦日　🚉台鐵「台中」車站より徒歩約8分　URL www.miyahara.com.tw

ここに胸キュン♥
おしゃれな
パッケージの
お菓子たち

かわいいものがいっぱいです！

徒歩
約9分

楽しかったー！

1. 宮原茶書本（32袋）880元　2. トッピングで人気の蝶クッキー（→P.36）ボックス680元　3. アンティークの棚もステキ　4. 土鳳梨酥、17號鳳梨酥、各6個入り2箱で450元　5. レコード形のお茶390元　6.7. 美リボンずらり！30元〜で好きなリボンをかけてくれる

"台湾のウユニ塩湖" 高美湿地&
映えスポット彩虹眷村(ガォメイシーディー)で絶景を撮りまくり♪

SNSにアップされた写真が超絶美しいと一躍人気観光スポットになった高美湿地と彩虹眷村。台湾が誇る2大絶景をカメラに収めてインスタグラムにアップしましょ。

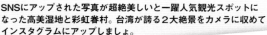

Map 別冊P.2-A1

ドラマチックな夕暮れに感動〜♪

日が沈むと…

ベストショット!

幻想的な体験!

引き潮の時は、湿地に立てるが足元はサンダルが必須。タオルも用意して

写真映え間違いなし 奇跡の1枚を狙っちゃお

"台湾のウユニ塩湖"と呼ばれる高美湿地は、バードウオッチングの名所として知られていたが、SNSにアップされた写真の美しさが注目を集め、情報が拡散。夕日を目指して多くの人がやって来る。

arucoカメラマンの **撮影アドバイス**

木道を奥まで進んで湖面がきれいに見える場所を探そう。水平線をフレームの真ん中あたりにすると、空の色と湖面に映った色が両方撮れる。

高美湿地で絶景撮影

TOTAL 5時間〜

オススメ時間 17:00〜19:00（季節により変動）
予算 200元〜

🔍リサーチを抜かりなく！ 湿地に入って夕日を眺めるためには、事前リサーチが必須。日没時間（下記）と引き潮の時間帯（→P.41）をチェック。また、鉄道の時刻表（右記）も確認を。日没時間 URL www.cwb.gov.tw/V8/C/K/astronomy_day.html

高美湿地へのアクセス

台鐵「台中」車站より西部幹線海線區間車（普通）で「清水」車站下車。所要約50分。45元。駅前の道路を進み、徒歩約2分のファミリーマート前より巨業交通バス178、179で「高美湿地」下車すぐ。所要約30分。22元。時刻表 URL www.ibus.com.tw/city-bus/txg/ 台中よりタクシーチャーターの場合、4時間で2800元が目安

刻々と変わる表情

自然美にうっとり♪

高美湿地＆彩虹眷村で絶景を撮りまくり♪

高美湿地を楽しむオキテ

★ 引き潮の時間帯を調べておく
「高美湿地旅遊網」でチェック
[URL] www.gaomei.com.tw

★ 交通情報をしっかり確認
特に復路は一斉に帰る人で
混み合うので注意が必要

★ 晴天の週末はできれば避ける。
大混雑で木道は初詣状態に

★ 3～10月がおすすめ。11～2月は、
風が強く水位も上昇する

日没の30分前くらいから刻々と変化
する景観を心に焼きつけて

あそこ
にもいるよ

カニがいるよ！

木道の両脇の小さな
穴からカニが登場

湿地に入る準備

足元はビーチサンダルが
ベスト。湿地手前にはビ
ーサンを売る屋台も

コレ、
おいしそ！

小腹がすいたら

屋台で小吃を買ってパクリ。ドリンクも入手
して熱中症対策を

高美湿地から彩虹眷村まで▶タクシーなら約40分。▶
バスと鉄道なら「高美湿地へのアクセス」(→P.40) の
手順で引き返し、①台鉄「台中」車站からバス56で
🚏「彩虹眷村 (嶺東南路)」下車。所要約45分、
34元。もしくは②「清水」車站で下車後、台鉄で「追
分」車站まで行き、バス617で「彩虹眷村 (嶺東
南路)」下車。所要約80分、合計72元。▶「清水」
車站から彩虹眷村はタクシーで約30分。※高美湿地か
ら彩虹眷村をつないでいたバス655は廃止。
バス検索[URL] www.ibus.com.tw

Arucogram

🔲 arukikata_aruco

❤ 💬 ✈   🔖

取り壊されるはずの眷村（軍人用の集合住宅）が観光スポットに
なり、保存が決定。

ココでも
写真
撮りまくり！

テンション☆アガル↑
彩虹眷村
ツァイホンジュアンツゥン

2008年のある日、村の住人、黄おじいさん84歳（当時）
が突然家の壁に絵を描き始めた。そのカラフルで独特のタッ
チで埋め尽くされた村の様子が話題に。一時期クローズ
していたが2023年に地元小学校やアーティストなどの作品
が融合し、新たな姿となって再開した。

Map 別冊P.18-B1 台中

🏠台中市南屯區春安路56巷22號 ☎04-
2228-9111内線25116 ⏰9:00～17:00
📅月 💰無料 🚌台中干城站より統聯
客運バス56で「彩虹眷村 (嶺東南路)」
下車すぐ。所要約50分、32元 [URL]
www.facebook.com/nantunRainbow/

地面までみっちりアート！

写真映えする場所がそこかしこに

ようこそ彩虹眷村へ♪

レイクリゾート日月潭でサイクリング
空中散歩＆遊覧船も楽しんじゃお！

リーユエタン

台湾中心部に位置する湖、日月潭。台中から約2時間のバス旅でレイクリゾート日月潭に到着。
台湾屈指の景勝地をサイクリングやロープウエイでアクティブに楽しんじゃお！

*Riyuetan***

景色が
最高！

周囲の山々が湖面に
映り、朝昼夕と表情
を変える日月潭

日月潭観光の
フルコースに挑戦！

台湾最大の淡水湖日月潭を満喫するためには、乗り物を賢く
利用するのがポイント。流しのタクシーは走っていないので
移動手段は船かバス。日月潭に一番似合うのはサイクリン
グ。バスターミナルに着いたらまず自転車をレンタルしよう。

日月潭　日帰り旅

TOTAL 9時間〜

オススメ
時間　8:00 〜
17:00

予算　2000元〜

アクセスプラン
台中干城站バスターミナルを8:00台に出発
するバスで日月潭へ。帰りは16:30〜
17:00台のバスで台中に戻り夕食を。

A 9:30
まずはさくっと湖畔をサイクリング♪

自転車を
レンタル

月潭─水社自行車道
Moon Lake - Shuishe Biking Path
0k + 300　緊急救助電話：119

わー♪
気持ち
いい〜!

1.「GIANT」にはさまざまな
タイプの自転車が　2. 水社
遊客中心B1F、7:00〜18:00
（木曜休み）　3. レンタルには
パスポートが必要　4,5. 町な
かにもレンタサイクル店多数

サイクリング
ロードを
GO！

1. 自転車道をサイクリング。人気
があるのは水社〜向山を結ぶ3km
2. コース途中には休憩スポットが

日月潭☆おさんぽMAP

レイクリゾート日月潭で楽しんじゃお！

Map 別冊P.2-B2

日月潭へのアクセス

台中干城站バスターミナルより南投客運が運行する台湾好行バス6670（台鐵台中車站、高鐵台中站経由）で「日月潭」下車すぐ。所要約1時間45分、193元（詳細→P.183）。台北轉運站より國光客運バス1833で「日月潭」下車すぐ。所要約4時間。470元。1日3往復

お得なチケット

「日月潭水陸空好行套票」は台中干城站バスターミナル～日月潭バス往復、遊覧船、遊覧バス、ロープウェイ往復が利用可能。890元。南投客運の台中干城站バスターミナルと高鐵「台中」站1階5號出口で販売。

↑埔里、台中へ

クジャクのいる公園

文武廟

ふし雀園

中正路

台湾一大きい柏大！

九族文化村バス停

E

九族文化村

ゆかいなダンス

A 日月潭バスターミナル

B 水社遊客中心

GIANT

① ②

④ 水社碼頭

③

水社碼頭

H 日月潭飯店

拉魯島

日月潭

日潭

日月潭ロープウェイ

D 日月潭

サイクリング

遊覧船コース（船の会社により異なる）

C

伊達邵碼頭

結果かな!!

伊達邵

⑤

H 日月潭青年活動中心

玄奘寺

卍

卍

總恩塔

上までのぼれる

月潭

↓水里へ

0m 400m 800m

緑豊かなコースだよ

3. コース途中には案内標識がいくつもあるので迷うことはない。注意事項も表記されている　4. 湖畔のサイクリングロードには、記念撮影スポットがある

B 11:30

ランチは原住民サオ族の料理を！

三代伝来の味を守る
日月潭新山味邵族風味餐廳
リーユエタンシンシャンウェイオズーフォンウェイヴァンティン

開業50年を誇る老舗。鹿肉や山野菜を使ったサオ族の料理を味わえる。おすすめは、初代総統の蒋介石の好物だった淡水魚、総統魚の蒸し物。

Map 別冊P.19-C2 日月潭

日月潭名物です

🏠 南投縣魚池郷中山路132號
📞 04-9285-5237
🕙 10:00～14:00、17:00～20:00
火
個人套餐（1人用セット）390元～
Card 不可
席 85　② 「日月潭バスターミナル」より徒歩約2分　URL www.facebook.com/Hsin.Shan.Wei/

蒸國宴魚や蒸紅魚などを含んだセット（3～4人前）は1800元～

遊覧船で伊達邸へ、船上から美景を満喫

深い緑に包まれた廟

移動手段は遊覧船がメイン。水社碼頭から伊達邸まで小型船で15分ほど。船上から湖畔や周囲の山々の景観を楽しんで。

景色を満喫～♪

伊達邸に着いたよ

おすすめ☆おみやげ＆眺めのよいCafé

Souvenir

手作りしてます

濃厚な紅茶の香り

① 日月潭紅茶手工蛋捲
リーユエタンホンチャーショウゴンダンジュエン

1. 店内で製造
2. もろいので持ち運び注意。
70元／各種

日月潭は紅茶の産地としても有名。その紅茶を使ったエッグロール。店内で手作りしており、店の周囲には紅茶の香りが漂う。卵と小麦粉、紅茶のみの素朴な味わい。

Map 別冊 P.19-C2 日月潭

🏠南投縣魚池郷日月潭水社村名勝街6號 ☎049-285-5538
🕘9:30～18:00 🈺水 Card不可 🚃「日月潭バスターミナル」より徒歩約7分 URL smler.pgo.tw

かわいい日月潭グッズ

② 有趣日月潭
ヨウチューリーユエタン

サオ族の守り神フクロウや鳥など日月潭をモチーフにしたグッズが楽しい。おみやげに適したラインナップがすっきりと並んでいる。

1. フクロウモチーフのクロスステッチセット320元 2. 木のうろにいるフクロウがキュートなタッチライト1500元 3. 日月潭文武廟をかたどった美しいペーパークラフト150元 4. 雑貨、文房具、おかしなどおみやげ品が揃う

Map 別冊 P.19-C2 日月潭

🏠南投縣魚池郷名勝街26號 ☎049-285-6635 🕘9:00～21:00 🈺無休 Card V 🚃「日月潭バスターミナル」より徒歩約3分

絶景☆スタバ

③ 星巴克 日月潭門市
スターバックス日月潭店

1. レモンティー120元
2. バルコニーがテラス席に
3. 日月潭マグ430元

店奥のテラスは、湖を一望できる特等席。メニューは通常のスタバと同じだが、日月潭を眺めながらのコーヒーの味は格別。8:00オープンなので朝食も食べられる。

Map 別冊 P.19-C2 日月潭

🏠南投縣魚池郷中山路101號 ☎049-285-6849 🕘8:00～21:00 🈺110元～ Card A.D.J.M.V. 🚃30(テラス席あり) 🚃「日月潭バスターミナル」より徒歩約5分 URL www.starbucks.com.tw

軽食も楽しめる

④ Moon Café
ムーンカフェ

遊覧船の船着き場近くにあり、中国語名は「水上明月湖畔咖啡館」。その名の通り湖畔にあり、湖の景観を満喫できるカフェ。ワッフルやピザ、パスタなど軽食も楽しめる。

蜂蜜鬆餅(クリーム付きワッフル)140元、ミルクティー140元

Map 別冊 P.19-C2 日月潭

🏠南投縣魚池郷名勝街23號 ☎049-285-6726 🕘11:30～19:30 🈺無休 🈺150元～ Card不可 🚃20 🚃「日月潭バスターミナル」より徒歩約5分

Café

D 13:30 ロープウエイで空中散歩、絶景にうっとり〜♪

神秘的な湖を包み込む山々 青と緑のハーモニー

サイクリング＆遊覧船を楽しんだら、次はロープウエイで空中から日月潭を眺めてみよう。湖全体と周囲の山々が織りなすダイナミックな景観が堪能できる。ロープウエイは、日月潭観光のハイライト。

湖を見渡す
日月潭纜車
リーユエタンランチェー

日月潭の湖畔から山を越えて九族文化村まで全長1.87kmのロープウエイ。86台の8人乗りゴンドラが次々と運行されている。

Map 別冊P.19-D2〜D3 日月潭

🏠 南投縣魚池郷日月村中正路102號 ☎049-285-0666 ⏰10:30〜16:00、土・日・祝 10:00〜16:30（チケット販売は運行30分前から最終30分前まで）休無休 料往復350元（九族文化村入場券購入者は無料）Card不可 日月潭伊達邵碼頭より徒歩約15分 URLwww.ropeway.com.tw

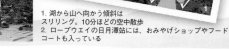

1. 湖から山へ向かう傾斜はスリリング。10分ほどの空中散歩
2. ロープウエイの日月潭站には、おみやげショップやフードコートも入っている

E 14:00 九族文化村で原住民文化に触れる

ダンスを見てね

原住民テーマパーク
九族文化村
ジョウズーウェンホアツゥン

台湾最大規模の原住民テーマパーク。台湾原住民16部族の文化を紹介している。再現された伝統家屋や歌や踊りのショーなど見どころがいっぱい。

Map 別冊P.19-D2 日月潭

🏠 南投縣魚池郷大林村金天巷45號 ☎049-289-5361 ⏰9:30〜17:00、土・日・祝〜17:30。入場〜16:00（チケット販売9:30〜15:00）休無休 料900元（ロープウエイ往復運賃を含む）Card不可 ロープウエイからすぐ URLwww.nine.com.tw

1. ステージでは、伝統的な歌と踊りのショーを開催 2. 原住民文化を紹介する博物館 3. ロープウエイの九族文化村站前にエントランスがある

1泊すればもっと楽しめる！

Morning

Evening

早朝の日月潭は墨絵の世界。日没時は茜色に染まる

日月潭観光に最適
澄園渡假旅店
チェンエンドゥージアーリューディエン

伊達邵碼頭に近く、ロープウエイ駅にも徒歩15分。便利な立地で客室もゆったりしている。

Map 別冊P.19-D3 日月潭

🏠 南投縣魚池郷日月村文化街117號 ☎049-285-0062 料2400元〜 CardM.V. 25 日月潭伊達邵碼頭より徒歩約1分 URLwww.chemgyuan.com.tw 予ホテル予約サイトなどで受付

1. 客室は広々 2. 家庭的なビュッフェ朝食

Hotel

プチ
ぼうけん
10

名物

台湾イチ美しい駅舎＆木桶弁当目指して
ローカル鉄道☆集集線の旅
ジージーシエン

全長29.7km、車埕車站で行き止まりのローカル線・集集線。
バナナの葉やビンロウ樹の緑のトンネルが続くなか
のんび〜り遠足気分で出発進行！

台北
台中
集集線
台南
高雄

Map 別冊P.2-A2〜B2

始発駅・二水車站への
アクセス
台鐵「台中」車
站から區間車で約60
分。高鐵「台中」站・
台鐵「新烏日」車站か
ら區間車で約45分。
集集線時刻表検索
URL railway.gov.tw

しゅっ
ぱーっ！

緑あふれる
ローカル列車の旅へ出発

丸い
仕切り♪

今日は
旅行なの！

日本統治時代、水力発電所建設資材
輸送のために敷設。終点の車埕車站
には貯木池など、繁栄当時の名残が
点在する。途中下車なら食堂や店が
多い集集車站か水里車站がおすすめ。

集集線の旅

TOTAL 6時間〜

オススメ
時間 9:00〜17:00
予算 500元〜

列車の時刻に注意
集集線は1日11〜12本運行。二水〜車埕車站
は45元。
※2023年11月現在、「集集」車站〜「車埕」
車站は修復工事のため、振替輸送バス「台鐵
接駁車」（片道15元）を利用。運行再開は
2025年末予定。

うわ〜
緑のトンネル
みたい！

緑のトンネル

明潭水庫
貯木池
C
南投縣車埕木業展示館 車埕
D
車埕車站
車埕國小
B
水里車站

龍泉車站
濁水車站
集集車站
A

二水車站
源泉車站

集集線周辺MAP

100m

Start!

台中から
台鐵で約60分

途中下車
するならこの駅！

二水車站
アルシュイチェーチャン

小さな始発駅、二水車站

集集車站
ジージーチェーチャン

日本統治時代の味のある木造
駅舎。駅前には蒸気機関車や
戦車の展示がある

集集
Jiji

A 集集産バナナのアイス
一億香蕉冰淇淋
イーイーシアンジアオビンチリン

集集はバナナの産地。地元の
バナナ入りアイスは80元。バ
ナナ入りクッキーも人気。

濃厚な
バナナ味！

南投縣集集鎮民權路468號　☎0988-913-
898　⏰9:00〜18:00、土・日8:30〜19:00
休火　¥80元　Card不可　集集線「集集」車站
出口より徒歩約1分

水里車站
シュイリーチェーチャン

日月潭へのバス発着駅

日月潭→P.42

46

Goal!

車埕車站
チェーチョン チェーヂャン

台湾イチ美しい駅舎周辺をのんびりおさんぽ

案内するにゃ〜

かつて林業で栄えた車埕は、水力発電所の完成とともに徐々に衰退。今ではノスタルジックな風景に魅了されて多くの人が訪れている。

[B] 台湾イチ美しい駅舎

車埕車站 チェーチョン チェーヂャン

1999年の921大地震で壊滅的被害にあったが再建されて現在の姿に。四方を山に囲まれた木造駅舎は、フォトジェニックな美しい駅として知られている。

林業で栄えたシンボル駅舎

1. 線路からの眺め　2. かつてはここの木材が日本に運ばれ、明治神宮にも使われたとも。山の向こうは日月潭（→P.42）

[C] 貯木池のほとりのカフェ

隱茶 steam
インチャー　スティーム

かつてこの地で林業で栄えた「振昌興業」の子孫が経営する、貯木池に面したカフェ。きれいな空気と景色に囲まれてまったり過ごせる。ドリンクのほか、軽食はパスタがある。

鯉さんおいで！

🏠南投縣水里鄉車埕村民權巷101-3號 ☎049-277-6471 🕘10:00〜17:00、土・日〜18:00 [休]火 [料]200元〜、サ10% [Card]不可 [席]86 [交]集集線「車埕」車站出口より徒歩約5分 [URL]www.facebook.com/steam.grove

1. 魚の餌やりなどができる「靜和室區」を利用の場合は1人350元〜　2. 台湾茶（250元）でゆったりと

のんびり歩くにゃー♪

松製桶付き排骨飯285元。桶は持ち帰りOK

排骨(豚肉のフライ)
さっくさく！
空芯菜&ニンジン炒め
ソーセージ
高菜漬け
味たまご
炒め切干大根
雞卷(肉と野菜の湯葉巻き)

桶は陳さんが、お弁当は奥さんが手作りする

[D] 名物の木桶弁当

車埕小飯店
チェーチョンシアオファンディエン

桶を作って日本に輸出していた名残で、木桶弁当（便當）を作るようになったとか。近隣の食材を使った手作りのおかずは少し濃い目でご飯に合う。おふくろの味を楽しんで。

🏠南投縣水里鄉車埕村民權巷50號 ☎049-287-1510 🕘9:00〜17:00、土・日・祝8:00〜18:00 [休]無休 [料]85元〜 [Card]不可 [席]42 [交]集集線「車埕」車站出口より徒歩約3分

お待ちしてまーす♪

オーナーの陳さん一家

プチ
ぼうけん
11

登山鉄道に乗って、神秘の森を歩く！
阿里山でパワーチャージ

阿里山は、標高3952mで最高峰の玉山連峰に沿った2000m級の山々の総称。一帯は阿里山森林遊樂區として整備され、台湾が誇る山岳リゾートとして人気。

阿里山林業鐵路で奮起湖へ出発！

阿里山線
Alishan Line

阿里山へのアクセス
台鐵「嘉義」車站から台湾好行バス7322C（片道251元）、高鐵「嘉義」站から台湾好行バス7329（片道278元）で約2時間30分。阿里山林業鐵路は URL afrch.forest.gov.tw

Map 別冊P.2-B2

台北
台中
阿里山 ★
高雄

嘉義～十字路間の予約は、①URLafrts.forest.gov.twで乗車希望日の14日前から、②阿里山林業鐵路「嘉義」車站窓口で乗車希望日の12日前から可能。標高差1373m、世界でも珍しい三重ループなどを通過する。

阿里山の旅

TOTAL **1〜2日**

オススメ時間　9:00〜18:00
予算　2000元〜

服装と混雑する時期をチェック
年間平均気温は15度。夏でもジャンパーがあると安心。冬は防寒対策を。桜の咲く3〜4月中旬が最も混雑。夏は避暑地として混雑する。2023年11月現在、嘉義車站〜十字路車站と、阿里山車站〜神木・祝山区間で運行（十字路〜二萬平区間は修復工事中）。

ALISHAN
Forest
Railway

車窓からのパノラマ！

深い緑の合間を何度もカーブしながら進んでいく

LET TAKE A TRAIN !

A　四方竹林の遊歩道

所要90分

奮起湖さんぽでリフレッシュ

奮起湖という地名だが湖はない。駅前には食堂やおみやげ店が並ぶ老街があり、ぬけると路地や整備された歩道が続く。狭いエリアなのでのんびり歩いてみよう。

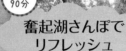

B　阿里山烏龍茶の茶畑

標高1450m周辺に広がる烏龍茶畑。霧に包まれて甘味が際立つとか

すべてが苔むして幻想的！

C　台湾肖楠の木立

台湾特有の肖楠は香木としても世界で名高い

奮起湖周辺MAP

奮起湖車站

F
D
E C
A
B

奮起う湖紺紺園

阿里山

N 100m

四方竹や杉の間にある木道。空気はしっとりしている

日本と台湾の姉妹鉄道よ♪

嘉義

プチぼうけん

11

阿里山でパワーチャージ

嘉義車站からのアクセス

START!

1 阿里山號と嘉義車站

ディーゼル機関車が車両を引く阿里山號は3両編成。嘉義車站1番線奥が乗り場

2 竹崎車站

嘉義から14.2km。駅舎は古い木造建築で味がある。枕木を再利用したホームも人気の撮影スポット

力強く引っ張る！

3 車窓から

熱帯林から温帯林へと変化する様が見られる。山肌の茶畑やビンロウ樹林など、トンネルのない区間で眺めよう

GOAL!

4 奮起湖車站

嘉義から45.8km、標高1403m。夏でもひんやり。ヒノキ製の看板も名物。嘉義から奮起湖まで途中下車不可

所要2時間21分

阿里山林業鐵路

獨立山 梨園寮 交力坪 水社寮 木履寮 樟腦寮 奮起湖 多林 屏遮那 沼平 對高岳 祝山 竹崎 十字路 二萬平 神木 阿里山 嘉義 北門 鹿麻產

映画のロケスポット

100年の老老街のたたずまいだワン

D

E

おみやげ探しなら老街へ♪

F

名物駅弁などもこの辺で食べられる

おすすめスケジュール例

		日帰り	1泊以上
奮起湖のみ	阿	嘉発 9:40→11:30 奮着	阿里山行 嘉発 9:40→11:30 奮着
		奮発 15:10→17:10 嘉着	奮発 14:00→15:00 阿着
奮起湖+阿里山	阿	嘉発 9:40→11:30 奮着	翌日
	台B1	奮発 14:00→15:00 阿着	日の出時刻による 日の出時刻(目安) →P.50
	台A	阿発 16:40→ 19:10(高鐵)嘉着	台A 嘉発 14:40・16:40→ 17:10・19:10(高鐵)嘉着
	台B	阿発 17:10→ 19:40(台鐵)嘉着	台B 嘉発 15:10→17:10 17:40→19:40(台鐵)嘉着
阿里山のみ			〈高鐵〉嘉発 9:30→ 12:05 阿着
	台A	阿発 16:40→ 19:10(高鐵)嘉着	台=嘉義 奮=奮起湖 台=阿里山 台=阿里山林業鐵路 台A=台湾好行バス 阿里山A線 7329
	台B	〈台鐵〉嘉発 6:05~9:10 →8:40~11:45 阿着	台B=台湾好行バス 阿里山B線 7322C
		阿発 6:10・17:10→ 18:40・19:40(台鐵)嘉着	台B1=台湾好行バス 阿里山B1線 7322A

台湾好行バス→P.183

ご来光、雲海、夕日、森林、登山鉄道。これが阿里山の5大魅力。感動満載ですよ！

阿里山國家風景區管理處
洪 維新所長

壮大な自然、優雅さも兼ね備えた阿里山森林遊樂區では忘れられない多くの体験ができます。神秘的な雰囲気を体感しながら、阿里山茶やコーヒーなど山の幸も味わってください。

阿里山森林遊樂區へ Let's go!

49

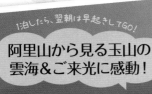

1泊したら、翌朝は早起きしてGO！

阿里山から見る玉山の雲海＆ご来光に感動！

玉山とその連峰から太陽が顔を出す瞬間を見てこそ、阿里山を訪れた醍醐味があるというもの。ご来光と同時に眼前に広がる雲海がオレンジ色を帯びる様子に、感動のため息がもれる。

幻想的でキレイ！

ALISHAN Sunrise

©阿里山國家風景區管理處

日の出POINT
本格的な撮影には三脚持参がベター。早めに撮影場所の確保を。特に冬は防寒対策を！

日の出時刻（目安）
3〜5月…5:20〜6:40
6〜8月…5:15〜5:50
9〜11月…5:45〜6:50
12〜2月…6:45〜7:10

阿里山森林遊樂區

ご来光はふたつの山から見える

所要60分

阿里山駅舎は木造

駅から歩道＆車道を歩いていく方法も

1. ご来光列車は12日前から嘉義・竹崎・交力坪・奮起湖・阿里山各駅窓口、ウェブサイト（14日前）で販売。翌日の正確な発車時刻は前日16:30以降に駅やホテルなどで告知される。当日は出発時刻の30分前から残席販売 2. 阿里山車站にある日の出状況表 3. 帰路は約5kmの行程を歩いて戻ることも可能

ご来光を見るならここ
祝山觀日平台
ジューシャングアンリーピンタイ

ご来光鑑賞用の広場になっていて、朝食を売る屋台も出ている。撮影場所の争奪戦もあるほど混むので、場所取りは早めに。

Map 別冊P.20-A2 阿里山

◎阿里山林業鐵路祝山線「祝山」車站から徒歩約1分　ご来光時間に合わせて早朝のみ列車が運行。日の出時刻や見物客数に応じて発車時刻や便数を決定。前日に駅やホテル、観光案内所で確認を。片道150元

歩くぶんだけ見物客は少ない
小笠原山觀景台
シアオリーユエンシャングアンジンタイ

祝山から約500m登った場所にある展望台。日本統治時代に探検に訪れた技師、小笠原富次郎氏を記念して命名。

Map 別冊P.20-A2 阿里山

◎阿里山林業鐵路祝山線「祝山」車站から徒歩約10分

---

arucoおすすめホテル

More info!
阿里山森林遊樂區の入場は有料。入園料300元（台湾好行バス利用の場合150元）をゲート（24時間営業）で支払う。無理のない日程で。最新情報はURLrecreation.forest.gov.twで確認を。

阿里山エリアで最高級
(Hotel) 阿里山賓館
アーリーシャンビングアン

創業100年以上、かつての貴賓の接待所をホテルに。新館と旧館があり、2012年にリニューアルしている。

Map 別冊P.20-A2 阿里山

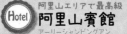

◎嘉義縣阿里山鄉香林村16號
☎05-2679811、05-267-9816
FAX05-267-9596 ⑫12640元〜（2食付き）サ10% Card J.M.V. ⑭160 ⑯87 ⑰137 ◎阿里山林業鐵路「阿里山」車站より徒歩約15分（無料送迎バスあり）、遊客中心より無料送迎バスで約3分 URLwww.alishanhouse.com.tw

リゾート気分を満喫

森林遊樂區遊歩道に
ある小さなふたつの湖

Map 別冊P.20-A2
阿里山

🚃阿里山林業鐵路祝
山線「沼平」車站よ
り徒歩約7分

湖上で
休憩♪

姉妹潭
ジエメイタン

3代が
同じ株の
ベニヒノキ

樹齢800年
超えの木目

歩きやすい
格好で

神秘の森は
空気が澄んでいる

所要
2時間

樹齢1500年以上!?
神秘の森でパワーチャージ

沼平車站から姉妹潭、巨木群桟道、神
木車站などを結ぶ約4kmの散策路をま
わって森林浴。ベニヒノキや杉の巨木
が続く中を歩いてリフレッシュ!

三代木
サンタイムー

1. 枯れた木の上に木が生えて今は3代目が元気。初代の推
定樹齢は1500年以上！ 2. 象に見えることからこの名前
で呼ばれる。豚に見える株も散策路にある

Map 別冊P.20-A2 阿里山

🚃阿里山林業鐵路祝山線「神木」車站より徒歩10分、
阿里山賓館より徒歩約3分

待って
るゾ〜

象鼻木
シアンビームー

象だ〜！

散步道脇はクロコスミアの花々

阿里山車站ー神木車站（神木線）、阿里山車站ー沼平車站
（沼平線）は各片道100元（当日購入）。約30分間隔で運行

BYE!

高原で味わう台湾茶と軽食

Cafe
茶田35號
チャーティエン
サンシウーハオ

40年以上にわたり父親が手がけた
茶畑と製茶を受け継いだ、お茶職
人の吳志靖さんの店。小笠原觀
景台の手前にある。軽食のほか、
自慢の阿里山茶で小休止を。

Map 別冊P.20-A2 阿里山

おみやげに
茶葉を♪

🏠嘉義縣阿里山鄉中正村103號 ☎05-267
9764 🕐4:00〜13:30、冬5:00〜 🗓無休
💰200元〜 CardJ.M.V. 💺80
🚃阿里山林業鐵路「祝山」車站より徒歩約7分
URLag.alishan18-35.com/tw/ 🛍茶葉販売
店🏠嘉義縣阿里山鄉中正村34號

写真提供：片倉佳史

1. お茶の質問にも親切に対応 2. テラス席
でのんびり過ごしてみたい 3. 朝食メニュー
250元、ランチメニュー300元など

朝イチで九份をひとり占め♪
＆猫村で癒やされる日帰り旅

眠いん
だにゃ～

九份は
レトロな
町だよ

日本統治時代、金鉱山として栄華を極めた九份。
坂道や石段、路地に漂うノスタルジックな雰囲気。
少し早起きしてバスで朝の九份へ。
まだ、人の少ない静かな石段を行ったり来たり。
午後は、猫たちに合いに猴硐に足を延ばして♪

晴天なら石段から美し
いビューが楽しめる

猫村にも
遊びに
来てにゃ

癒やして
あげる
にゃ！

めんびり
歩けるわ♪

九份→猴硐▶癒やし旅

TOTAL 6時間～

オススメ
時間　9:00～
　　　15:00頃

予算　800元～

参拝のヒント
九份到着9:00を目指そう。名物を食べた
り、ゆったりとお茶を楽しんだ後、バス＆
鉄道（週末は直通バス運行）で猴硐に移動。

九份へのアクセス
台鐵「台北」車站より東部幹線で「瑞
芳」車站下車（自強號／特急76元／所
要約40分）。駅を背に左約300mのバス
停より基隆客運金瓜石行きバス788、
825で「九份」（九份派出所または「九
份老街」下車（15元／所要約20分）。
バス停「捷運忠孝復興站」（Map別冊
P.10-A2）から基隆客運金瓜石行き快速
バス1062、またはバス停「捷運西門町」
（Map別冊P.8-A2）から台北客運金瓜石
行き快速バス965に乗車（90～101元／
所要約1時間30分）。いずれも「九份老
街」下車

大人気の九份も
朝イチならゆったり

幻想的な雰囲気に包まれる夕
方から夜の九份は観光バスが
次々とやってきて大混雑にな
る。海を見下ろす石段街、豎
崎路は身動きできないほど。
朝は、九份が素顔を見せてく
れる貴重な時間。自分のペー
スでのんびり歩きましょ。

**1 豎崎路を
行きつ戻りつ**

混み合う豎崎路
も朝なら撮影タ
イムもたっぷり
取れる

**2 基山街を
ぶらぶら**

小さなみやげ物店と飲食店が並ぶ幅2mほどの狭
い通り、基山街。「九份老街」バス停で降り、セ
ブンイレブンの横が入口になっている。通りにひ
しめく店は、9:00頃から徐々に開き始める

朝イチで九份♪&猫村で日帰り旅

九份おさんぽ★MAP

なでていいかい？

福山宮 卍

九份は雨の多い町なのよ

老舗茶藝館「阿妹茶樓」は九份のシンボル。夜は幻想的

鳥勢巷

印

聖明宮 卍

⑨九份国小

阿柑姨芋園 ④

見晴台

基山街 ②

九份古早丸店

⑥

九份茶坊

九份木屐手創館 ⑤

阿蘭 ③

阿妹茶樓

海悅樓茶坊

軽便路

●九份金礦博物館

昇平戯院

水心月茶坊

汽車路

九份老街バス停

汽車路

セブン・イレブン

WC

●CHIPAO

見晴台

金瓜石へ

九份老街バス停

堅崎路

派出所⊗

①

大⑨(九份派出所)バス停

6 九份茶坊でティータイム

120年以上の歴史をもつ木造家屋を修復。台湾各地のお茶をいただける。

台湾茶でゆるりと
九份茶坊
ジォウフェン
チャーファン

ピーナッツ入りクレープおいしいわよ！

3 台湾版草餅
阿蘭
アーラン

1950年創業の老舗。5種類の餡がある草餅がおいしい。

Map 別冊P.12-A2 九份

⌂新北市瑞芳區基山街90號　☎02-2496-7795　◷9:30〜20:30、土〜20:00　㊡無休　Card不可　♨「九份老街」下車、徒歩約5分

九份名物をパクリ！

Map 別冊P.12-A2 九份

⌂新北市瑞芳區基山街142號　☎02-2496-9056　◷12:00〜19:00、土〜20:00　㊡無休　🈺1人120元+茶葉37g600元〜　♟人数が多い場合は要予約　CardA.D.M.V.　♨「九份」下車、徒歩6分　URL www.jioufen-teahouse.com.tw

芋圓は昔ながらの味です

九份名物のイモ団子
4 阿柑姨芋圓
アーガンイーユイユエン

Map 別冊P.12-A2 九份

⌂新北市瑞芳區福住里堅崎路5號　☎02-2497-6505　◷9:00〜20:30、土・日〜21:00　㊡無休　Card不可　♟100　♨「九份老街」下車、徒歩約12分

削ったピーナッツあめとアイスを包んだクレープ。50元

ピーナッツ味のクレープ
5 阿珠雪在燒
アーヂューシュエヅァイシャオ

Map 別冊P.12-A2 九份

⌂新北市瑞芳區基山街20號　☎0935-925-120　◷12:00〜18:00　㊡無休　Card不可　♨「九份老街」下車、徒歩約9分

イモの粉を練り団子状にした芋圓は50元。もちもちの食感が楽しめる。

世界6大猫スポット
「猴硐」（ホウドン）で猫とたわむれる♥

米国CNNから「世界6大猫スポット」のひとつに選ばれた猴硐には、100匹以上の猫が暮らしている。猫撮影スポットとしても有名になり、大人気に。気ままな猫たちに合いに行こう。

ルールを守ってにゃ

猫村でのオキテ
🐾 夏の昼間は猫出没率が下がるので、猛暑の時期は×。雨の日も同様。

🐾 フラッシュによる撮影は×。

🐾 キャットフード以外は与えないように。

🐾 住宅街なので騒がないで。

Map 別冊P.2-B1

猴硐へのアクセス
台鐵「台北」車站から東部幹線で「猴硐」車站下車（區間車、普通56元/所要約55分）すぐ

九份から猴硐へ
台鐡「九份老街」バス停より基隆客運バス1062で「瑞芳」下車。15元/所要約20分。台鐡「瑞芳」車站より東部幹線で1駅「猴硐」車站下車（區間車、普通15元/所要約6分）。土・日・祝日は、「九份老街」バス停より基隆客運バス826で「猴硐遊客中心」下車すぐ。15元/所要約12分

猫駅長やってます

ボクの定位置だにゃ〜

ワタシを写してもいいにゃ

ここにも猫ちゃん

お参りにゃ♪

気ままな猫と遊ぶ

TOTAL 2時間〜

オススメ時間 11:30〜13:30　予算 500元〜

🐾**猫尽くしのおさんぽ**
カフェでお茶しておみやげを買って、猫尽くしのおさんぽ。猫のよい写真を撮るには、猫と同じか猫より低い目線でシャッターを切ること。

平溪線に乗ってGO!

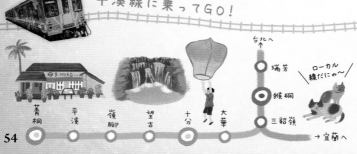

台北へ
瑞芳
猴硐
三貂嶺
→宜蘭へ

菁桐　平溪　嶺脚　望古　十分　大華

ローカル線だにゃ〜

平溪線は、三貂嶺〜菁桐の約13km。台鐵「台北」車站で「一日周遊券」80元を入手。猴硐や平溪線沿線で途中下車して観光を。おすすめは、十分と終着駅の菁桐。1時間に1本ほどの運行なので時刻表を確認しておこう。
URL www.railway.gov.tw

猫パイナップルケーキ

Sweets

猫型でかわいいの

「黒白貓禮盒 貓咪鳳梨酥」
12個入り480元。黒色は
竹炭入り

❶ ラブリーなパイナップルケーキ
煤之郷貓咪鳳梨酥
メイヂーシアンマオミーフォンリースー

猫の顔型のパイナップルケーキはおみやげ
に最適。ブルーベリー味、イチゴ味といった
バリエも。猫耳を付けた店員さんもキュート。

猴硐

🏠新北市瑞芳區光復里柴寮路48號
☎02-2497-1240 ⏰10:00〜18:00、土・日
9:00〜19:00 休無休 Card不可 ㊥日少し
🚉台鐵「猴硐」車站よりすぐ

❷ 猫のパイナップルケーキ
艾妮西點・烘焙 Annie
アイニーシーディエンホンペイ

猫型、猫の顔型、肉球タイプ
と3種類の詰め合わせ、貓咪
鳳梨酥綜合8個320元。

猴硐

🏠新北市瑞芳區光復里柴寮
路38號 ☎02-2497-9898
⏰9:30〜18:00 休無休
CardJ.M.V. ㊥日少し 🚉台鐵
「猴硐」車站よりすぐ

駅近にあ
り、帰りが
けにさくっ
と買い物で
きる

猴硐站

菁桐、宜蘭へ

煤礦
博物園區

景觀館

柴寮路 ←

← 平林路

瑞芳、台北へ

基隆河

介壽橋

復興路

猴硐路

猫と一緒に小休止

Cafe

❸ 猫三昧のカフェ
猴硐貓村
躲喵喵咖啡館
Houtong. Hide & Seek Café

猫好きにはたまらないメニューが楽し
めるカフェ。肉球が愛らしいケーキ、
貓掌蛋糕(右)は100元。猫店員もいる。

猴硐

🏠新北市瑞芳區光復里柴寮路223號
☎0922-823-717 ⏰10:30〜18:30
休木 Card不可 席25 ㊥日少し
🚉台鐵 「猴硐」 車站より徒歩約5分

猫グッズを大人買い

Souvenir

❹ 猫グッズ満載
三貓小舖 サンマオシアオブー

オシャレな猫グッズや
アクセサリ、雑貨が
どっさり。猫好きな
ら大人買いしてし
まうこと間違
いなし。

1. プレートホルダー320元 2. 鉛筆
50元 3. マウスパッド190元 4. 猴
硐駅ホームが表紙のノート60元

猴硐

🏠新北市瑞芳區光復里柴寮路265號
☎0986-116-690 ⏰10:00〜18:00 休無休
CardA.J.M.V.(500元以上で使用可) ㊥日少し
🚉台鐵「猴硐」車站より徒歩3分
URLwww.facebook.com/3catk.e

町なかを列車が走る

十 分 車 站
シーフェン チェーヂャン

町の中央を列車が走る十分
では、願いを込めて天燈(ラ
ンタン)を飛ばす天燈上げ
もできる。また、台湾の
ナイアガラといわれる滝、十
分瀑布へは30分ほどのウオ
ーキングで到着できる。

飛んでけー！

台湾のナイアガラ!?

平溪・天燈節→P.58

Shifen Station

十分車站

プチぼうけん 13

台北から約70分

“客家(ハッカ)の町”新竹を訪ねて 安うま地元グルメ&レトロ建築さんぽ

風が強くビーフンの産地として名高い新竹は、お廟の中にぎっしり屋台が密集していたり、客家文化が根付いていたり、ちょっとおもしろいグルメやレトロな建築が楽しめる場所。小さな町なのでゆる〜り歩いて巡ってみて！

新竹城隍廟
Hsinchu
レトロ建築POINT 1
かわいい窓枠
鳳麟 粥・飯・麵食

客家とは？

客家(ハッカ)とは華北から南下しながら移住し、独自の言語や文化を守り続けてきた民族集団のこと。

中には屋台がいっぱい！

夕暮れ時の新竹都城隍廟。夜もにぎやか

美味なるグルメとかわいい窓枠 魅惑の新竹さんぽへ

新竹の見どころは北大路、西大路、東大路、南大路と4つの大通りの中に集まっていて、歩いて回れるサイズ感なのがうれしい。古い建物も多く、小さな路地ではかわいい窓枠に出合えることも！

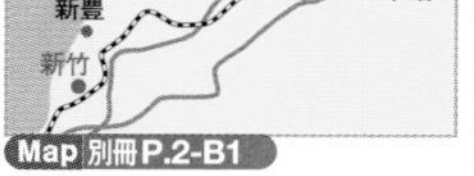

台北車站
新豐
新竹

Map 別冊P.2-B1

新竹へのアクセス

🚃台鐵「台北」車站より西部幹線で「新竹」車站下車（自強號で177元／所要約1時間10分）。

🚌台北轉運站より國光客運バス1822で📍「新竹轉運站」下車。所要約1時間30分、148元

新竹日帰りさんぽ

TOTAL 6時間〜

歩くのが楽しい〜

オススメ時間 11:00頃〜20:00の間　予算 700元〜

💡食べ歩きとさんぽを楽しみたい

まずは「新竹」車站のインフォメーションカウンターで地図をゲット。尋ねれば親切に教えてくれるのでいろいろ聞いてみて。

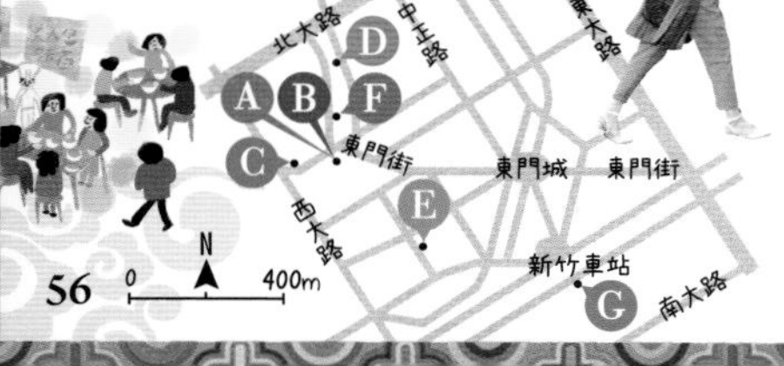

北大路
中正路
東大路
東門街
東門城
東門街
西大路
新竹車站
南大路
A
B
C
D
E
F
G
N
0
400m

レトロ建築POINT 2
清代の建築！

since 1748

ご当地グルメひしめく

A 新竹都城隍廟

シンジュードゥチェンホァンミャオ

270年もの歴史を持つ廟で、土地の守り神でもあり冥府の裁判官でもある城隍神を祀っている。廟の周りはビーフンや肉圓など地元グルメの屋台がぎっしり！

Map 別冊P.21-C2 新竹

🏠新竹市北區中山路75號　☎03-522-3666　🕘5:00〜22:00（店舗により異なる）　[休]無休　[交]台鐵「新竹」車站より徒歩約7分　[URL]www.weiling.org.tw

1. 廟の中は厳かな雰囲気　2. ビーフンを買うなら「純米」（米100%）がおすすめ　3. おみやげ店にはビーフン山積み

ちゅるん！ 飲むゼリー

B 苗楊冬瓜仙草絲

ミアオヤンドングアシェンツァオスー

台湾でおなじみの黒い仙草ゼリーをドリンクで楽しめる。仙草を20時間煮て濾過したゼリーはちゅるんちゅるん！

Map 別冊P.21-C2 新竹

🏠新竹市北區西安街62號　☎0921-476-999　🕘10:30〜22:30　[休]不定休　[Card]不可　[席]約15　[交]台鐵「新竹」車站より徒歩約7分

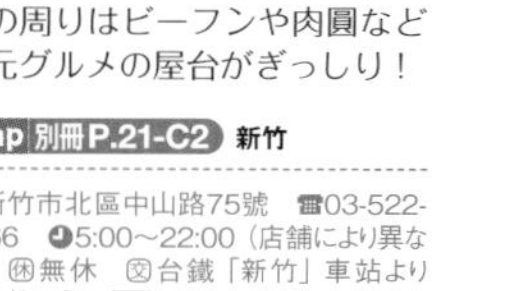

仙草撞奶
冬瓜仙草絲

冬瓜仙草絲（小45元）は甘い冬瓜茶に仙草ゼリーたっぷり。イートインスペースもあり

目玉焼きがオンが正解！

C
ジューシー鴨どんぶり
廟口鴨香飯
ミアオコウヤーシアンファン

お待ちしてます！

皮プリッ、肉ジューシーな薫製の鴨肉がのったどんぶりは、地元の人いち押しのグルメ。入口にあるメニューに書き込んでスタッフに渡す注文方式。

鴨香飯（小）65元、荷包蛋（15元）も必須

Map 別冊P.21-C2 新竹

🏠新竹市北區中山路142號（新竹都城隍廟附近）☎03-523-1190 🕐11:00〜21:00（15:00〜15:30は休み）🈺火・水 Card不可 席約40 🚃台鐵「新竹」車站より徒歩約12分

D
超もっちり巨大タピオカ
葉大粒粉圓
イエダーリューフェンユエン

綜合粉圓（45元）。すべて毎日手作りする

大粒の真珠のようなタピオカは、驚くほどのもっちり感。余計なものを加えないピュアな味と食感に夢中になる。トロ〜りとした温かな芋スイーツ芋泥（9月頃〜5月頃限定）もおいしい。

Map 別冊P.21-C1 新竹

🏠新竹市北區北門街83號 ☎03-525-6763 🕐12:00〜22:30 🈺不定休（月1回は休み）Card不可 席約18 🚃台鐵「新竹」車站より徒歩約13分

長年変わらぬ味です

新竹で地元グルメ三昧

遠方からわざわざ来たファン

氷あり、なし、どちらも45元

芋泥（40元）。ラードのせも可

レモンをかけてもよし！

E
ふわっふわの白玉スープ
榮記客家湯圓
ロンジーカージアタンユエン

新竹名物・貢丸を1個10元で加えられる

客家であるおかみさんが、嫁いで来た新竹でも懐かしい味を食べたいと始めた店だけあって本格的。もち米をひくところから作る湯圓（白玉）はふわっふわ！

Map 別冊P.21-C2 新竹

🏠新竹市東區武昌街64號 ☎03-523-8238 🕐8:15〜21:00 🈺旧正月 Card不可 席約110 🚃台鐵「新竹」車站より徒歩約7分

白玉のだしスープ客家湯圓（80元）

乾板條（60元）は混ぜて食べる汁なし麺

客家の味をどうぞ〜

滷肉粥（35元）は白粥に滷肉がたっぷり。小菜（おかず30元〜）も相棒にどうぞ

F
滷肉飯ならぬ滷肉粥！
和味清粥
ハーウェイチンヂョウ

たくさん並ぶおかずを指差して店員さんに取ってもらい買うスタイルの食堂。開店と同時に地元の人が行列する。野菜が豊富なのも◎。

昼時は大忙しょ！

Map 別冊P.21-C1 新竹

🏠新竹市北區長安街36號 ☎03-523-0680 🕐11:00〜14:00、17:00〜0:30 🈺土・旧正月 Card不可 席約44 🚃台鐵「新竹」車站より徒歩約13分

まだある！
榮記滷肉飯→P.151

レトロ建築POINT

美しいバロック様式

since 1913

100年を超えるレトロな駅舎
G
新竹車站
シンヂューチェーチャン

日本人の建築士・松崎万長による設計で、風格あるバロック様式が特徴的。中央の半円型を描く装飾や時計塔など外側の重厚感に反して、内装は白と淡いピンクが基調と軽やか。東京駅と姉妹駅。

Map 別冊P.21-D2

コンビニもレトロ風

遠目に見てもきれい！

薄ピンクの窓枠に萌え♡

一度は訪れたい！ 台湾絶景ハンティング☆
aruco的おすすめBest7

麗しの島フォルモサ・台湾は美しくて特徴ある自然美の宝庫。
海、山、里に点在する絶景はどれもスペシャルな眺め。
台湾でしか見られない絶景ハンティングにレッツゴー！

台湾の絶景ハンティング

TOTAL 30分〜

オススメ
時間　9:00 〜 21:00 の間　予算　500元〜

無理のないスケジュールを
暑い日は日焼け＆熱中症対策を忘れずに。
無理のない行動や移動時間を考えて、タク
シーのチャーターもおすすめ。

うわ〜
きれい〜!!

忘れられない景色に感動
必見Best7はココ！

絶景スポットへの移動手段を
事前に必ずチェック。台湾好
行バスの利用も便利。季節限
定や天候に左右さ
れる場所もあるの
で、ウェ
ブサイトな
どで必ずチェ
ックを。

Best 1 平渓・天燈節
ピンシー　ティエンダンジエ

人々の願いをのせて天空に舞い上がるラン
タンが幻想的。旧正月の元宵節の行事
で、毎年開催日が異なる。詳細は台湾
観光局 URL taiwan.net.tw で公表される。

Map 別冊 P.2-B1 平渓

旧暦1月15日：2024年2月24日※開催日時、場
所など詳細情報は URL newtaipei.travel、www.
pingshi.com.tw や上の台湾観光局のウェブサイト
で確認を。

静かに ●━━━┿━━━● 迫力
感動 ●━━━━━━┿● 満点
秘境度 ★☆☆

絶景Information

行き方　お祭り当日はMRT文湖線「動物園」站1
番出口周辺から有料シャトルバス「天燈駁接車」
に乗車して十分廣場まで移動するのが便利（片道
50元）。往路9:00〜19:00、復路9:40〜23:00（予
定）。当日はかなり混雑する。本数が限られる列車
よりシャトルバスのほうが便利

オススメTime　ランタンを上げる18:00過ぎから

所要時間　4時間〜

絶景POINT　とにかくものすごい人混みなので見や
すい場所を早めに確保。カメラの三脚を立てて撮
影する場合は早めの場所取り必至

その他　当日ランタンを上げたい人は、当日エン
トリーのため早朝から会場受付場所に並ぶ必要が
ある。従来は10:00から受付開始。希望者が早い時
間から殺到するため、並んでも上げる権利を入手
できないこともある

☆年に一度の風物詩
ロマンティックな天空のランタン

恋愛成功！
リエンアイチョンゴン
恋かなないますように！

財源廣進！
ツァイユエングワンジン
儲かりますように！

Best 2 高美湿地
ガオメイシーディー

静か
に感動 ❤ ├──┼──┼──┤ 迫力
満点
秘境度 ★★☆

詳しくは → P.40

Map 別冊P.2-A1 台中

絶景Information

オススメTime 夕暮れ前～日没。満潮時は景色が変わるので、風が弱く干潮前後1時間以内がベスト。11～2月は全体的に水位が高く風も強いので期待値は高くない

所要時間 1時間

絶景POINT 湿地の木道は混雑するので、堤防や人の少ない所

その他 高美湿地旅遊網 URL www.gaomei.com.twの「海水潮汐時間」に潮位の情報あり

☆反射美と空の色に釘付け！

キラキラ台北シティビュー

ライトの色は
日替わり♪

絶景Information

行き方 MRT淡水信義線「象山」站2番出口より徒歩約10分の「象山親山歩道」を目指す(中強公園沿いの道を進む)。展望台まで登山口から徒歩約30分〜。展望台から上の「六巨石」までさらに徒歩約10分

オススメTime 日没1時間前〜

所要時間 約30分〜

絶景POINT 展望台からの眺望も人気があるが、六巨石まで登ればより景色が開けて見える。展望台や六巨石では早めに撮影場所を確保しよう

その他 トイレはMRT「象山」站か登山口近くにあり。歩道は階段なので歩きやすい靴を。飲み物を携帯し、休憩しながら無理せずに登ろう

Best 3 象山から台北101の夜景
シアンシャン　　　タイベイイーリンイー

台北101の夜景鑑賞ベストポジションは、標高183mの象山。晴天に恵まれれば、美しいサンセットと夜景を堪能できる。日没時間は URL www.cwb.gov.tw/V8/C/K/astronomy_day.htmlでチェック。

Map 別冊P.11-D3　台北信義イースト

⌂ 台北市信義區信義路五段150巷22弄41號周辺(登山口)

静かに：感動　♥追力：満点
秘境度 ★☆☆

絶景Information

行き方 國光客運台北車站バスターミナルより國光客運バス1815で♥「野柳」下車(所要約90分、99元)、台鐵「基隆」車站から基隆客運バス790で♥「野柳」下車(45元)、MRT淡水信義線「淡水」站から台湾好行バス716(90元)、基隆客運バス862で♥「野柳」下車(60元)

オススメTime 高潮や悪天候以外

所要時間 約90分

絶景POINT 女王頭(15番)や龍頭石(22番)は入口から約500mほどにある。燭台石(3番)は入口寄り

その他 入口から岬の先端までは約1.7km。事前に見たい場所をウェブサイトで確認するのがベター。人気の岩での撮影には行列ができることもある

Best 4 野柳地質公園
イエリョウディーヂーゴンユエン

地殻運動や海蝕、風蝕により長い年月が作り出した奇岩の数々。それぞれの奇岩には名前が付けられており、女王頭(クイーンズヘッド)などが人気。

Map 別冊P.2-B1　基隆

⌂ 新北市萬里區野柳里港東路167-1號
☎ 02-2492-2016　🕐 8:00〜17:00(夏季9:00〜18:00)　💴 120元
URL www.ylgeopark.org.tw

静かに：感動　♥追力：満点
秘境度 ★★☆

女王頭が崩れる前に急げ！

今すぐ
見に行かなきゃ

静かに感動 ♥ 迫力満点
秘境度 ★☆☆

Best 5 正濱漁港色彩屋
ヂョンビンユィガンスーツァイウー

古くから栄えた正濱漁港に面した建物をカラフルにペイントしたとたん、瞬く間に映えスポットとして話題になった「カラフルハウス」。"台湾のヴェネツィア"とも。異なる18色の建物を見るベストポイントは対岸の「正濱漁港観景台」。漁船などを入れて撮影してみよう。カラフルハウスで営業するカフェもある。

Map 別冊P.2-B1 基隆

🏠 基隆市正濱漁港

絶景Information

行き方	「基隆市公車總站」より基隆公車101、102、109、205バスで♥「和平橋頭（原住民文化會館）」下車徒歩約1分（所要約20分、15元）
オススメTime	悪天候以外、晴れの日
所要時間	約30分
絶景POINT	カラフルハウスの向かい側にある「正濱漁港観景台」周辺
その他	カラフルハウスの一角のカフェ「圍們咖啡」、正濱漁港観景台そばの手作り炭火焼きちくわ「涂大手工碳烤吉古拉」などで小休止もおすすめ

★ マングローブが作る
緑のトンネルをクルージング

Map 別冊P.2-A2 台南

©台湾観光局/台湾観光協会

🏠 台南市安南區大眾路360號　☎06-284-1610　🕐8:00〜16:00（緑色隧道クルーズ：10:00、14:30、土・日・祝8:00〜16:30）　💴200元　🔗www.4grass.com　※緑色隧道クルーズは人数制限あり、休日は遅くなると乗船を打ち切ることがある

静かに感動 ♥ 迫力満点
秘境度 ★★☆

Best 6 四草紅樹林綠色隧道
スーツァオホンシューリンリューズースイダオ

マングローブが造り出す緑のトンネルの間を、約30分かけてクルーズ。台湾で最もマングローブの樹種や本数が多いとも。野鳥やカニなども見られて、自然を身近に感じられる。

絶景Information

行き方	台鐵「台南」車站前の南站より台湾好行バス99台江線、北站より台南市公車バス10線で♥「四草生態文化園區／大眾廟」下車（18〜36元）
オススメTime	晴れの日（夏は午前か夕方前があまり暑くない）
所要時間	約30分
絶景POINT	マングローブを満喫するなら船の最前列に着席。笠をかぶって乗船するので前や横に人がいると見えにくい
その他	台江観光船（約70分、200元、マングローブ林は航行せず）と間違わないよう注意

絶景Information

行き方	MRT淡水信義線「淡水」站より台湾好行バス716、基隆客運バス862で♥「老梅」下車、徒歩約4分（バスは20〜50分間隔で運行。所要約50分、45元）
オススメTime	3月中旬〜5月上旬の干潮時。4月の清明節前後が最も美しいという
所要時間	約30分〜
絶景POINT	海岸は約5km続くので、見物客の状況を見て好きな場所を選ぶ
その他	藻で滑りやすく、足場は不安定なので歩きやすい靴がベター。🔗www.cwa.gov.tw/V8/C/M/tide.htmlで潮汐時刻をチェック

Best 7 老梅綠石槽
ラオメイリューシーツァオ

台湾最北端の岬、富貴角にある老梅の海岸で見られる奇観。波の侵食でできた曲線の岩に、藻が一面に貼り付いた様子が見られるのは春の干潮時＆ここだけ。時機が合えば必見！

Map 別冊P.2-B1 新北

🏠 新北市老梅社區沿海

★ 海岸の岩と藻が造り出す奇観

静かに感動 ♥ 迫力満点
秘境度 ★★☆

饒河街夜市だけじゃない！ さくっと楽しめちゃう♪ 台北の夜市へご案内！

詳細→P.131

台湾ナイトを彩る夜市。台北のあちこちで毎夜開かれる夜市で名物小吃を食べ歩き。MRTで行ける夜市へご案内♪

MRT中山站

寧夏夜市
ニンシアイエシー

B級グルメの屋台や店舗が集まる台北を代表するグルメ夜市。中山エリアに近く、ショッピングや会社帰りの人などで夜遅くまでにぎわう。なじみの味を求める常連も多い。話題の人気店も軒を連ねる。

必食

雞蛋蚵仔煎

人気店「賴雞蛋蚵仔煎」のカキオムレツ

規模	★★☆☆☆
グルメ	★★★★☆
買う遊ぶ	★★☆☆☆

Map 別冊P.4-B2～B3 台北車站北部

おいしいよ！

♠大同區寧夏路 ◷17:00頃～翌1:00頃 休無休 ⊗MRT「淡水信義線・松山新店線「中山」站5番出口またはMRT淡水信義線「雙連」站1番出口より徒歩各約8分

屋台で食べると格別だね

少し待てば順番で座れる。満席でも諦めないで！

必食

店舗は美食區の入口横。行列必至！

豪大大雞排

特大のフライドチキン。揚げたてをガブリ！

草莓雪片(辛發亭冰品名店)

定番のイチゴソースミルクかき氷

MRT劍潭站

士林觀光夜市
シーリングワングアンイエシー

台北最大の夜市。飲食屋台だけでなく、洋服や雑貨、アクセサリーなどファッションも充実。夜市は、建物になっている士林市場の地下階が美食區で屋台集結エリア。そのほかには露天屋台、ショップ、ゲーム系エリアなどがある。

カラフルな伊達メガネで、いざイメチェン！

Map 別冊P.3-C2 台北 士林

♠士林區文林路、大東路、安平街ほか ◷11:00頃～翌1:00頃 休店舗により異なる Card不可 ⊗MRT淡水信義線「劍潭」站1番出口より徒歩約3分

規模	★★★★☆
グルメ	★★★★★
買う遊ぶ	★★★★☆

※2023年11月現在、地下1階の美食區は改修工事のため2024年6月リニューアルオープン予定。1階の市場や屋外の屋台は営業継続予定。

MRT信義安和站

臨江街夜市
リンジアンジエイエシー

台北101へ徒歩圏内の夜市で、外国人の利用も多い。B級グルメの屋台も並び、行列のできる人気店も多数ある。気軽な食べ歩きにもってこい。小さい夜市ながら、ファッション雑貨が充実しているから、地元女性客からの支持が高い。

鹽酥雞

食材を油で揚げてスパイスで味付けして食べる定番スナック

必食

規模	★★★☆☆
グルメ	★★★★☆
買う遊ぶ	★★★☆☆

Map 別冊P.10-B3～11-C3 台北信義イースト

♠大安區臨江街（通化街交差点が目印）◷17:00頃～24:00頃 ⊗MRT淡水信義線「信義安和」站4番出口より徒歩約5分

醤油とスパイスで煮込んだ滷味の人気屋台

aruco column aruco column

おいしい古都を
遊び尽くそう！

台 南

かつて台湾の首都だった古都・台南は、グルメシティとしても有名。
観光の合間に名物の麺や小吃を食べ歩き、古民家カフェでまったり。
レトロかわいい台湾グッズの宝庫だからお買い物も超楽しい！
台南旅のフルコース、120％楽しんじゃお♪

台北

台中

花蓮

台南

高雄

台南へのアクセス

🚄 台北車站より高鐵（新幹線）で高鐵台南站まで1時間30分〜。直結する台鐵沙崙車站より台鐵台南站まで約25分
高雄より台鐵自強號で約30分〜
🚌 台北バスターミナル（台北轉運站）より高速バスで約4時間20分

古都台南（タイナン）の伝統的なスポットをめぐる午後さんぽ♪

1624年から220年にわたって首都だった台南。“台湾の京都”と称される古都の旧跡を巡る午後さんぽへご案内♪

赤崁樓の赤い楼閣は台南のシンボル的存在

古都満喫プラン

TOTAL 6時間

TIME TABLE

12:00 台南車站
↓ 徒歩約15分
12:30 赤嵌樓
↓ 徒歩約10分
13:30 國立台湾文學館
↓ 徒歩約5分
14:30 孔廟
↓ 徒歩約10分
15:30 雙全紅茶
↓ 徒歩約5分
16:00 台南市美術館二館
↓ 徒歩約1分
17:30 林百貨

1 台南車站 タイナンチェーヂャン 12:00

コロニアルな洋風建築が印象的

1900年、日本統治時代に建設された台南驛が前身。1932年から4年かけて改築した。隣設の観光案内所で地図を入手しておさんぽをスタート。

Map 別冊P.15-C2

白い駅舎にはヤシの木と青空がお似合い♪

※2023年11月現在改修工事中

駅に隣接する観光案内所には、日本語のパンフレットも

2 赤嵌樓 チィカンロウ 12:30

台南市街で最も古い史跡

1653年、オランダ軍により建てられた。1862年の地震で楼閣が全壊し、その後、基台の上に文昌閣が建造された。

Map 別冊P.14-B2

台南市中西區民族路二段212號 ☎06-220-5647 🕘8:30～21:30 [休]無休 [料]70元 [交]台鐵「台南」車站より徒歩約16分

9月28日には「孔子節」という祭典を開催

「全臺首學（台湾で最初の学校）」と記された門

3 國立台湾文學館 グオリータイワンウェンシュエグアン 13:30

台日交流の企画展なども開催

日本統治時代、建築家森山松之助による西洋歴史建築、台南州庁舎を修復。台湾初となる文学専門ミュージアム。

Map 別冊P.14-B2

台南市中西區中正路1號 ☎06-221-7201 🕘9:00～18:00 [休]月、旧正月 [料]無料 [交]台鐵「台南」車站より徒歩約16分 [URL]www.nmtl.gov.tw

4 孔廟 コンミアオ 14:30

台湾最古の最高学府として知られる

1665年創建の孔子廟。孔子廟とは台湾の最高学府。廟内には、儒教の祖として尊敬を集める孔子と弟子達が奉られている。

Map 別冊P.14-B2

台南市中西區南門路2號 ☎06-221-4647 🕘8:30～17:30 [休]旧正月 [料]40元 [交]台鐵「台南」車站より徒歩約20分

✉ 台南駅の観光案内所には日本語を話せるスタッフがいて、日本語の地図や観光パンフレットをもらえた。（京都府・美波）

海安路
西門圓環
成功路
民族路二段
公園路
中山路
忠義路二段
民權路
永福路
民生路一段
北門路一段
西門路二段
開山路
南門路
府前路一段
東門圓環

① 台南車站

古都台南の伝統的なスポットを巡る

② ③ ④ ⑤ ⑥ ⑦

お茶に行こ♪

大東夜市で台南名物をいただきます
→ P.76

香り高い紅茶はいかが

5 路地に漂う紅茶の香り
雙全紅茶 15:30
シュアンチュエンホンチャー

雙全紅茶
AM10:00-PM7:00

1949年開業の老舗紅茶専門店。シェイカーを振って作る台湾式紅茶は濃く、香り高い。全糖、半糖、微糖、無糖と甘さを注文できる。

Map 別冊P.14-B2

🏠台南市中西區中正路131巷2號　☎06-228-8431　⏰11:00〜18:00　土・日　Card不可　台鐵「台南」車站より徒歩約22分
URL www.twinall.com.tw

1. ていねいにシェイク。ホット、アイス、常温の3種　2. 路地に店を構える　3. 日月潭紅茶をベースにブレンド25元

6 2019年開館。アートの拠点。
台南市美術館二館 16:00
タイナンシーメイシュウグアンアルグアン

台南の建築家石昭永と坂茂建築設計事務所との共同設計。台南市の花である鳳凰木の花をモチーフにした五角形の建物。展示空間は、約2508㎡、展覧室は16、アート専門の図書館もある。

Map 別冊P.14-B2

🏠台南市中西區忠義路二段1號　☎06-221-8881　⏰10:00〜18:00　月　料200元　台鐵「台南」車站より徒歩約20分

1階にあるショップでおみやげも

7 日本統治時代のデパートが再生
林百貨 17:30
リンバイフォ

1932年、山口県出身の林方一が開業したハヤシ百貨店が前身。2014年にリニューアルオープン、観光スポットとして大人気に。

Map 別冊P.14-B2

店データ → P.82

1. ライトアップされた姿は台南のランドマークのひとつ　2. お菓子や雑貨などオリジナル商品が多彩（→P.82）　3. 屋上には1933年に設置された神社「末広社」が

1. スタイリッシュなデザインでひときわ目立つミュージアムショップ　2. 1階のギフトショップ

台南車站は地下化する計画で工事が進行中。旧駅舎にはホテルやレストランが入る予定とか。完成が楽しみ♪

台湾で最も歴史のある町 安平（アンピン）のんびりウオーキング♪

台南市でもっとも早く開かれ、海上貿易によって繁栄した安平。
歴史的なスポットを巡るノスタルジックさんぽへGo！

安平古堡は、オランダ人が築いた台湾最古の城塞

TOTAL 3時間30分

歴史に触れる安平歩き

TIME TABLE

13:00 安平開台天后宮
↓ 徒歩約2分
13:30 安平古堡
↓ 徒歩約3分
14:30 同記安平豆花
↓ 徒歩約3分
15:00 德記洋行・安平樹屋
↓ 徒歩約7分
16:00 林永泰興蜜餞行

1 台湾最古の媽祖廟とされる 安平開台天后宮 13:00

アンピンカイタイティエンホウゴン

海を守る女神様 媽祖を祀る廟は パワースポット

漁業・航海の守護神である媽祖と開台聖王・鄭成功の信仰の中心となる廟。創建は1668年。本殿の瓦屋根上の装飾や廟内の天井など、ディテールがとても美しい。

Map 別冊P.15-D1

⌂台南市安平區國勝路33號 ☎06-223-8695 🕘5:00〜22:00 [休]無休 [料]無料 [交]台鐵「台南」車站前の北站よりバス2で📍「安平古堡」下車、徒歩約2分 [URL]www.anping-matsu.org.tw

1. グリーンの瓦屋根 2. 凝った装飾に目を奪われる 3. 古くから安平の人々の信仰を集めてきた

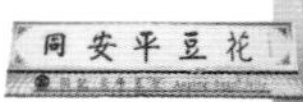

プレーンタイプの原味豆花35元（上）とアズキをプラスした紅豆豆花35元。トッピングは数種ある

台南の ヒーロー！

2 西洋風の城としては台湾初 安平古堡 13:30

アンピングーパオ

オランダ人が台湾における植民地統治の拠点として1624年に築いた城塞。当時はゼーランディア城と呼ばれていた。敷地内には、歴史資料を展示する博物館もある。

Map 別冊P.15-D1

⌂台南市安平區國勝路82號 ☎06-226-7348 🕘8:30〜17:30 [休]無休 [料]70元 [交]台鐵「台南」車站前の北站よりバス2で📍「安平古堡」下車、徒歩約3分

1. 台湾を占拠したオランダ人を追放した鄭成功の銅像 2. 展望台もある 3. 展示室には歴史資料を展示

3 豆腐スイーツの大人気店 同記安平豆花 14:30

トォンジーアンピンドウホアー

台南に4店を展開する伝統スイーツ店。豆花はつるっと優しい味わい。添加物を加えず昔ながらの製法を守っている。

Map 別冊P.15-D1

⌂台南市安平區安北路141-6號 ☎06-226-2567 🕘10:00〜22:00、日・祝9:00〜 [休]無休 [Card]不可 [席]200 [交]台鐵「台南」車站前の北站よりバス2で📍「安平古堡」下車、徒歩約3分 [URL]www.tongji.com.tw

✉ 安平古堡の展望台からは町を一望。歩き疲れたのでおやつを食べに「同記安平豆花」へ。楽しい半日観光だった。（岡山県・亜美）

安平古堡の展望台から町を眺めよう

白亜の洋館 德記洋行は回廊が巡る

安平歴史小景公園

地図を確認してね

ガジュマルの木が倉庫を覆う

4 德記洋行・安平樹屋 15:00

デージーヤンハン・アンピンシューウー

英国の貿易会社、德記洋行の建物を使って、各時代の台湾の生活スタイルを紹介している。敷地奥には、倉庫群をガジュマルの大木が覆う不思議な世界が広がる。

Map 別冊 P.15-D1

⌂台南市安平區古堡街108號 ☎06-391-3901 ⏰8:30～17:30 休無休 料70元 交台鐵「台南」車站前の北站よりバス2で🚏「德記洋行、安平樹屋」下車すぐ

ガジュマルの生命力の強さにびっくり!!

1. モダンな白い洋館　2. ダイニングなどを展示　3. ガジュマルが造り出した景観　4. ショップとカフェを併設　5. 德記洋行の外観　6. ギフトショップ　7. 安平樹屋のカードなどメイドイン台湾グッズが充実

台湾フルーツを乾燥させた蜜餞はお茶請けに最適

1. 果物をシロップに漬けた後、乾燥させた蜜餞。各種50元（小）は袋のデザインがレトロでかわいい　2. 無造作に陳列された蜜餞　3. 安平に数多い蜜餞店でも人気No.1　4. 老舗らしい店構え

バリエーションは50種以上 16:00

5 林永泰興蜜餞行

リンヨンタイシンミージエンハン

1886年創業の老舗蜜餞店。間口が狭く奥に細長い店内では、梅やマンゴー、トマトやイチゴをはじめ、50種以上の蜜餞を扱っている。安平みやげとして一番人気。

Map 別冊 P.15-D1

⌂台南市安平區延平街84號 ☎06-225-9041 ⏰11:30～19:00 休火・水、旧正月 Card不可 交台鐵「台南」車站前の北站よりバス2で🚏「安平古堡」下車、徒歩約3分 URL www.chycutayshing.com.tw

「林永泰興蜜餞行」のある延平街は、安平老街と呼ばれる。台湾最古のストリートには、おみやげ物店が並び、にぎやか。

イチオシ
牛肉湯(小) 120元

ショウガを
お好みで♪

ショウガや調味料が用意されているので、プラスしてアレンジ

check!
行列度	★★★★★
ボリューム	★★★
メニューバリエ	★★★★

新鮮な牛肉にだしが効いたスープをかけたシンプルな料理。白飯か牛燥飯（肉そぼろご飯）付き

文章牛肉湯
ウェンチャンニォウロウタン

牛肉加工場がある台南の朝食人気№1といえば牛肉湯（牛肉スープ）。肉がまだ少しレアな状態が美味。思いのほかあっさり。朝から牛肉スープなんて……、と考えがちだが、そんな思い込みを裏切るおいしさ。トライする価値あり。

Map 別冊P.14-A1 台南

⚑台南市安平區安平路300號 ☎06-358-7910 ⏰10:00〜翌2:00 🗓無休 Card不可 🚃台鐵「台南」車站前の北站よりバス2で♥「半路店」下車、徒歩すぐ
URL www.winchangbeef.com.tw

aruco調査隊が行く!!①

バリエ豊富で
朝食パラダイス台南

台南は朝食が大充実。地元の人たちで
安うま☆朝ごはんをハシゴして

勝利早點
ションリーザオディエン

check!
行列度	★★★
ボリューム	★★★★
メニューバリエ	★★★★

成功大學近くにあり、夕方開店→昼前閉店。30種ほどのメニューを揃えているが、まずは一番人気の豬肉蛋餅（豚肉入りクレープ）を味わって。ネギや火腿（ハム）熱狗（ホットドック）など、ユニークなバリエーションの蛋餅もある。

Map 別冊P.15-C2 台南

⚑台南市東區勝利路119號 ☎06-238-6043 ⏰16:00〜翌4:00 🗓月 Card不可 🚃台鐵「台南」車站後站より徒歩約11分

ジューロウタンビン
豬肉蛋餅 40元

豚肉とキャベツ、卵をクレープのような皮で巻いている。具材の栄養バランスもばっちり。ひとつで満腹感あり。蛋餅は台湾朝食の定番

ルードウジャン
熱豆漿 17元

大豆の風味が感じられる豆漿。飲むだけでなく油條（揚げパン）など粉ものを浸して食べる

シャオビンヨウティァオ
燒餅油條 38元

イチオシ

ダブル
炭水化物

小麦粉を練って細く切り揚げた油條（揚げパン）を釜焼きパンの燒餅で挟むという驚異のダブルス

ゆでたイカの卵。数量限定メニュー

シャオジュエンダン
小卷蛋 80元

クワンジュェンミーフェン
小卷米粉 130元

イチオシ

イカをゆでたスープ＋塩というシンプルなレシピ

ダシ味
あっさり

check!
行列度	★★★
ボリューム	★★
メニューバリエ	★

葉家小卷米粉
イエジアシアオジュエンミーフェン

1935年開業。「小卷」とはヤリイカなど小さめのイカ。現在は中位のサイズの中卷を使った太めの米粉麺を提供。スープのみの小卷湯130元もある。イカのうま味が効いたスープはおかわりOK。

Map 別冊P.14-A2 台南

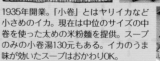

⚑台南市中西區國華街二段142號 ☎06-222-6142 ⏰8:30〜売り切れまで（14:00〜15:00頃）🗓月・火 Card不可 🚃22 🚃台鐵「台南」車站前の北站よりバス6で♥「保安宮」下車、徒歩すぐ

大満足！で人気店をハシゴ!!

**行列ができる人気店をarucoがチェック！
元気に1日をスタートしよっ♪**

台南人が愛するシーフード粥

阿堂鹹粥
アータンシエンチョウ

朝6時オープン。直後から混み合うお粥店。お粥は3種類あり、すべて180元と高めだがひっきりなしにお客が来店する。イチオシは、台南人が大好物の虱目魚（サバヒー）のお粥。注文してから時間が少しかかるが気長に待って。

Map 別冊P.14-B2 台南

🏠台南市中西區西門路一段728號 ☎06-213-2572 🕘6:00～13:00 [休]火 [Card]不可 [席]40 [交]台鐵「台南」車站前の北站よりバス6で📍「建興國中（府前路）」下車、徒歩約2分

並ぶ価値あります！

check!

行列度	★★★★
ボリューム	★★★★
メニューバリエ	★★★

イチオシ

虱目鹹粥（シームーシエンチョウ） 180元

生米から作るお粥は、サバヒーの骨や煮干しなどを加え数時間煮込む。濃厚でうまうま

具だくさん♪

魠魠鹹粥（トゥートゥオシエンチョウ） 180元

サワラのお粥も美味。油條をオーダーして浸しつつ、お粥とともに味わうのもおすすめ

開店から8:00頃までが混雑する時間帯。売り切れてしまうと店じまいなので早めに行こう

イチオシ

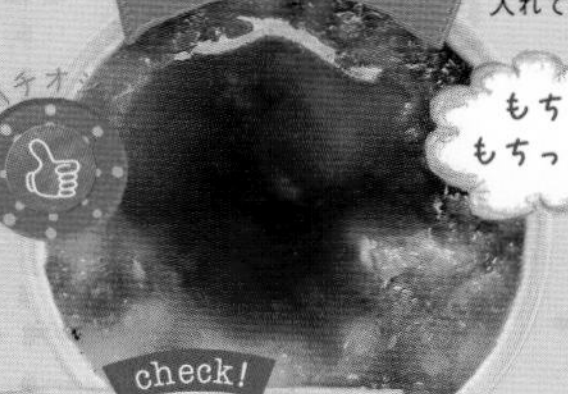

碗粿（ワークウイ） 35元

中心から十字に4等分か8等分するように切れ目を入れて食べる

もちもちっ♪

check!

行列度	★★★
ボリューム	★★★
メニューバリエ	★

魚焿（ユィゲン） 35元

魚のすり身ボール入りとろみスープ。ショウガを加え、コショウをふって食べると美味

台南式ライスプディング

阿全碗粿
アーチュエンワークゥイ

豚肉や塩漬け卵、シイタケなどを入れた茶碗に米汁を注ぎ、高温で蒸し上げたのが碗粿。台南を代表する伝統グルメのひとつ。甘辛いタレがかかっている。もちもちっとした食感。

Map 別冊P.14-B2 台南

🏠台南市中西區府前路一段279號 ☎06-214-6778 🕘6:00～18:00 [休]月 [Card]不可 [席]10 [交]台鐵「台南」車站前の北站よりバス6で📍「建興國中（府前路）」下車、徒歩約2分

席はカウンターと屋外のテーブル2つのみ。メニューも碗粿とスープのみ

炸魚塊（ザーユィクワイ） 60元

サワラのフライ。揚げたてはサクサクでいくつでも食べられそう

イチオシ

魠魠魚焿（トゥートゥオユィゲン） 60元

サワラのとろみスープは台南名物。市内にはいくつも専門店がある。とろみがあるので熱さが長く保たれる

サクサクサワラ

check!

行列度	★★★
ボリューム	★★★
メニューバリエ	★

サワラのとろみスープ

好味紅燒魠魠魚焿
ホウメイホンシャオトゥートゥオユィゲン

揚げたサワラのとろみスープ。サワラのさっくりした食感と甘味のあるスープがおいしい。麺やビーフンを追加できる。テーブルにある唐辛子や黒酢をプラスして味変も。

Map 別冊P.14-B2 台南

🏠台南市中西區國華街三段186號 ☎06-224-1880 🕘8:00～17:00 [休]火 [Card]不可 [席]14 [交]台鐵「台南」車站より徒歩約20分 [URL]www.facebook.com/c86280

お客が次々と訪れる人気店だが、回転は早いので少し待てばイートインできる

台南で早朝から営業する店の人気メニューは売り切れてしまうことも。早起きしてモーニンググルメを堪能しよう。

おみやげもいろいろあるよ

台湾の元気は市場にあり!

市場のオキテ
- 市場の多くは早朝から昼過ぎまでの営業
- 支払いは現金のみ。小銭を用意しておこう
- 市場内と近隣はバイクが通行、十分注意を

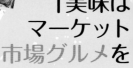

庶民

「美味は マーケット 市場グルメを

美食の都・台南の
早朝から活気
ローカル

朝食ならココ!

友愛市場
ヨウアイシーヂャン

Map 別冊P.14-B2
台南

台南市中西區友愛街117號　☎06-222-0906　◯店舗により異なる　◯店舗により異なる　◯台鐵「台南」車站前の北站よりバス紅2などで「西門、友愛街口」下車、徒歩約2分

70年以上の歴史をもつ伝統市場。林百貨（→P.82）や台南市美術館二館（→P.65）に近く、立ち寄りやすい。のどかな雰囲気の市場なので、のんびりとした朝時間が楽しめる。

4代続く老舗

郭家粽 グオジアゾン

1948年開業。肉粽45元、菜粽40元、素食40元粽（ベジタリアン）の3種の粽と味噌湯10元を提供。粽は、自家製のソースをかけ、パクチーをトッピング。

☎0931-956-381　◯6:00〜14:00　◯火、旧正月明け

肉粽にかけるソースは肉を煮ただしで作る。甘めの味噌湯は台南ならではの味

台南市民に愛される粽と味噌湯

郭家3代で営業中♪

コーヒー＆サンドで始まる朝

1杯ごとにていねいに

ていねいに手作り

友愛早餐咖啡 ヨウアイザオツァンカーフェイ

定年を迎えた林さんが始めたコーヒーとサンドイッチの店。焼いた豚肉と卵を挟んだトーストサンド・燒肉蛋土司50元が人気No.1。コーヒー（黒咖啡）45元もおいしい。

☎097-260-2291　◯7:00〜12:30　◯日、旧正月不定休

15時オープン

黄昏市場もチェック!

和緯黄昏市場
ホーウェイホアンシーヂャン

Map 別冊P.14-A1
台南

台南各地に、夕方近くに開店する「黄昏市場」がある。仕事を終えた人が夕食の材料や総菜を求めて訪れ、おいしににぎわう。

台南市北區和緯路四段426號　☎06-259-0652　◯15:00〜19:30　◯無休　◯台鐵「台南」車站よりタクシーで約15分。または台南車站後站の「香格里拉飯店」よりバス70を「中華西路二段」下車、徒歩約4分

野菜や魚のほか、総菜店も多い

魚や野菜、おかずも揃うよ

総菜や菓子を買ってホテルで味わおう

台南では、市場巡りを楽しんだ。地元の人と一緒に朝食を食べ、おみやげに中華菓子を入手。大満足。（長崎県・咲希）

朝イチで"GO"
グルメを
狙え!

台湾パワーを
もらいに
行こう

所

ローカルにあり」食べまくり

暮らしを支える市場。
あふれる市場で
フード三昧を

約60年の歴史

水仙宮市場
シュエイシエンゴンシーチャン

市場内に水仙尊王を祀る1703年建立の水仙宮があることが市場名の由来。内部は広く、生鮮食品、加工食品、衣料品など生活必需品を扱う店と麺店などがびっしり。

Map 別冊P.14-A2～B2

台南

🏠 台南市中西區海安路二段230號
☎ 06-221-6737
🕐 店舗により異なる　休 第4月（店舗により異なる）　🚇 台鐵「台南」車站前の北站よりバス5などで！「西門、民權路口」下車、徒歩約5分

家族で受け継ぐ伝統の味

上は杏仁涼糕20元、左が椪餅20元。どれも手作り

1935年創業の菓子店
寶來香餅舗
バオライシアンビンブー

現在75歳の2代目店主は、14歳から家業であるこの菓子店で働いている。台南を代表する伝統菓子・椪餅（ポンピン）は1日200個売れる。お客が絶えない人気店。

毎日手作り
してるよ

☎ 06-227-6886
🕐 7:30～15:00
休 月

行列ができる人気麺店
麺條王海產麺
ミエンティアオワンハイチャンミエン

一番人気は海產麺。1號（スープあり）、2號（乾麺・スープなし）、3號（具入りスープ＋麺）と3タイプある。イカやレバーなど具材たっぷりで食べ応え十分。

☎ 06-226-5178
🕐 8:00～14:00　休 月

並んでも食べたい！　大人気麺

1. 海產麺1號65元。具だくさんでボリュームも◎
2. 海產麺2號65元

1000個作る
日も!

1918年開業

鴨母寮市場
ヤームーリアオシーチャン

100年以上の歴史をもつ市場。
食材のほか、衣料、雑貨など日用品を扱う店、台湾スナックの屋台も多い。2017年公開の映画『ママ、ごはんまだ？』のロケ地にもなった。

Map 別冊P.14-B2　台南

🏠 台南市北區成功路148號　☎ 06-220-1031　🕐 7:00～13:00（店舗により異なる）　休 月　🚇 台鐵「台南」車站より徒歩約14分

やさしい甘さのプリン
鴨母寮阿婆布丁
ヤームーリアオアーボーブーディン

1949年、初代は知り合いのアメリカ人に教えてもらったレシピでプリンを作り始めた。2代目がそのレシピを継承しながらアレンジを加え、大人気商品に。

☎ 06-228-5282
🕐 7:00～12:00
休 月、旧正月4日間

甘さは控えめ。賞味期限は常温で1時間。23元

地元客で混み合う市場の雰囲気に圧倒されてしまうかも。市場初心者には、のんびりした空気が漂う友愛市場がおすすめ。

必食 No.1

安平で取れたエビだよ！

エビのすり身揚げ
蝦捲
シアジュェン
80元

プリップリ！

安平と澎湖島で取れるエビ6割、セロリとネギなどが4割。6種ミックスの特製粉をまぶして揚げる Ⓐ

台南名物サバヒーをつみれ状にしたボール入りスープ。さっぱりテイスト Ⓐ

サバヒースープ
虱目魚丸湯
シームーユィワンタン
45元

サバヒーの骨の少ない部位を使ったソーセージ。弾力のある食感 Ⓐ

魚のソーセージ
虱目魚香腸 (3本)
シームーユィシアンチャン
110元

海鮮すり身フライ
黄金海鮮派
ホアンジンハイシエンパイ
80元

白エビ、イカ、タラのすり身をパン粉に包んで揚げたフライ。サクサクでビールにぴったり Ⓐ

食の都

台南生まれの 小吃カタログ 必食Best 5
シャオチー

食の都として知られる台南は、名物の小吃（軽食）が大充実♪
台南必食メニューをご紹介！

必食 No.2

肉そぼろ麺
擔仔麺(小)＋滷蛋
タンツーミエン＋ルーダン
50元＋15元

台南名物の代表。擔仔麺に煮卵をトッピング。小ぶりのどんぶり入りなのでおやつにもよし Ⓒ

ウマウマ肉そぼろ↙

カキ入りオムレツ
蚵仔煎
オアチェン
70元

毎日手作りしてます！

新鮮なカキをたっぷり使ったオムレツはとろっとしたソースがかかる。ふわっとした食感 →P.25

洋風の味わい♪

必食 No.3

シチュートースト
棺材板
グアンツァイバン
70元

イカやチキン、ニンジンなどが入った濃厚なホワイトシチュー。揚げたパンはサックサク Ⓑ

六十七年赤嵌老店
棺材板 鱔魚意麺

カレー味！

赤嵌棺材板では82年間、毎日ていねいに手作りしてきた

カレー味70元はスパイシーな香りが食欲を誘う Ⓑ

✉ 夜、提灯の明かりに照らされた「小公園擔仔麺」を発見。この店の擔仔麺は私のベスト1です！（神奈川県・美晴）

A 台南を代表する有名店

周氏蝦捲 チョウシーシアジュエン

滷肉飯は →P.151

蝦捲は台南を代表する名物。カウンターで注文するセルフサービススタイル。おみやげに、サバヒーのデンプ虱目魚鬆を。

Map 別冊P.14-A1 台南

⬆台南市安平區安平路408號-1 ☎06-280-1304 🕐10:00～21:30 休無休 CardJ.M.V. 席50 台鐵「台南」車站前の北站よりバス2で「望月橋」下車すぐ
URLwww.chous.com.tw Map 別冊P.14-D1 安平路125號

必食No.4

8種具入り肉チマキ
八寶肉粽
バーバオロウヅン
160元

幅14cm、高さ9cm、ビッグサイズ。肉、卵黄、シイタケなど8種類の具材が使われている

ビッグサイズ！

店頭で調理中の様子を見られる

B 1942年創業の老舗

赤嵌棺材板 チーカングワンツァイバン

洋食を勉強した2代目が試行錯誤を重ねたシチュー入りトースト棺材板は今では台南名物に。洋風スナックをぜひ。

Map 別冊P.14-A2 台南

⬆台南市中西區中正路康樂市場沙卡里巴內180號 ☎06-224-0014 🕐11:00～20:00 休火・水 Card不可 席40 台鐵「台南」車站前の南站よりバス14、88で「中正商圈」下車、徒歩約3分 URLwww.guan-tsai-ban.com.tw

肉厚シイタケのダシのうま味が口中に広がるスープ雑炊。どこか和風な味わいでハマる味

シイタケ雑炊
香菇飯湯
シアングーファンタン
90元

→ P.25

C 地元民に愛される老舗

小公園擔仔麵 シアオゴンユエン タンツァイミエン

70年以上の歴史をもち、お客の中心は地元の人々。2022、23年にはミシュラン「ビブグルマン」に選ばれている。

Map 別冊P.14-B2 台南

⬆台南市中西區西門路二段321號 ☎06-226-5495 🕐16:30～22:00 休不定休 Card不可 席20 台鐵「台南」車站より徒歩約20分

ライスプリン
碗粿
ワークゥイ
35元

米と餅をすりつぶし、蒸し上げたライスプディング

→ P.25

D 清代の1872年に開業

再發號 ツァイファーハオ

重さ370gほどの大型チマキ、八寶粽は肉と海鮮（160元）の2種。220gの肉粽は50元。どれも具がたっぷり。

Map 別冊P.14-B2 台南

⬆台南市中西區民權路二段71號 ☎06-222-3577 🕐10:00～20:00 休端午節の翌日 Card不可 席8 台鐵「台南」車站より徒歩約13分 URLwww.zaifahao.url.tw

→ P.25

E 肉圓の専門店

福記肉圓 フージーロウユエン

オリジナルのソースがかかった肉圓はぷるぷる、もちもちの食感。セットで付くセロリと香菜のスープも美味。

Map 別冊P.14-B2 台南

⬆台南市中西區府前路一段215號 ☎06-215-8199 🕐6:00～18:30 休旧正月 Card不可 席20 台鐵「台南」車站前の北站よりバス6で「建興國中（府前路）」下車、徒歩約1分

もちもちの食感♪

必食No.5

肉餡入り団子
肉圓
ロウユエン
50元

米をすりつぶして練った皮で豚肉を包んだもの。台北の肉圓は揚げるが蒸すのが台南式

E

お子様ランチみたいな赤嵌棺材板の「ランチ」

トンカツ、ハム、サラダ、ライスを盛り合わせたプレートランチ100元。洋食を学んだ創業者が考案し、開業以来提供している伝統的メニュー。大盛り（170元）は、ローストチキンがプラスされ、ボリューム満点

「再發號」の八寶粽2種はかなりのボリューム。1個食べると満腹になってしまうので、2人でシェアするのが正解かも。

エビご飯
蝦仁飯
シアレンファン
65元（小）

海安路沿いに位置する。日本統治時代に生まれた伝統の味を守り続けている。蝦仁飯は大110元もある（下）味噌湯（みそ汁）20

since 1922

矮仔成蝦仁飯
アイヅチョンシアレンファン

1922年から続くエビ飯専門店

新鮮なエビとネギを炒め、醤油と砂糖で味付け。鰹のだし汁で炊いたごはんにのせた蝦仁飯は台南ならではの美食。1922年、屋台でスタート。台南市民が愛してやまない伝統の味を継承している。味噌湯をプラスして朝食にどうぞ。

Map 別冊P.14-A2 台南

🏠台南市中西區海安路一段66號 ☎06-220-1897 ⏰8:30〜19:30 休火 Card不可 席30 交台鐵「台南」車站前の北à站よりバス6で「保安宮」下車、徒歩約3分

おすすめポイント
あっさりテイストなので朝食向き。目玉焼き（香煎鴨蛋20元）トッピングがおすすめ。

日本料理を学んだ初代店主が鰹でだしを取り、エビ天やかまぼこ、卵など具材をのせた鍋焼意麺を開発。意麺とは揚げたちぢれ麺のこと。夜市の人気メニューとなり、店を構えた。鍋焼きうどんに近い味わいで日本人好み。味わってみて。

Map 別冊P.14-B2 台南

🏠台南市中西區忠義路二段197號 ☎06-222-3738 ⏰10:30〜20:00 休木、旧正月明け 席100〜 席35 交台鐵「台南」車站より徒歩約11分

since 1963

民族鍋燒老店
ミンズーグオシャオラオディエン

鍋燒意麺を始めた創始店

鍋焼きうどん風麺
鍋燒意麵
グオシャオイーミン
90元

おすすめポイント
見た目は日本の鍋焼きうどんに似ているが中華麺。エビ天も自家製で具だくさん。

台南の歴史
味わう
名物料理

台南市民に長く愛され看板メニューをご名物を求め

日本統治時代、台南の高級料亭で出された宴席料理「酒家菜」を継承。台湾料理に日本料理の要素が加わった酒家菜はここでしか味わえない。看板メニュー「砂鍋鴨」は、炭火で3時間煮込んだスープが濃厚。開業当時からの変わらぬ味と調理法を守り続けている。

Map 別冊P.14-B2 台南

🏠台南市中西區民權路二段98號 ☎06-222-2848 ⏰11:00〜14:00、17:30〜21:30 休火 席500元〜、サ10% Card不可 要予約 少し 席170 交台鐵「台南」車站より徒歩約10分 URLamei.com.tw

since 1959

阿美飯店
アーメイファンディエン

酒家菜を味わえる

鴨スープ
砂鍋鴨
サーグオヤー
1000元

伝統的な味です

親しみやすいアットホームな雰囲気の店内

おすすめポイント
鴨1羽と白菜、干し魚を煮込んだスープは、コクのある味わい深い。軟かな鴨も美味。

74

米好きなので蝦仁飯や粽、カニおこわなど、台南では米食文化を堪能しています。（新潟県・青香）

度小月 原始店

ドゥシアオユエ ユエンシーディエン

since1895

擔仔麺といえばココ!

肉そぼろ麺の擔仔麺発祥の店。漁師だった創業者が漁の閑散期に天秤棒を担いで麺を売りに行ったことから担仔麺と呼ばれるようになったという。台南の小吃も取り揃えており、蝦巻や花枝丸(イカボール)なども堪能できる。

Map 別冊P.14-B2 台南

台南市中西區中正路16號 ☎06-223-1744 ⏰11:00〜20:00 ⏸旧正月元日 ¥100元 Card A.J.M.V. 💺58 🚉台鐵「台南」車站より徒歩約14分 URL www.facebook.com/dtsm16/

たくさん食べてね

肉そぼろ麺
擔仔麺
タンヅーミエン
50元(+滷鴨蛋20元)

おすすめポイント
小ぶりな器で提供される擔仔麺はサクッと食べられる。鴨の煮卵トッピングがマスト!

擔仔麺は目の前で作られていく

ある名店で
べきはコレ!

きた歴史ある名店の紹介。オーダーすべき食べ歩き。

阿輝炒鱔魚

アーホイチャオシャンユイ

since1992

タウナギ料理にトライ!

鱔魚=タウナギは、たんぼや池にすむ淡水魚。血行をよくし貧血解消に効果があるともいわれているから女子向き食材といえるかも。中国から輸入した鱔魚を真水で育てた後調理するので泥臭さはない。イチオシは、揚げた麺にタウナギ炒めをのせた乾炒鱔魚意麺。

Map 別冊P.14-B2 台南

台南市中西區西門路二段352號 ☎06-221-5540 ⏰11:00〜22:30、日〜20:00(屋外含む) ⏸無休 Card不可 💺24 🚉台鐵「台南」車站より徒歩約18分

タウナギ焼きそば
乾炒鱔魚意麺
ガンチャオシェンユイーミン
200元

おすすめポイント
タウナギと野菜の炒めものをたっぷりかけた焼きそば。しっかりした味付けで満足感高し。

ワタリガニのおこわ
紅蟳米糕
ホンシュンミーガオ
980元(小)

台南の味をどうぞ♪

阿霞飯店

アーシアファンディエン

since1940

カニおこわが大人気の名店

紅蟳米糕(ワタリガニのおこわ大1880元、小980元)を目当てに多くの観光客が来店する。カニミソや貝柱のうま味も加わり極上の味わい。カニおこわをはじめ看板料理が楽しめる二人用コースがお得。

Map 別冊P.14-B2 台南

台南市中西區忠義路二段84巷7號 ☎06-225-6789 ⏰11:00〜14:30、17:00〜21:00 ⏸月、旧暦大晦日より2日間 ¥800元〜、サ10% Card不可 🗓予約がベター ⏸日より少し 🚉台鐵「台南」車站より徒歩約16分 URL www.asha-restaurant.com

おすすめポイント
紅蟳というワタリガニを使ったおこわ。もちもち食感のおこわにカニの味がしみていて美味。

高級感もありながら落ち着ける店内

「阿美飯店」と「阿霞飯店」は地元客も多いため、予約がベター。ホテルのスタッフにお願いしよう。

B級グルメの殿堂★
大東夜市&花園夜市を攻略！

台南の夜市は曜日によって開催場所が変わる移動型。
スケールの大きい夜市で、B級グルメを制覇しちゃおう！

月・火・金

台南グルメが大集合！
大東夜市
ダードンイエシー

台南駅の東側で開かれる大東夜市は、大学に近いこともあり学生や若い人が多い。フード屋台だけでなく、洋服やアクセ、スマホグッズなどを扱う屋台とゲームコーナーも充実。ローカルグルメを堪能したらお買い物も楽しんで。

Map 別冊P.15-C3 台南

🏠 台南市東區林森路一段と崇善路の交差点
🕐 月・火・金 18:00頃〜翌1:30頃 休水・木・土・日 🚃台鐵「台南」車站前の南站よりバス0左で「大東夜市」下車、徒歩約3分

パン屋台♪

1. 会場が整備され2023年9月にリニューアルオープン
2. 19:00を過ぎると混み合う　3. 行列屋台は人気の証拠
4. シメは台南ならではのフルーツでデザートタイム

《《 ゲームエリア♪ 》》

子供たちに大人気のゲームコーナー。昔懐かしいアナログなゲームマシンが並ぶ。得点によって賞品がもらえることも

イチオシ！

人気屋台をチェック!!

10元
串もの

カジキの練りもの。アツアツがおいしい。ビールのつまみに◎

旗魚黒輪
チーユィヘイルン

開いて揚げたイカ。女子の顔ほどのビッグサイズで食べ応え十分

80元
酥炸魷魚
スーヂャーヨウユィ

20元〜
烤小卷
カオシアオジュエン

串に刺して焼いたイカ。オリジナルのソースで味付けしている

サツマイモを蒸して練り揚げたフライドポテト。サツマイモ本来の甘さ

30元〜
地瓜球
ディーグアーチョウ

大腸包小腸
ダーチャンバオシアオチャン

50元〜

もち米のソーセージに香腸（ソーセージ）を挟んだスナック

✉ 夜市に行く前に必ずコンビニに寄ってビールを調達。屋台スナックにビールは欠かせません！（宮城県・智恵）

麻れたて、ウマいよ！

夜市グルメ、味わって

木・土・日

台南最大の規模を誇る
花園夜市
ホアユエンイエシー

台南最大の規模を誇る夜市は、フード屋台と買い物&ゲームが半々といった感じ。巨大夜市は大にぎわいで熱気にあふれている。イカやエビなど、シーフードを使った食べ物の屋台が多いのが特徴。あれこれトライしてみて。

Map 別冊P.14-A1 台南

🏠 台南市北区海安路三段と和緯路三段の交差点 🕐 木・土・日18:00頃～24:00頃 🈺月・火・水・金 🚌台鉄「台南」車站前の北站よりバス0左（環状線）で「花園夜市」下車、徒歩約3分

新鮮だよ！

1. 高い看板が夜市の目印 2. 夜市は、若い人たちのグルメスポット 3. 焼きガキを売る屋台 4. 蒸しガニは100元と屋台料理としては高級品 5. アイスなどデザート屋台もいろいろ

《《 ファッションエリア★ 》》

1. ピアスなどを並べたアクセサリー屋台 2. ヘアアクセなどセンスのよいファッション小物を扱う。全身、屋台でトータルコーデできそう

ローカル

滷味
ルーウェイ

(50元～)

鶏足や肝などの煮込みを扱う「二師兄古早味滷味」は大人気の屋台。化学調味料や添加物は不使用

ニューウエイブ

拉麺焼は中華麺入り粉物。厚蛋焼は卵入り粉物。お好み焼き風小吃

(40元～)

拉麺焼
ラーミエンシャオ

(60元～)

厚蛋焼
ホウダンシャオ

蘆薈果肉汁
ルーホェイグオロウチー

(30元～)

仙人掌果汁
シェンレンヂャンクオチー

ヘルシー♪

(30元～)

ドリンク

ナチュラル系ドリンクを取り揃えた屋台。夜市はオイリーな食べ物が多いので、ヘルシーなドリンクは必須

旺茶
ワンチャー

ボトルの中で層になったドリンクを販売。フルーツや炭酸水を組み合わせて美しいカラーに

(40元～)

台南では、水・土曜に「武聖夜市」 **Map 別冊P.14-A1**、火・金曜に「小北新成功夜市」 **Map 別冊P.14-A1** も開催されている。

古跡をモダンにリノベ

REVIVAL COFFEE ROASTERS

温故知新咖啡館

日本統治時代の警察署庁舎をリノベーションした台南市美術館一館。1931年に完成した市定古跡でもある建物内にあり、カフェになった場所はかつて留置場だった。台湾の味と現代のコーヒーカルチャーを楽しめるメニューを提供。

Map 別冊P.14-B2 台南

⌂台南市中正區南門路37號 台南市美術館一館内 ☎06-221-1356 ⏰10:00～18:30 休月（台南市美術館一館に準じる） Card不可 P屋内47、中庭50 交台鐵「台南」車站より徒歩約16分

1. ゆったり空間でアートの余韻を楽しんで　2. 紅藜麻薯蜂蜜鬆餅200元、時間がたってもおいしいワッフル　3. 台南市美術館一館は、台南出身芸術家の作品をメインに展示　4. 桔品咖啡200元は宜蘭産キンカンを使用　5. 羅馬咖啡180元　6. 麵包三兄弟180元は世界チャンピオン、陳耀訓さんのパン　7. 蕃茄乳酪佛卡夏220元はトマトとチーズのフォカッチャ

ノスタルジックな雰囲気に浸れる♡
台南古民家カフェ

1. 日式唐揚雞咖哩飯290元、日本風唐揚げ&カレー　2. 松露牛肝菌菇鹹派套餐280元、トリュフのキッシュ　3. レトロな店内　4. 漢式牛肉派套餐300元、牛肉のキッシュ

路地裏カフェで絶品ブランチ

PEKO PEKO
ペコペコ

民生一段 132巷

ついウトウトしちゃうほどの居心地のよさ！

こんなところに！？と驚くほど細い路地にたたずむカフェは、自家製のキッシュやパンが評判。特に数種から選べるキッシュは濃厚ですこぶるおいしい。ドリンクも内装も、すべてにていねいな仕事を感じる隠れ家的空間で、ゆっくりブランチを。

Map 別冊P.14-B2 台南

⌂台南市中西區民生路一段132巷5號 ☎06-228-7219 ⏰10:00～16:00、土・日9:30～ 休水、木不定休、旧暦大晦日より2日間 P約90元 Card不可 P少し 交台鐵「台南」車站より徒歩約20分 URLwww.facebook.com/pekopekobakecafe

✉林志玲とEXILEのAKIRAが披露宴をした台南市美術館一館。ガジュマルの大木がある中庭に記念プレートがあった。（東京都・愛）

食べるタピオカ
ミルクティー発見!

kokoni cafe
ココニカフェ

長年空き家だった築70年の建物がカフェに生まれ変わった。レトロなタイルはそのままに、ボロボロだった天井は職人さんが修復。新旧融合した空間はどこを見てもかわいいがいっぱい。ここではこだわりスイーツのほか食事も楽しめる。

Map 別冊P.14-B2 台南

🏠台南市中西區西門路二段372巷23-1號 ☎06-223-1591 🕚11:00～19:00 休旧暦大晦日 ¥300元～ Card不可 日約 約30 台鐵「台南」車站より徒歩約17分 URLwww.facebook.com/kokoni-cafe-355594461267861

ノスタルジックな雰囲気に浸れる♥台南古民家カフェ

1. 明るい日差しが降り注ぐ　2. 烤糖布蕾牛乳（キャラメリゼミルク）110元　3. カウンター席も　4. 波覇奶茶鬆餅（タピオカパンケーキ）200元は食べるタピオカミルクティー

ぜひ来てくださいね!

何十年もの時を経てきた家屋をリノベして、カフェとして再生。古い建物が醸し出すノスタルジックでふんわりとした空気感に包まれて、旅時間をゆるりと楽しみましょ♪

お茶をもっと楽しんで♪

台湾茶の新たな魅力を♪

磨磨茶
モウモウチャー

路地裏に建つ築50年ほどの住宅をリノベ。当時のままの壁や床、鐵花窗が印象的。店名は「石臼でお茶を磨く」に由来する。オーナーの実家は老舗茶菓店。モダンにアレンジされたドリンクやフードがお茶の新たな魅力を教えてくれる。

Map 別冊P.15-C2 台南

🏠台南市中西區北門路一段161巷2號 ☎06-223-4093 🕚11:00～18:00 休月・火・水 Card不可 日15 台鐵「台南」車站より徒歩約5分

ティードリンクとフードでおしゃれなブレイク♪

1. 磨奶綠110元とお茶のブラウニー90元　2. 大きなテーブルはみんなで集う楽しさを演出　3. 1階ではテイクアウトも受付　4. 台湾式バーガー・刈包。台南味蝦捲刈包100元（上）、川味口水雞刈包120元（左）

職人ワザとセンスが光る♪
ステキ台南雑貨をハンティング

古都台南で継承されてきた伝統やワザに新たな魅力をプラス。台南ならではのステキ★雑貨をGETしよっ!

bag 帆布バッグ

★1

★2

毎日職人が作ってます

タフさNo.1のトートバッグ
永盛帆布行
ヨンション
ファンブーハン

軍のテントの残り布で職人用のバッグを作ったことでカバン店としてスタート。帆布のなかでも厚地で頑丈な5号を使ったトートバッグは3サイズあり、自分にとって使い勝手のよいものを選べる。タフさでかなうものなし。

1. 大型(縦32cm、横40cm 850元)は男性にも喜ばれそう 2. 日本人に人気のトートバッグ 500元

Map 別冊P.14-B2 台南
🏠台南市中西區中正路12號 ☎06-227-5125 🕘9:30〜20:00、日10:00〜18:00 旧正月3日間 Card不可 🚉台鐵「台南」車站より徒歩約15分

★2

★1. 緑色のミニポーチ170元、黄色のポーチ150元、赤いペンケース170元 2. ミニトート(縦20cm、横29cm)200元は6色ラインアップ

クリエイターのショップやギャラリー♪
Creative Park

藍晒圖文創園區 ランシャイトゥーウェンチュアンユエンチゥ

元司法職員の官舎だった建物をリノベーション。台湾クリエイターのギャラリーやショップが並ぶ。「新光三越新天地」の前にあり、アクセス便利。

Map 別冊P.14-A3 台南
🏠台南市南區西門路一段689巷 ☎06-222-7195 🕘14:00〜21:00(店舗により異なる) 火 CardJ.M.V.(店舗により異なる) 🚉台鐵「台南」車站前の北站よりバス5で「新光三越新天地」下車、徒歩約2分

使い勝手のよい小物に
合成帆布行
ハーチョン
ファンブーハン

ひとつずつていねいに

創業は1956年。70年近く帆布製カバンを作り続けている。2階にある工場ではミシンを踏む職人さんたちがカバン作りに汲頭。カラフルなポーチやペンケースなどの小物はおみやげにしたら喜ばれること間違いなし。

Map 別冊P.14-B2 台南
🏠台南市中西區中山路45號 ☎06-222-4477 🕘9:00〜19:00、日・祝〜18:00 無休 Card不可 🚉台鐵「台南」車站より徒歩約10分 URLonebag.com.tw

オススメSHOP

台湾を感じる本とグッズ
聚珍・臺灣 ジュージェンタイワン

台湾の歴史や文化のほか、写真集など多彩なカテゴリーの本をメインに台湾雑貨なども扱っている。

☎06-222-5141 🕘13:00〜21:00 火 CardM.V. URL www.gjtaiwan.com

「藍晒圖文創園區」は、個性的なショップが多く楽しめた。夜はライトアップされて幻想的だった。(岩手県・紗和)

textile
オリジナル布

伝統文化に新たな魅力を

錦源興
ジンユエンシン

新柄も続々
登場するよ

1923年に開業した布地問屋の4代目が始めたショップ。「伝統的な台湾のストーリーをおみやげに」という思いを込めた布グッズは個性的。各デザインを説明するカードも用意されている。

Map 別冊 P.14-A2　台南

🏠 台南市中西區中正路209巷3號　☎06-221-3782　🕙10:00～18:00　📅月・火　**Card** J.M.V.　🚃台鐵「台南」車站前の南站より紅幹線バスで❗「中正西門路口」下車、徒歩約3分

1. リバーシブルの帽子各1080元 2. 台南フルーツ柄のトートバッグはA4対応580元 3. ブックマークはおみやげに◎100元 4. 台湾旅行の必須アイテム、ドリンクバッグ各220元 5. 台湾の靴下メーカーCOSIとコラボしたソックス220元

shoes
チャイナシューズ

手作りの美しい靴

年繡花鞋
ニエンシウホアシエ

バリエーション豊富なチャイナシューズは、生地、刺繍などすべてハンドメイド。美しい刺繍は繊細だがクオリティに反してお手頃価格。デザイン違いで何足も入手したくなる。

Map 別冊 P.14-A2　台南

🏠 台南市中西區中正路193巷13號　☎06-220-0045　🕙12:30～20:00　📅無休　**Card**不可　🚃台鐵「台南」車站前の南站より紅幹線バスで❗「中正、西門路口」下車、徒歩約3分

1. スリッパ400元 2. ベルベットに美しいビーズ刺繍400元 3.4. 平劇鞋はデニムにも合う。各350元。職人が手作り

オリジナルグッズ
Original

1712年築の映画館をリノベ

戎舘
ロングアン

デザインは
豊富だよ！

日本統治時代に建設された映画館をリノベして2021年にオープン。1階がショップとスナック＆ドリンクショップ、2階はカフェと展示スペース。オリジナルフードや雑貨のほか、台南雑貨も揃えている。

Map 別冊 P.14-A2　台南

🏠 台南市中西區中正路220號　☎06-229-5248　🕙10:00～20:00　📅無休　**Card**J.M.V.　🚃台鐵「台南」車站前の南站よりバス14で❗「中正商圈」下車、徒歩約1分

1. 台湾名産のカラスミそっくりのソープ249元 2. ソーセージ＆ヘチマソープ399元 3. 台湾ソーセージ＆ニンニクソープ249元 4. ピーナッツバターロール430元 5. 合成帆布行製のカップホルダー199元 6. コースターも合成帆布行製65元 7. ポストカード40元

「戎舘」では、肉加工品の台湾有名メーカー「黒橋牌」のソーセージを使ったスナックが味わえる。少し甘めで台南らしい味わい。

キュートなオリジナル商品がいっぱい♪

日本統治時代の1932年12月、台湾南部初
オリジナルブランドのフードや台湾

林百貨とは？
日本統治時代、当時の最新の建
築技術で建設。通称・銀座通り
に山口県出身の実業家・林方一
が開業した。1945年、日本の
敗戦により閉業。その後は、国
民党政府の工場や警察事務所な
どに転用。1998年に台南市の
市定古跡指定を受け改修工事を
進め、2014年6月「林百貨」と
してリニューアルオープン。

メイドイン台湾商品が大充実

林百貨（リンバイフォ）

林百貨オリジナル商品をメイン
に台湾ブランドの雑貨、ファッ
ション、スイーツや茶葉など台
湾各地のグルメが一堂に揃って
いる。レトロな空間で買い物を
満喫し、「八大必看」をチェッ
ク。カフェタイムも楽しんで。

Map 別冊P.14-B2 台南

⌂台南市中西区忠義路二段63號　☎06-
221-3000　⏰11:00〜21:00　無休
Card A.J.M.V.　台鐵「台南」車站より徒
歩約18分　URL www.hayashi.com.tw

1. 開業当時は台南で最も高層のモダン建築だった　2. 1階にはオリジナル商品
と台湾各地の名物菓子が並ぶ　3. 6階のショップ前には台南名物の椪餅（ポン
ピン）のオブジェ。人気の撮影スポット

絶品 グルメみやげ Souvenir

おみやげ
の大定番！

99元

スパイシーな
スナック。メ
キシコ産赤唐
辛子を厳選。
ビールの友

チョコレート。フレーバーはマカダ
ミアナッツ、ストロベリーなど3種類

各180元

170元

手作りビスケッ
ト。クランベリー
ショートブレッ
ド、アールグレ
イ、レモンオレン
ジボールの3種

150元

左はドライ青マンゴー。
右はドライパイナップ
ル。添加物不使用

パイナップル
ケーキと燒餅
のセット。台
南関廟産パイ
ンを使用

おいしく
高品質♪

160元

45元

中が空洞の椪餅（ポン
ピン）は麦芽糖や黒糖
あんを包んだ伝統菓子

320元

カフェでブレイク
アフターショッピングは、5
階にあるカフェ「摩登珈琲
廳-林珈琲」へ。ドリンクの
ほか、プリンやかき氷など
スイーツ各種、軽食などが
楽しめる。クラシックなイン
テリアの店内でくつろいで。

「林珈琲」

「林百貨」は日が暮れるとライトアップされてきれい。21時までオープンだから夕食後に立ち寄れてグッド。（岡山県・美紗）

おしゃれ♥デパート「林百貨」に夢中

の百貨店として開業したハヤシ百貨店。
メイドのステキグッズをGET！

林百貨の外観や神社などをモチーフにしたマグネット、4個セット
90元

林百貨祈願御守りは恋愛、合格必勝など5種。6階のショップで販売
各190元

林百貨のロゴが刺繍されたお財布。カギやイヤホンなど小物の収納にも最適
490元

林百貨店内のカラフルな床材をモチーフにした鉛筆6本セットはBOX入り
130元

> 軽くて丈夫です！

430元

590元

台湾漁師バッグの素材を使ったサコッシュ（左）とトートバッグ（右）

> コーヒー楽しんでね

メイドイン 台湾雑貨 Goods

林百貨や台南の風物を描いたイラストのマグカップは2タイプ

各299元

赤地に林百貨を染め抜いた手ぬぐい。サイズは幅35cm×長さ87cm
200元

各120元

台南の花、鳳凰花、椪餅、ドリンクを刺繍したコースター

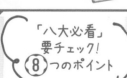

林百貨のキャラクターとロゴのマスキングテープはロングセラー
各110元

「八大必看」要チェック！⑧つのポイント

1 外壁のすだれレンガ

1920年代の建築物によく使われているすだれレンガ。表面にひっかいたような溝が不規則に刻まれている。

2 屋上の神社

神社は開業の半年後に完成。一般公開はされなかったが「末広社」と呼ばれ、産業の守護神として信仰を集めた。

3 第二次世界大戦の痕跡

1945年3月1日、米軍による空襲を受けた。屋上には、被弾の痕跡や機銃掃射の弾痕が多数残っている。

4 屋上エレベーターシャフト

エレベーターの塔屋はアーチ橋で神社とつながっている。元はエレベーターのシャフトおよび機械室だった。

5 カラフルな床材

建設当時、耐火性に優れた最先端の床材を導入。ソフトとハード、2種類の床材を使っており、一部が残されている。

6 コーナーにある窓

コーナー部には円形の窓、通路側には大きな窓を設け、メリハリをつけている。各階、デザインが少し異なる。

7 エレベーターのインジケーター

開業当時、「ハヤシ百貨店に行ってエレベーターに乗る」ことがおしゃれな台南人の余暇の楽しみ方だった。

8 手動式シャッター

手動式シャッターは、盗難防止装置として開業当時としてはかなり先進的。店内の3ヵ所に保存されている。

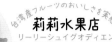

arucо調査隊が行く!! ②

美食の都ならでは！ 台南の極上スイーツを食べ比べ♪

台南は、おいしいスイーツがいっぱい！ 季節のフルーツもりもりの人気店や伝統的なヘルシースイーツを食べ比べ！ 気になるスイーツをチェックして！

台湾産フルーツのおいしさを実感！

莉莉水果店
リーリーシュイグオディエン

南国台湾の宝といえばフルーツ。マンゴーやパパイヤ、スイカなどなど、季節の果物を盛り合わせた綜合水果盤を前にすれば誰もが笑顔に。中サイズで120元という破格のお値段（小60元）。搾りたてのフレッシュジュース各種（45元～）も感動的なおいしさ。

120元
綜合水果盤（中）
ゾンホーシュゥイグオパン
オススメ度 ★★★★★
果物屋だから新鮮度バグツン。イチオシ。

Map 別冊P.14-B2 台南

台南市中西區府前路一段199號 ☎06-213-7522 🕘11:00～22:00 [休]水、旧正月 [Card]不可 [席]60 [交]台鐵「台南」車站より徒歩約20分 [URL]www.lilyfruit.com.tw

120元
冰淇淋薏仁
ビンチリンイーレン
オススメ度 ★★★★☆
ハトムギ&抹茶アイス、抹茶コンニャク&小豆。

120元
白玉紅豆薏仁
バイユィホンドウイーレン
オススメ度 ★★★★★
煮込んだハトムギ&抹茶湯に白玉のコンビ。

カラダに優しいハトムギスイーツ

Chun純薏仁。甜點。
チュンイーレン。ティエンディエン。

デトックス&美白効果が期待できるというハトムギを使ったヘルシースイーツが大人気。モダンにアレンジされた伝統スイーツを食べてキレイになっちゃおう。

Map 別冊P.14-B2 台南

台南市中西區友愛街115巷7號 ☎06-220-8910 🕘11:00～18:00 [休]旧正月不定休 [Card]不可 [席]10 [交]台鐵「台南」車站前の北站よりバス紅2などで「西門友愛街口」下車、徒歩約2分 [URL]www.facebook.com/chundessert/

伝統スタイルの氷「八寶冰」の老舗

黄火木舊台味冰店
ホアンフオムージォウタイウェイビンディエン

85年以上にわたって伝統の氷スイーツを提供。人気メニュー「八寶冰」は、緑豆・紅豆（アズキ）、芋頭（タロイモ）などをかき氷にトッピング。見た目は地味だがしみじみおいしい。具材はすべて毎日8時間かけて煮込んでいる。

55元
八寶冰
バーバオビン
オススメ度 ★★★★☆
自家製煮豆は甘すぎず甘党でなくてもOK。

Map 別冊P.14-B1 台南

台南市中西區海安路三段55號 ☎06-226-2629 🕘12:30～22:30 [休]月、旧暦大晦日 [Card]不可 [席]50 [交]台鐵「台南」車站前の北站よりバス0左（環状線）で「臨安海安路口」下車、徒歩約5分

60元
木瓜牛奶（小）
ムーグアニォウナイ
オススメ度 ★★★☆☆
パパイヤ本来の甘さで濃厚。氷も加えず。

フレッシュフルーツを生搾り！

阿田水果店
アーティエンシュゥイグオディエン

1962年創業の老舗果物店。水を一滴も加えず、その場で作るジュースが人気。おすすめは木瓜牛奶（パパイヤミルク）。パインやバナナも。

Map 別冊P.14-B2 台南

台南市中西區民生路一段168號 ☎06-228-5487 🕘12:30～22:30 [休]火 [Card]不可 [交]台鐵「台南」車站より徒歩約21分

地元民に支持される名前の無い屋台

宮後西門路 愛玉冰
ゴンホウシーメンルーアイユィビン

上記店名は屋台のある場所を示す通称。自家製の愛玉目当てに近くの市場で働く人たちが通う。暑い台南の清涼剤。

40元
愛玉冰
アイユィビン
オススメ度 ★★★★★
ぷるぷる&さわやかで万人に愛されるスイーツ。

Map 別冊P.14-B2 台南

台南市中西區宮後街與西門路口 ☎なし [休]月 🕘7:00～12:00 [休]月 [Card]不可 [料]40元 [交]台鐵「台南」車站より徒歩約21分

台湾産フルーツもりもりのかき氷

冰鄉
ビンシアン

もりもりフルーツかき氷が評判に。マンゴーがおいしい時期のみかき氷で登場。ほかにもイチゴ、バナナなど台湾産果物満載の氷が美味。

Map 別冊P.14-B2 台南

台南市中西區民生路一段160號 ☎06-223-4427 🕘12:00～20:00 [休]不定休 [Card]不可 [席]30 [交]台鐵「台南」車站より徒歩約21分 [URL]www.facebook.com/icecountry160

85元
香蕉布丁牛乳冰
シアンジアオブーディンニォウルービン
オススメ度 ★★★★☆
氷の下に台湾バナナ、上に固め食感のプリン。

✉ 台南はフルーツ好きには天国！ カットフルーツやかき氷、ジュースなど、フルーツ三昧を楽しみました！（千葉県・舞香）

台南のホテル
Hotels in Tainan

aruco おすすめ!

台南は、2、3日滞在してじっくり歩き回りたい町。
arucoが厳選したおすすめ宿ベスト3をご紹介。
台南ならではの宿にステイして思い出作りを♪

欧風ムードのブティックホテル

榮興金鬱金香酒店・臺南
ロンシンジンユィージンシアンジョウディエン・タイナン
Golden Tulip RS Boutique Hotel

ココがお値打ち!
- 赤嵌樓に近く観光に便利な立地
- 14時まで朝食を提供している
- ランドリーと自転車が無料

のんびりくつろげる

ヨーロッパムード漂うブティックホテル。
朝食は、台湾、アメリカン、和食、ベジ
タリアンから選んで事前予約ができ、チェックアウト後の
14時まで食べられる。宿泊予約サイトのクチコミも高評価。

Map 別冊P.14-B2 台南

🏠台南市中西區民族路二段128號 ☎06-220-8366 料W、T平日3800
元、土曜・祝日4500元(いずれも朝食付き、
税・サ込) Card A.J.M.V. 室47 🚇
台鐵「台南」車站前の北站よりバス5で民
族路」下車、徒歩約1分、または台鐵「台南」
車站より徒歩約13分 URL www.goldentulip-
tainan.com/ goldentulip-tainan.com

台湾朝食美味♪

1. 客室はクラシックなインテリア　2. お粥と
副菜の台湾朝食　3. 卵料理が選べるアメリカ
ンブレックファスト。朝は外食し、ホテルの
朝食はランチとしていただくことも可能
4. ステンドグラスが印象的なロビー　5. フロ
ントでは日本語対応も　6. 客室にはコーヒー
メーカーを完備している

ココがお値打ち!
- 台南らしいインテリア
- ビュッフェ朝食がおいしい
- 自転車の無料レンタルがある

台南らしさが香るホテル

暖時逸旅
ヌアンシーイーリュー
Somer Hotel

1. 自転車で台南観光　2. リ
ラックスできる客室　3. 朝
食ではサバヒー粥など台南
の美味も

20～36㎡とゆったりとした客室は、台湾の窓に見られる「鐵花
窗」がインテリアとして使われるなど、台南らしい雰囲気が漂う。
部屋に置かれた籠に入ったお菓子や即席麺は無料サービス。

Map 別冊P.14-B2 台南

🏠台南市中西區西門路二段386號 ☎06-222-2177
料W平日2600元～、金曜3500元、土・日曜・祝日4000
元～(いずれも朝食付き) Card J.M.V. 室少し 室23
🚇台鐵「台南」車站前の南站よりバス3、18で「西門路
三段口」下車、徒歩約1分 URL www.somerhotel.com

暮らす気分を味わえる民宿

一緒二咖啡民居
イーシューアーカーフェイミンジュ
Isshoni Bed and Breakfast

民家をリノベしたカフェ併設の民宿。1ベッドルームとツ
インルームがあり、女子ひとり旅や友達との旅にぴったり。
正興街や神農街など、人気エリアに近いロケーションも◎。

Map 別冊P.14-A2 台南

ココがお値打ち!
- 民家をリノベ暮らす気分を満喫
- カフェを併設ブランチが美味
- 神農街や正興街が徒歩圏内

🏠台南市中西區康樂街160號 ☎06-221-6813 料1900
元～ Card D.J.M.V. 室少し 室5室 🚇台鐵「台南」車
站前の南站よりバス14で「西門、民權路口」下車、徒
歩約8分 URL www.facebook.com/CafeIsShoNi/ ※ホテル
予約サイトのExpedia、Agodaなどで受付

居心地のよいお部屋

1. ひとり旅にもぴったり
2. カフェのブランチが人気

あったまって癒やされる〜

©台南市政府観光旅遊局

ほっこり美人度UP！
arucoイチオシ
台湾の美肌温泉
Best3

台湾はバリエ豊富な温泉パラダイス♪
美肌効果を期待できる温泉も多いから
aruco女子におすすめBest3を厳選。

BEST 1 タイナン 台南

泥温泉で美肌をゲット

關子嶺溫泉
グワンヅリンウェンチュエン

嘉義の南東28kmにある台湾でも珍しい泥温泉で、泉質は弱アルカリ性炭酸泉。新陳代謝アップや、お肌ツルツル効果が期待できる。

Map 別冊P.2-A2 台南

🏠台南市關嶺里東方枕頭山頂 關子嶺風景區 🚃台鐵「嘉義」車站または嘉義客運バス7214で「關子嶺」下車（所要約70分、90元、7:00〜17:40まで11便運行）、嘉義からタクシーで約40分（600元前後）

關子嶺温泉には日帰り入浴できるホテルや旅館があるので泥湯（泥漿）があるか確認してから利用してみて（入浴料400元前後）。水着持参で

ココが美肌に効く！
1. ミネラル豊富な濁泉湯で新陳代謝アップ
2. 血行促進効果のある炭酸泉で冷え性対策
3. 泥パックで全身しっとりすべすべに

©台湾観光局/台湾観光協会

©台南市政府観光旅遊局

パック用の泥は桶に用意されている。顔にもOK

天然ガスと湯が同時に出ている「水火同源」

BEST 2 タイペイ 台北

駅チカ温泉で便利

北投溫泉 北投南豐天玥泉會館
ベイトウウェンチュエン ベイトウナンフォンティエンユエチュエンホイグワン

MRT新北投站から徒歩約3分の便利なロケーション。日帰り入浴で大浴場と個室風呂の利用ができる。白硫黄、青硫黄、鉄硫黄の3種類の源泉がある新北投温泉だが、ここは少し白濁した白。

Map 別冊P.3-C1 新北投

🏠台北市北投區中山路3號 ☎02-2898-8661 🕐日帰り入浴9:00〜22:00（最終受付21:00）🈺無休 💴日帰り入浴2000元〜金680元、土・日・祝780元〜 ⚡J.M.V. 💈少し 🚃MRT新北投站「新北投」站より徒歩約3分 🔗www.tyq.com.tw

ココが美肌に効く！
1. 皮膚病に効くとされる弱酸性硫黄塩泉
2. スチームルームで思いっきり発汗
3. デトックス効果でお肌ツヤツヤに

バスタオルやシャンプーは常備されており手ぶらでOK

約400坪と広々。ジェット風呂も完備

BEST 3 スーアオ 蘇澳

台湾唯一の炭酸泉＆冷泉

蘇澳冷泉公園
スーアオロンチュエンゴンユエン

シュワシュワの炭酸カルシウム泉に加えて、水温約22度の冷泉。近隣の阿里史冷泉（🏠蘇澳鎮泉興巷5號 🕐9:00〜18:00 💴6〜9月70元）でも水着やタオル持参で楽しめる。

Map 別冊P.2-B1 蘇澳

🏠宜蘭縣蘇澳鎮冷泉路6-4號 ☎03-996-0645 🕐10:00〜16:00、土・日〜17:00（夏期は延長）🈺木 💴120元 ⚡不可 🚃台鐵「蘇澳」車站より徒歩約5分

夏は水着で楽しめる♪

温泉好きなら訪れてみたい

冷たいけれどしばらくつかると体に泡がまとわりつき、温まる

ココが美肌に効く！
1. 肌荒れが改善されてキメの細かい肌に
2. サウナと組み合わせて自律神経を整える
3. 疲労回復でリラックス、血行促進

台湾第3の都市で
ドキドキ体験！

高雄

南部最大の都市・高雄は南国ムードあふれる港町。
新名所が話題のウオーターフロントで、映え写真を撮影しましょ！
お昼はフェリーで旗津へ渡って、新鮮なシーフードで欲張りランチ。
フルーツ＆モチモチ系スイーツ天国も満喫しちゃお♪

台北●
台中●
花蓮●
台南●
★高雄

高雄へのアクセス

台北車站より高鐵（新幹線）で高鐵左營站まで約1時間30分〜。
直結するMRT左營站より高雄車站まで約11分
または、直結する台鐵新左營站より區間車で約11分
台北車站より台鐵普悠瑪號で約3時間40分、台鐵自強號で約4時間50分
台北バスターミナル（台北轉運站）より高速バスで約5時間〜

知れば知るほどおもしろい！
南台湾最大の都市・高雄をおさんぽ♪

林立するビルの間に息づく、港町情緒があふれる町並みの高雄。
冬でも温暖な気候で、避暑地ならぬ"避寒"地に最適！
のんびりした空気が流れる高雄をひと巡り。

台湾イチのコンテナ扱い量を誇る高雄港

TOTAL 9時間

高雄おさんぽ
TIME TABLE
- 12:00 澄清湖
  - ↓ タクシー15分
- 13:00 蓮池潭
  - ↓ タクシー30分
- 15:00 高雄市立歴史博物館
  - ↓ タクシー5分
- 16:00 棧貳庫 KW2
  - ↓ 徒歩約7分
- 17:00 駁二藝術特区
  - ↓ 徒歩約6分+MRT約14分
- 18:30 中央公園站
  - ↓ MRT約2分
- 19:00 三多商圏站周辺
  - ↓ MRT約6分
- 20:00 六合夜市

高雄で待ってるよ～

長さ203mのジグザグ橋！

1 風光明媚な人造湖 12:00
澄清湖
チョンチンフー

1周約7kmの湖。ジグザグに作られた「九曲橋」が有名な観光スポット。

Map 別冊P.17-C1 高雄

⚑ 高雄市鳥松區大埤路32號 ☎07-370-0821 ⏰6:00～18:00（10月～3月～17:30）🗓月 入場料100元 🚃台鐵「鳳山」車站よりタクシーで約20分

龍から入って虎から出る！

高雄観光のシンボル
2 蓮池潭 13:00
リエンチータン

高雄といえば有名な龍と虎がシンボルの、人気観光スポット。

詳細は→P.92

高雄の歴史を伝える建物が特徴 15:00
3 高雄市立歴史博物館
ガオシオンシーリーリーシーボーウーグアン

屋根に瓦を使って和風にまとめている外観の博物館。高雄関連の歴史的資料などを収集、展示している。

Map 別冊P.16-A1 高雄

⚑ 高雄市鹽埕區中正四路272號 ☎07-531-2560 ⏰9:00～17:00 入場無料 🚇MRT橘線「O2鹽埕埔」站2番出口より徒歩約3分 🔗khh.travel/ja/attractions/detail/642 ※日本語ガイド希望の場合は1週間前に公式ウェブサイトから申請を

2km

✉ 関西国際空港から飛行機で高雄国際空港へ。都会なのに自然が多くて、冬も温暖。高雄もいい場所だと思った。（大阪府・前ちゃん）

港の倉庫をリニューアル **16:00**

港の風情が残る♪

4 棧貳庫 KW2 チャンアルクー

1914年建造の倉庫を改装。ショップやカフェが入る。大港橋(→P.23)横の「HOLO PARK」を結ぶ観光列車もある(●12:00～20:00、土・日10:00～21:00 ●50元 運行は20～30分)。

1. 1階にショップやカフェがあり、2階は台湾みやげを販売するブースがある 2. 2階にオープンした「棧貳沐居KW2 HOSTEL」は専用出入口完備

Map 別冊P.16-B1 高雄

▲高雄市鼓山區蓬萊路17號 ☎07-531-8568 ●10:00～21:00、金・土・祝前日~22:00 ●無休 Card店舗により異なる ●MRT橘線「O1西子灣」站2番出口から徒歩約8分 URLwww.kw2.com.tw

棧貳沐居のデータ→P.102

かつての倉庫街が大変身♪

詳細は→P.23

5 **17:00** 人気のアートスポット 駁二藝術特區 ボーアルイーシュートゥーチュイ

アートと文化の発信地として、高雄の観光名所ナンバーワンの見どころ。蓬萊倉庫、大勇倉庫、大義倉庫の3エリアに分かれ、カフェやショップ、シアターなどがある。

昼間の撮影がベター

6 **18:30** アーティスティックな駅の出入口 R9中央公園站 ヂョンヤンゴンユエンヂャン

MRT紅線中央公園站の1番出入口は、イギリスの建築家リチャード・ロジャースが設計。撮影必至の世界的に有名なスポット。

Map 別冊P.16-B2 高雄

便利なショッピングエリア **19:00**

7 三多商圏站周辺 サンドゥオシャンジュエンヂャン

大手デパート3店が集まるショッピングエリア。台湾のデパートの閉店時間は22時というところが多く、夜のショッピングも楽しめる。夕食後や苓雅夜市(→P.91)散策のあとで立ち寄ることもできる。

Map 別冊P.16-B2 高雄

MRT駅はこれが目印だよ～

遠東SOGO百貨 ユエンドンソゴーバイフォ

地下2階から地上17階まで、充実の品揃え。隣にはもうひとつのデパート、新光三越がある。

台湾では根強い人気のSOGO

▲高雄市苓雅區三多三路217號 ☎0800-212002、07-338-1000 ●11:00～21:30、金・土・祝前日~22:00 ●無休 CardA.D.J.M.V. ●MRT紅線「R8三多商圏」站4番出口より徒歩約1分 URLwww.sogo.com.tw/ks

高雄大遠百 FE21'MegA ガオシオンダーユエンバイ

地元資本のデパート。若者がターゲットの、センスのいい品揃え。MRT「R8三多商圏」站に直結。

高雄85大樓はここ！

▲高雄市苓雅區三多四路21號 ☎0800-667-688、07-972-8888 ●11:00～22:00 ●旧正月 CardA.D.J.M.V. ●MRT紅線「R8三多商圏」站1・2番出口より直結 URLwww.feds.com.tw

今日も熱気ムンムン☆

8 にぎやかな名物夜市 **20:00** 六合夜市 リョウホーイエシー

高雄で一番知名度のある夜市。観光客でも利用しやすい。毎日にぎやかな夜市には、港町らしく魚介の小吃(軽食)や、近隣で採れるフルーツを売る屋台も多い。歩行者天国だが、バイクや自転車の通行は可能なので注意して歩こう。スリにも気をつけたい。

Map 別冊P.16-A2 高雄

▲高雄市新興區六合二路 ●18:00頃～翌1:00頃 ●無休(悪天候は休み) Card不可 ●MRT紅線・橘線「R10/O5美麗島」站11番出口よりすぐ

揚げ物は揚げたてをチョイス

シャー！

1. 約300mにわたり、六合二路が夜市になる 2. ソフトシェルクラブの唐揚げは計り売り 3. 手作り雑貨の屋台 4. インパクトあるヘビ料理の店

見てってちょうだい

これ、おいしいよ

名物パパイヤミルクもぜひ♪

高雄の古称は打狗。"犬を叩く"という意味でよくないので、漢字を高雄に変更した。

エコdeクールな路面電車LRT（軽軌）で海辺の人気スポットへGO！

市街地を一周する全長22.1km（予定）。
かつての貨物線を使って走る路面電車。
途中下車して食べて買って、プチ欲張り旅行へGO！

Let's go to the Green tunnel!

映画に登場しそうな「緑色のトンネル」と一躍話題のスポットに

時速20〜25kmで走行

C15站〜C16站にあるウォールアート

環境に優しい乗り物

```
      R13
C21A    C24      Start
 ↓       ↓
C14  01
 ↓
C12      R6
C11
 C8      C3
  C5  Goal
```

ホームの券売機で買う紙製チケット30元

内惟藝術中心の外観。白色で統一されたモダンなデザイン

台湾文化の体験型アートセンター
内惟藝術中心
ネイウェイイーシューヂョンシン

2022年オープン。高雄市立歴史博物館（→P.88）などが共同運営する新形態の体験型アート＆カルチャーセンター。おしゃれなカフェやショップも併設。のんびり散策してみよう。

Map 別冊P.17-C1 高雄

🏠 高雄市鼓山區馬卡道路329號
☎ 07-553-8935　⏰ 11:00〜21:00　休 月
💴 入館無料　🚃 LRT「C21A内惟藝術中心」站より徒歩約5分　URL www.nwac.org.tw/www.nwac.org.tw

C21A
ネイウェイイーシューヂョンシンチャン
内惟藝術中心站

樹木の間に線路がある区間で、車両を入れて撮影する人気のスポット「緑色のトンネル（龍貓隧道）」がある。曲線美のプラットフォームが目印。

C24
アイホーヂーシンチャン
愛河之心站

2023年11月現在の始発・終点。MRT紅線「凹子底」站に接続する。プラットフォームのデザインに客家の藍染花布の模様を採用している。

デザイン性の高い内惟藝術中心站のプラットホーム

乗り方＆降り方
LRT（軽軌）に乗ってみよう

改札口なし

ホームか車内でタッチ
ホームか車内の端末にiPASS・悠遊卡・有援卡をタッチ、1回10元。車内改札があり、無賃乗車не。

自動券売機
ICカードがなければホームに設置されている自販機で切符を購入する（1回30元）

ドアは自分で開ける

ボタンを押す
右の写真は車内のドアボタン。ボタンを押しドアを開ける。ボタンを押してみたい人はドア前で待機を

乗車時もボタンを押す
乗車時、車外のボタンを押してドアを開ける。電車が完全に停止してから操作を。各車両にドアは4ヵ所ある

✉ 「内惟藝術中心」は、「高雄市立圖書館總館」（→P.91）と同じ「劉培森建築師事務所」の設計。（岩手県・デザイン好き）

LRT（輕軌）で海辺の人気スポットへGO！

トッピングの種類は日替わり

哈瑪星站
ハマシンチャン

C14

日本統治時代の呼称（浜線）の音が現在まで残った駅。旧操車場内にある駅。

柚出にこだわるコーヒーです

かつての旅館が飲食店に
春田氷亭
チュンティエンビンティン

1907年に創建のホテル「春田館」をリノベーション。1階はケーキショップ、2階は雑貨店、3階はカフェ、4階がかき氷専門店。歴史的な建造物も見学してみて。

Map 別冊P.16-B1　高雄

1. 宮・九枡（200元、2名用280元）は8種のトッピングがセットのかき氷　2.1階のロビー風ショップ

旧三和銀行のレトロな建物
新濱・駅前
シンビン・イーチエン

1921年に銀行として開業した建物がカフェに。かつての金庫などを活用したインテリアで、こだわりのコーヒーや自家製ケーキを提供。

Map 別冊P.16-B1　高雄

1. 店内　2. パッションフルーツムース入りケーキ（藍伎）200元、アイスコーヒー（金庫冰滴咖啡）210元　3. 特製ドリップ器具

🏠高雄市鼓山區臨海三路5號4F　☎07-531-2770　⏰11:00～20:00（L.O.19:00、ドリンクL.O.19:30）🏠水・木　💰140元～　💳J.M.V.　🅿52　🚉LRT「C14哈瑪星」站3番出口より徒歩約1分

🏠高雄市鼓山區臨海三路7號　☎07-531-5770　⏰11:00～20:00（L.O.19:00、ドリンクL.O.19:30）🏠無休　💳J.M.V.　🅿46（1F）　🚉LRT「C14哈瑪星」站3番出口より徒歩約2分　🔗www.facebook.com/profile.php?id=100063812155095

ボーアルダーイーチャン
駁二大義站
C12

駁二藝術特区大義倉庫群や高雄港大港橋（→P.23）、海風廣場（高雄流行音樂中心横）の最寄駅。

駁二藝術特区→P.23

ヂェンアイマートウチャン
真愛碼頭站
C11

LRTの駅の中で唯一の高架駅。高雄流行音樂中心（→P.22）の最寄駅でもある。

モールの屋上にある観覧車　⏰12:00～22:00　週末は営業時間の延長あり　💰150元

リンヤーイェシー
苓雅夜市
夜の食べ歩きができるローカル夜市。近隣には自強夜市もある。

Map 別冊P.16-B2

地元密着夜市もある☆

ガオシオンチャンランクアンチャン
高雄展覧館站
C8

高雄85大楼や新光碼頭の最寄駅。旗津漁港周遊観光船は土・日・祝日14:30、15:30のみ運行。

駅名の由来でもある高雄展覧館の外観

承億酒店→P.102

ホテルから図書館への連絡通路あり！

モンシーダイチャン
夢時代站
C5

広大なショッピングモール、夢時代購物中心（ドリームモール）の最寄駅。

外観はシロナガスクジラ！

市民のオアシス、すてきな図書館
高雄市立圖書館總館
ガオシオンシーリー
トゥーシューグアンゾングアン

ガラス張りの外観の図書館は木をイメージしたモダンで美しいデザイン。屋上は空中庭園になっている。1階と3階にはカフェもある。

Map 別冊P.16-B2　高雄

館内から光が漏れ、夜になるとひときわ目立つ。無料開放されている屋上から眺める夜景もロマンティック

高さ378mの高雄のランドマーク。

🏠高雄市前鎮區新光路61號　☎07-536-0238　⏰10:00～22:00（土・日の入館は21:30まで、祝日10:00～17:00）🏠月、旧正月　🚉LRT「C8高雄展覧館」站より徒歩約5分　🔗www.ksml.edu.tw

※2023年11月現在、高雄85大楼の観光階の公開は休止中

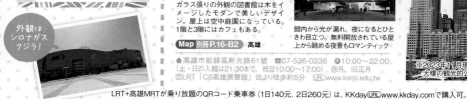

LRT+高雄MRTが乗り放題のQRコード乗車券（1日140元、2日260元）は、KKday🔗www.kkday.comで購入可。LRT乗車時は検札時に提示を。

91

高雄のシンボルが集まる左營エリア
必見スポットをぐるり制覇!

高雄市中心部から北へ約10km。
高鐵、台鐵、MRTの駅が交わる左營
エリア。歴史的にも早くから開発され、
栄えた面影も点在している。

※2023年11月現在、塔は修復工事中で上に上がれな
いが、龍と虎の口の中を通ることは可能(2025年
前半再開予定)。

虎塔の
壁にいるよ

極彩色の建造物が目印
蓮池潭
リエンチータン

南北約1.3kmの湖で、湖畔に点在
する極彩色の塔や拝殿で有名な景
勝地。蓮の開花時期(5月頃~)
は見応えがある。夜は塔がライト
アップされて違う趣が楽しめる。

Map 別冊 P.17-C1　左營

🏠 高雄市左營區勝利路110號　☎07-
581-9286(蓮池潭旅遊服務中心)
🕐24時間(龍虎塔の入場8:00~17:30、
春秋閣・五里亭5:00~22:00)　休無休
料無料　🚇MRT紅線「R15生態園區」站
2番出口より紅35バスで「蓮池潭(勝利
路)」下車すぐ

龍から
入って

虎から
出る

龍塔も虎塔も5階まで上がれる。内
部の壁にある陶製の物語も必見

待って
おるぞ

有料カラオケコーナーは憩いの場。日本
人も大歓迎!

パワスポ
龍虎塔
ロンフーター

龍から入って虎から出ると、過
去に犯した罪が帳消しされ、同
時に福が来るとされる

龍塔の最上階からの絶景

城邑左營慈濟宮
チョンイーツオインツージーゴン

健康運アップを祈願するなら
この本尊「保生大帝」へ。おみ
くじは、なんと漢方薬の処方箋!?

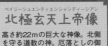

パワスポ
おみくじ→

1. 蓮池潭で龍虎塔と同様に
目立つ存在。像の内部は廟
になっている　2. 実在した
名医が「保生大帝」として
祀られている　3. 処方箋を
兼ねているおみくじは、参
考程度にひいてみて

北極玄天上帝像
ベイジーシュエンティエンシャンティーシアン

高さ約22mの巨大な神像。北側
を守る道教の神。厄落としの御
利益があるとされる

「城邑左營慈濟宮」の建築美に圧倒された。保生大帝の後ろにある龍の彫刻や柱の彫刻にも注目してみて。(福岡県・ひなバアバ)

城郭都市の名残
鳳山縣舊城
フォンシャンシエンジョウチョン

1722年に築城された台湾初の城郭。1787年の暴動で破壊され、1825年に再建。町に溶け込む城壁として台湾のカメラ女子や城マニアたちも撮影に訪れる。東門は城壁の上に登ることが可能。高雄市立歴史博物館（→P.88）に復元模型がある。

完全な状態で残る東門（鳳義門）。城壁は約500m続く。夕暮れ時は情緒があってノスタルジック

鎮福社（七甲土地公廟）

南門（啟文門）

悠久の歴史だ〜

北門横のカフェでひと休み♪

1. 門の神、神茶（しんと）・鬱壘（うつるい）の絵が見られる。北門の向かい側に位置する　2. 南門（啟文門）は道路の真ん中にある　3. しっかりと残る城門の北門（拱辰門）。門の横にカフェがあるのでのんびりできる

おみやげ探しに
高雄物産館
ガオシオンウーチャングアン

2015年にオープンした、高雄の特産品やおみやげが集まる物産館。重厚な外観に臆せず入ってみて。ここに来れば高雄みやげは1ヵ所でバッチリ揃うかも。市内中心部の高雄郵局店（下記）より品揃えも豊富で、ドライフルーツなど食品が充実している。毎週日曜朝はマルシェが開かれる（→P.154）。

Map 別冊P.17-C1 左營

🏠高雄市左營區翠華路1435號　📞07-582-5885　🕐13:30〜21:30、土・日11:00〜　🈺火　💳M.V.　🚇MRT紅線・高鐵「R16左營」車站1番出口よりタクシーで約8分、台鐵「左營」車站より徒歩約8分、龍虎塔から徒歩約9分　🔗www.facebook.com/kaoshop.lpfst

レトロかわいい〜

MRT左營站
台鐵新左營車站
高鐵左營車站

薛家古居

蓮池潭

漢神巨蛋購物廣場
瑞豐夜市

1km

ここも寄ってみよう！
MRT巨蛋站周辺

高雄で人気の大型モール
漢神巨蛋購物廣場
ハンシェンジューダンゴウウーグアンチャン

漢神百貨といえば、高雄では人気のデパー。MRT駅そばで便利。左營散策の帰りに立ち寄ってみてもいい。

ショッピング

フードコートやカフェも広々

Map 別冊P.17-C1 左營

🏠高雄市左營區博愛二路777號　📞07-555-9688　🕐11:00〜22:00、金・土・祝前日〜22:30　🈺無休　💳A.D.J.M.V.　🚇MRT紅線「R14巨蛋」站5番出口より徒歩約4分　🔗www.facebook.com/HanshinArena

地元密着のビッグ夜市
瑞豐夜市
ルイフォンイエシー

とにかく小吃（軽食）には困らないにぎやか夜市。雑貨のショッピングもOK。

夜市で食べ歩き

Map 別冊P.17-C1 左營

🏠高雄市左營區裕誠路と南屏路交差点周辺　🕐火・木〜日16:00頃〜翌1:00頃　🈺月・水　💳不可　🚇MRT紅線「R14巨蛋」站1番出口より徒歩約4分

1. 何を食べるか迷うほど。月&水曜休み　2. 味付け魚団子は串物だから食べやすい

2023年11月現在、龍虎塔は修復工事中につき塔上部に上がれないほか、外側に保護ネットがある場合もあるので、注意。

きちんと
並ぼうね！

朝から夜まで☆並んでも食べたい！
行列のできる高雄名物はコレ

毎日
手作り！

毎朝
来てるよ

朝食

行列ピークTime
7:30頃～8:50頃
待ち時間の目安…15分前後

1. 鹹豆漿30元。揚げたて油條に味がしみた豆乳。 2. 焼餅加蛋餅45元。釜焼きパイの卵サンド 3. 豬肉館餅20元。台湾のミートパイ

焼きたての香りがたまらない
老莊豆漿店
ラオヂュアンドウジアンディエン

粉を練って焼くまですべて手作業。釜焼きパイの食感と香ばしさが大評判。

Map 別冊P.16-B3 高雄

🏠高雄市苓雅區四維一路187號 ☎07-715-3881 🕐6:20～11:00、土・日6:30～11:30 🈺不定休 Card不可 🚇MRT橘線「07文化中心」站2番出口より徒歩約15分

深夜から早朝が激混み
髙記早點
ガオジーザオディエン

夜遊びしても、早起きしても焼きたてパイを食べたいと激混み。ボリューム満点なのも人気の理由。

Map 別冊P.17-D1 高雄

🏠高雄市鳳山區自由路352號之1 ☎07-747-3711 🕐3:30～10:30 🈺月 Card不可 🚇MRT橘線「O11鳳山西站」站1番出口より徒歩約1分 🌐www.facebook.com/kaobreakfast

1. 蛋餅油條40元。卵クレープで油條を巻いて。ネギはお好みで 2. 揚げたて油條15元。 3. 韭菜盒15元。ニラと春雨がたっぷり 4. 甜豆漿15元。甘い豆乳

行列ピークTime
7:00～10:30
待ち時間の目安…15分前後

焼きたてを
食べてね

ランチ

我が家の
気分で
くつろいで

オーナー
冬瓜さん

予約必須！台湾版おうちごはん
冬瓜與胖子
ドンアウィパンヅ

知り合いの家で食事をするような居心地のいい雰囲気の店。メニューはなく、1人450元。

Map 別冊P.16-B3 高雄

🏠高雄市前鎮區英德街784巷12號 ☎非公開 🕐12:00～14:00、18:00～19:30、19:45～21:30 🈺不定休 💰450元 Card不可 🈺予約（予約はFacebook Messenger経由で。翌月の予約は毎月20日以降で受付）🚌22 🚉LRT「C35凱旋武昌」站より徒歩約14分 🌐www.facebook.com/whitegourdandfatperson

1. 台湾の一般家庭の雰囲気が味わえる 2. 旬の素材や仕入れでその日の料理が決まる

行列ピークTime
12:00～、18:00～、19:45～
待ち時間の目安…予約で回避

 高雄で念願の鍋焼意麺を朝食で食べた。揚げたちぢれ麺にスープがしみてておいしかった！ （北海道・晴香）

おいしいものに目がないのは万国共通。
おいしいと評判のお店には、常連さんも相まって、行列が。aruco女子も並んじゃおう!

待ってまーす!

朝～午後

焼きたてが一番!

おやつ

焼き上がり時間に殺到
猖心泡芙
ツァイシンパオフー
手作りのオリジナルクリームとザクザク感のある皮のハーモニーが評判のシュークリーム。

行列ピークTime
🕐 14:50頃～15:30頃
待ち時間の目安…20分前後

Map 別冊P.16-A3 高雄

🏠高雄市苓雅區泰順街60號
📞0965-181-010 🕐15:00～18:00（売切次第閉店）🈺不定休 🚇MRT橘線「O7文化中心」站4番出口より徒歩約2分 🔗www.facebook.com/GHpuff

1. クリームの種類は日替わり。金糖原味（豆乳50元）はあっさり味 2. 只想芋泥（タロイモ60元）は台湾産タロイモ入り

豆漿味のクリーム

タロイモ入りクリーム

通いたくなる鍋焼意麺の名店
美迪亞漢堡店
メイディーヤーハンバオディエン

高雄の朝と昼の定番はスープで食べる揚げ麺の鍋焼意麺とハンバーガー（漢堡）。高雄スタイルをまねてみて。

行列ピークTime
🕐 7:00頃～9:00頃、11:00頃～13:00頃
待ち時間の目安…15分前後

Map 別冊P.16-A2 高雄

1. 目玉焼き入りの厚肉漢堡蛋60元 2. 酸菜と食べる奶油雞腿肉（焼き鶏モモ肉）75元 3. 具だくさんと大人気の鍋焼意麺95元

🏠高雄市前金區六合二路124號 📞07-286-2900 🕐7:00～16:00、土・祝～15:30（鍋焼意麺7:30～）🈺日 💴20元～ 💳不可 🪑70 🚇MRT橘線「O4市議會（舊址）」站4番出口より徒歩5分

夕食

行列ピークTime
🕐 18:00頃、20:00頃
待ち時間の目安…5分前後

1. 手作りの平たい黒輪片20元
2. 棒状の黒輪條15元。いずれも自家製甘だれを塗って焼く

高雄の必食メニュー
廖家黑輪
リアオジアオレン

魚のすり身を揚げたり炙ったりして食べるのが黒輪。港町高雄の名物。プリプリの弾力が決め手。

Map 別冊P.16-A2 高雄

🏠高雄市三民區三民街191號（三民市內、自強一路寄り）📞07-201-1020 🕐10:30～21:30（旧正月休）🚇MRT橘線「O4市議會（舊址）」站1番出口より徒歩約10分

新鮮な魚介をリーズナブルに
白宮海鮮家常菜
バイゴンハイシエンジアチャンツァイ

日本で料理の腕を磨いた李さんとシェフたちが作る海鮮料理。魚介の味が際立つ味付け。

日本語でどうぞ

Map 別冊P.16-A2 高雄

🏠高雄市前金區自強一路144號 📞07-251-5566 🕐11:00～14:00、17:00～21:00 🈺月、旧正月 💳不可 🚇MRT橘線「O4市議會（舊址）」站4番出口より徒歩約7分

1. 金瓜米粉180元。カボチャ入り焼きビーフン 2. 西施舌（ミルクイ）炒め（時価、280元～）3. 鹽酥冷小卷250元はイカの卵入り

行列ピークTime
🕐 週末の19:00頃
待ち時間の目安…5分前後

aruco調査隊が行く!!③ ソロ活必見！ 外さない！ おすすめひとりごはん

明るい店内で気軽に食事♪

三餐暖食
サンツァンヌアンシー

台湾伝統料理

美食度	★★★
バリエ度	★★★
おひとりさま度	★★★

肉or魚がメインの定食。ソロ活にはありがたい存在。（編集T）

故郷の高雄を愛する若者が増加中。この店もそんな陸オーナーと黄シェフがオープン。家庭にある調味料で作る家庭の味を表現。定食、単品で提供。カジュアルな食堂でゆっくり食事をどうぞ。

Map 別冊P.16-B2 高雄

🏠高雄市苓雅區中興街167號 ☎07-334-6263 ⏰11:30〜21:00（14:30〜17:00はドリンクのみ）休無休 料260元〜 Card M.V. 席62 交MRT紅線「R9中央公園」站2番出口より徒歩約9分 URL0983566235.weebly.com

1. 腰果宮保雞丁定食300元。鶏肉とカシューナッツの唐辛子炒め。スープと総菜は日替わり　2. 古懷三杯雞定食280元。鶏もも肉の醤油ベース炒め煮。目玉焼きのせご飯にチェンジ（65元追加）　3. ライチや桑の実酢の炭酸割り各85元

「套餐」は定食の意味だよ

陸オーナーと黄シェフ

美食度	★★★
バリエ度	★★★
おひとりさま度	★★★

手打ち麺のコシとゆで加減が絶妙！（カメラマンM）

住宅街にある隠れ家レストラン

芳師傅私房菜
ファンシーフスーファンツァイ

元ホテルシェフの
台湾料理・四川料理

35年以上ホテルのレストランで四川、上海料理に従事した蔡文芳シェフが独立してオープン。住宅地にありながら、評判の味を求めて遠方から訪れる常連も多い。高雄の思い出に利用してみよう。

Map 別冊P.17-C1 高雄

🏠高雄市三民區明哲路15號 ☎07-345-5276 ⏰11:30〜14:00、17:00〜20:00 休水 料80元〜 Card不可 席50 交MRT紅線「R14巨蛋」站2番出口よりタクシーで約8分 ✉cooktop_fangchef

唯一炸醬手工麺80元。麺のコシを味わうジャージャー麺

獅子頭（肉団子）もぜひ！

麺はすべて手打ち。ほかの料理も芳シェフの自信作

芳シェフ

櫻花蝦手撕包菜140元。ちぎりキャベツと桜えびのスープ炒め

✉旅先での食事は野菜不足になりがちだけど、台湾の定食なら野菜も取れて、お通じ的に安心（笑）。（神奈川県・HR）

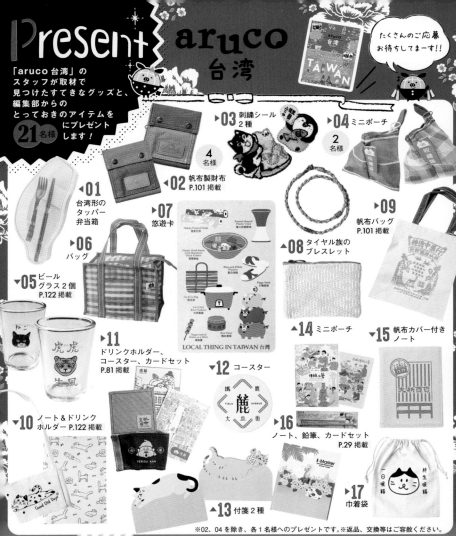

Present aruco 台湾

たくさんのご応募お待ちしてまーす!!

「aruco 台湾」のスタッフが取材で見つけたすてきなグッズと、編集部からのとっておきのアイテムを **21名様** にプレゼントします!

▶03 刺繍シール2種 **4名様**

▶04 ミニポーチ **2名様**

◀01 台湾形のタッパー弁当箱

▶02 帆布製財布 P.101掲載

▶09 帆布バッグ P.101掲載

▶07 悠遊卡

▲08 タイヤル族のブレスレット

▶06 バッグ

▼05 ビールグラス2個 P.122掲載

LOCAL THING IN TAIWAN 台湾

▲14 ミニポーチ

▼15 帆布カバー付きノート

▶11 ドリンクホルダー、コースター、カードセット P.81掲載

▶12 コースター

虎虎生風

▼10 ノート&ドリンクホルダー P.122掲載

▶16 ノート、鉛筆、カードセット P.29掲載

▲13 付箋2種

▶17 巾着袋

※02、04を除き、各1名様へのプレゼントです。※返品、交換等はご容赦ください。

応募方法

アンケートウェブサイトにアクセスしてご希望のプレゼントとあわせてご応募ください!

URL https://arukikata.jp/yujpiu

締め切り:2024年12月31日

当選者の発表は賞品の発送をもって代えさせていただきます。(2025年1月予定)

Gakken

大人数が当たり前の台湾でも、“ひとりごはん”が浸透してきて、定食スタイルも激増中。自由を愛するソロ旅女子へ、味も雰囲気も満点なお店に「おひとりさま、ご案内～」!

美食度 ★★☆
バリエ度 ★★★
おひとりさま度 ★★★
炭水化物の2乗だけど、高雄の必食B級グルメ。(ライターA)

高雄の必食フード

丹丹漢堡 七賢店

ダンダンハンバオ チーシエンディエン

行列は当たり前、いつでも混雑のローカルチェーン。「ハンバーガー店はほかにもあるのに丹丹に来ちゃう」と高雄の人々。コスパ高なうえ、南部でしか食べられないというのも人気の理由。

高雄発祥のファストフード

Map 別冊P.16-A2 高雄

⌂高雄市前金區七賢二路224號 ☎07-241-0928 🕘7:00～21:00 [休]火 [料]41元～ [Card]不可 [席]30 [交]MRT橘線「O4市議會(舊址)」站4番出口より徒歩約6分 [他]林森店Map 別冊P.16-B2～B3、瀋陽店Map 別冊P.17-C1

精選定食餐⑨109元。麺線とフライドチキンバーガー、ドリンクがセット。サツマイモスティック28元も追加

張媽媽の息子さん夫婦

1ヵ月半待ち! 超絶人気のニラまんじゅう

張媽媽八寶韮菜盒

チャンママバーバオジョウツァイホー

薄皮で具はたっぷりデス

ボリューム満点、ニラの香りがたまらない手作りニラまんじゅう。焼きたてはもちろん、冷めても持続するおいしさはまたたく間に拡散されて、予約必須の人気店に。

Map 別冊P.16-A3 高雄

⌂高雄市苓雅區憲政路221號 ☎07-223-0663、0928-677-118 🕘12:00～18:00 [休]日・祝 [料]35元～ [Card]不可 [交]台鐵「科工館」車站より徒歩約8分 [URL]www.facebook.com/ZhangMaMaBaBaoJiuCaiHe [予]予約は約1ヵ月半前からfacebook経由か電話で

技あり! 手打ちの皮を薄く伸ばす

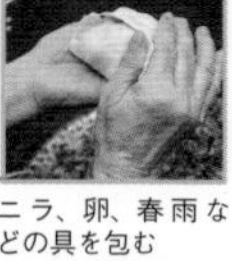

ニラ、卵、春雨などの具を包む

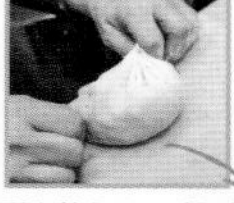

形を整える。1個がビッグサイズ

鉄板で焼く。焼き加減も職人技!

ボリューム満点 ニラまんじゅう

1箱5個入り170元。1個35元。1個の重さは約420g!

美食度 ★★★
バリエ度 ★★
おひとりさま度 ★★☆
ひとり占めしたいおいしさ。またすぐ食べたくなる。(編集S)

海風を感じてアフタヌーンティー♪

絶景カフェで アフタヌーンティー

英国式アフタヌーンティー(2人729元、1人629元)。スイーツやサンドイッチを満喫。

美食度 ★★
バリエ度 ★★★
おひとりさま度 ★★★
眺望がいいから得した気分。たまには優雅に♡(ライターM)

1 高雄港、奥に高雄85大樓を望む。貨物船の往来が港町情緒を演出 2 領事官邸までは階段でアクセス。古典玫瑰園と十八王公廟の看板の間の階段を上る。徒歩約3分

潮風と美景に癒やされて

古典玫瑰園

グーディエンメイグイユエン

優雅なひとときを過ごせる英国紅茶専門店。打狗英國領事館の領事官邸にあり、海を眺めながら本格的な英国式アフタヌーンティー(終日)や紅茶をいただける。景色を楽しむならテラス席がおすすめ。

Map 別冊P.17-D1 高雄

⌂高雄市鼓山區蓮海路20號 打狗英國領事館文化園區 ☎07-956-1069 🕘10:00～18:00(L.O.17:00)、土・日・祝～18:30(L.O.17:30)※夏季は営業時間の延長あり [休]月 [料]英式下午茶629元～、ドリンク180元～、サ10% [Card]A.J.M.V. [席]32 [交]MRT橘線「O1西子灣」站1番出口よりタクシーで約6分 [URL]www.rosehouse.com

「丹丹漢堡」は、平日10:30まで提供の朝食セット(41～52元)も大人気。

かき氷は
別腹でしょ♪

李鹹冰 リーギャムビン
スモモの塩漬け！

多多（ヤクルト）

桂圓（リュウガン）

百香果（パッションフルーツ）

南国フルーツ天国・台湾の
おいしくてキュートな見

超級水果冰 チャオジーシュイグオビン　110元

自家製の塩漬け干しスモモをのせたかき氷。甘酸っぱいシロップで食べる　B　50元

3球 サンチュウ　55元

三色鮮果 サンスーシエングオ　50元

好みの味をチョイス（1種30元、2種45元）。台湾らしい味が人気　D

ピンクドラゴンフルーツ、パッションフルーツ、レモンの棒アイス　D

芒果很香+香蕉 マングオヘンシアンアンシアンジァオ　120元（2種）

マンゴーとバナナをチョイス。コクのあるアイスで美味！　C

ひんやり系

季節のフルーツ、アイス、甘いシロップのかき氷。人気の一品　B

洛神 ルオシェン

ローゼルのアイス。酸味があって甘すぎない。年代問わず人気の味　D　30元

包心旺来蔗片冰 バオシンワンライチェーピエンビン

天然素材の白玉

ピンクグアバのアイスに少量のレモン汁をプラス。上品に♡　C

紅心芭樂+甜筒 ホンシンバーラー+ティエントン　60元（1種）+10元

蔗片凊冰 チェーピエンビン　45元

開心果黒櫻桃諾黒千層杯 カイシングオヘイインタオヌオヘイチエンツォンベイ　320元

濃厚なピスタチオアイスが主役のデザート。フレンチの技が光る　C

招牌響宴蔗片冰 チャオパイシァンイェンチェーピエンビン　150元

サトウキビ氷にタロイモペーストなどをトッピング。2人で食べてもOK　A

心を込めて作ります

90元

氷に合うサイズに切った金鑽鳳梨（パイナップル）、緑豆などをのせて　A

A
100%サトウキビのかき氷
禾苑蔗片冰
ホーユエンヂェーピエンビン

あぶったサトウキビの絞り汁を鱗片に凍らせた「蔗片冰」。ピュアな味で絶品。この氷に合うように作るトッピングも楽しみたい。

Map 別冊P.17-C1 高雄

🏠高雄市鼓山區博愛二路347號
☎07-586-7972 🕐13:00～22:00
休無休 💰45元～ Card不可 座30
🚇MRT紅線「R14巨蛋」站2番出口より徒歩約3分 URLice-cream-and-drink-shop-5904.business.site

B
1934年創業の愛されかき氷店
高雄婆婆冰　創始店
ガオシオンポーポービン　チュアンシーディエン

3代続く老舗かき氷店。創業当時からある自家製の塩漬け干しスモモ（李鹹）のほか、蜜銭（砂糖漬け）や季節の果物をトッピング。

Map 別冊P.16-A1 高雄

🏠高雄市塩埕區七賢三路135號 ☎07-561-6567 🕐10:00～24:00 休火
💰25元～ Card不可 座30「02塩埕場」站2番1出口より徒歩約6分 URLice-cream-and-drink-shop-756.business.site 🏠旗艦店 別冊P.16-B1 塩埕區七賢三路98-12號

C
フランス仕込みの本格派
G.A.冰淇淋 La Glacerie Artisanale
ジーエービンチリン

フランスでフランス料理の勉強を重ねた陳さんが作る濃厚なアイスは口コミで評判に。足を運んで食べる価値は大あり！

Map 別冊P.17-D1 高雄

🏠高雄市鳳山區福誠五街19號
☎0906-769-155 🕐13:00～19:00
休火・水 💰ミニマムチャージ150元
Card不可 座28 🚇MRT紅線「R5前鎮高中」站2番出口より徒歩約12分 URLlaglacerieartisanale

D
バリエ豊富な手作りアイス
台興芋冰城
タイシンユイビンチョン

アイスにしてもよりおいしく感じる台湾産フルーツや食材を厳選。甘さや酸味のバランスを考えた味で、おやつにちょうどいい。

Map 別冊P.17-D1 高雄

🏠高雄市鼓山區麗雄街19-2號
☎0911-945-285 🕐12:00～21:00
休月 💰30元～ Card不可
座20 🚇MRT橘線「O1西子灣」站1番出口より徒歩約6分 URLwww.facebook.com/TaiSing.icecity

✉「高雄婆婆冰 創始店」の「招牌綜合冰」は、伝統的なトッピングの全部盛りで台湾らしさ満載。（滋賀県・ごま）

高雄で食べたい
モチモチ系おやつ大集合！

ではの、旬の食材を生かした
月のスイーツがい〜っぱい！

FRUITS

フルーツ系

とろみ醤油＋
砂糖＋ショウガ汁の
つけだれ

番茄切蟹ファンチエバン

トマトはフルーツ↗

番茄切蟹ファンチエバン

高雄名物カットトマト。未完熟のトマトを特製つけだれで食べる

55元

雪片檸檬愛玉冰シュエピエンニンモンアイユビン

粉粿

杏仁

雪片冰（檸檬かき氷）

愛玉

『高雄には
夏しかないんだって』
『はい、そのとおり！』

粉園
（タピオカ）

レモンジュースの氷をベースに愛玉などをトッピング。爽快感バツグン

50元 **F**

モチ
モチ系

檸檬雞蛋冰美式咖啡ニンモンジーダンビンメイシーカーフェイ

老舗特製のレモンシャーベットをアイスコーヒーと一緒に。合う！

145元 **G**

伯爵奶茶布丁ボージュエナイチャーブーディン

香りと口当たりを楽しむアールグレイミルクティープリン

90元 **G**

QQ

原味焦糖布丁ユエンウェイジアオタンブーディン

これぞプリン！自家製キャラメルプリンをレトロな店内でどうぞ

90元 **G**

香蕉船シアンジアオチュアン

95元

レモンで
さっぱり♪

レモンで
さっぱり♪

高雄に
遊びに
来てね

白糖粿バイタンクイ

粉砂糖をまぶすだけ。シンプルゆえに何度も食べたくなる揚げ餅

18元 **H**

ピーナッツ入り

黒ごま入り

番号札を
取ってから注文

揚げるから
待っててね

お店のいちばん人気。
旗山産バナナを使ったバナナボート

E

愛文マンゴー（→ P.33）よりも晩生品種の紅凱特マンゴー（→ P.33）が高雄では多用される。

大人の味！ナツメの飴菓子はクルミ入り。お茶請けにぴったり

マカダミアナッツ入り、コーヒー味のヌガー

ヌガー・あめ菓子

老舗の銘菓
真一 チェンイー

創業50年以上の老舗。コーヒー味の「咖啡牛軋糖」（480元）は濃厚なミルクとマッチ。ナツメ味の「紅棗核桃糕」（480元）は大人のファンが多い人気商品。ほどよい甘さであと引くおいしさ。

Map 別冊P.16-B3 高雄

🏠高雄市苓雅區青年一路133號 ☎07-334-9452 🕘9:00～18:00 休無休 Card不可 🚇MRT紅線「R9中央公園」站2番出口より徒歩約17分 URLwww.jane-1.idv.tw

クラッカー

ヌガー

手焼き洋菓子の老舗
沙普羅糕餅小舗 シャブルオガオビンシアオビン

先代の三郎さんの店「三郎餐包」から独立、三代目の陳さんが営むベーカリー。福氣餅はあと引くおいしさが人気の高雄みやげ。現地で食べるならタロイモケーキもおすすめ。

Map 別冊P.16-B1 高雄

🏠高雄市鹽埕區新樂街198-18號 ☎0953-058-099 🕘12:30～19:00 休不定休 Card不可 🚇MRT橘線「O2鹽埕埔」站2番出口より徒歩約3分 URLwww.facebook.com/sapulo desserts

福氣餅（110元）は塩味クラッカーで甘いヌガーをサンド

地元で愛される素朴な焼き菓子やパン。生菓子も定評がある

毎日手作り♪

おいしい好呷

フードからこだ
arucoイチオシ

高雄産のパイナップルやシーフードを高雄でしか買えない

FOOD
食べもの

ハサミ付きですよ〜

あめ菓子・ドライフルーツ

ユニークな見た目の高雄の新名物
蘇老爺古味創新館 スーラオイエグーウェイチュアンシングワン

麦芽糖の水あめに空気を混ぜて細長く伸ばし、ピーナッツ粉をまぶした昔ながらのあめ菓子。家族で毎日手作りする素朴なおやつが最近の高雄みやげの流行に。

Map 別冊P.17-C1 高雄

🏠高雄市鳥松區任勇路181號 ☎07-732-8158 🕘9:00～18:00 休無休 Card M.V. 🚇台鐵「鳳山」車站よりタクシーで約18分 URLwww.yayasu.com.tw

高雄近郊産を使ったドライパイナップル250元。無糖なのに甘い

渦巻き型3枚入り（ハサミ付き）390元。あめの中にもピーナッツ粉入り

焼き菓子

1. クロマグロのパウダーをまぶした揚げ餅120元。甘しょっぱい 2. ミルク餅を挟んだ高雄版マカロン120元 3. 台湾形の器入り、高雄産ナツメの蜜漬け260元 4. 黄社長、劉顧問と店員の皆さん

高雄みやげの大定番
打狗餅舗（高雄郎餅坊） ダーゴウビンブー ガオシオンランビンファン

昔ながらの硬い食感の打狗餅をソフトに改良。これが高雄のおみやげとして定番に。今ではさまざまな味の菓子を販売する。

Map 別冊P.16-B1 高雄

🏠高雄市鹽埕區大義街25-1號 ☎0933-390-831 🕘13:00～21:00、土・日11:00～ 休無休 Card不可 🚇LRT「C12駁二大義」站より徒歩約2分 URLwww.kaohsiung-cake.com.tw 🏠中正店 **Map 別冊P.17-D1**、左營高鐵店 **Map 別冊P.17-C1**

ジャム

素朴な味を継承する

嬤嬤覓呀
マーマーミーヤー

素材の持ち味を大切にした手作り干し貝柱ソースからスタートし、今はジャムや菓子を販売。ナチュラルテイストでファンを増やしている。棧貳庫KW2（→P.89）2階で購入可能。

高雄大樹産金鑽鳳梨（パイナップル）とレモンのジャム280元

Map 別冊P.16-B1 高雄

🏠高雄市鼓山區蓬萊路17號 棧貳庫KW2 2F ☎07-531-8568 ⏰10:00〜21:00、金・土・日・祝〜22:00 休無休 Card J.M.V. 交MRT橘線「O1西子灣」站2番出口より徒歩約7分 URL www.mamagoods.com.tw

棧貳庫KW2 2Fのブースはおみやげ探しに便利

雑貨

こだわりの手作りバッグ

COLORSMITH
カラースミス

1999年に高雄で創業した職人集団。バッグや雑貨はデザインから縫製まで手作りで、用いる素材も台湾製造品を厳選。用途に応じて使い勝手がいいものが揃う。

Map 別冊P.17-D1 高雄

🏠高雄市前鎮区中安路1之1號SKM Park Outlets 高雄草衙大道東1F ⏰11:00〜21:30、金・土・日・祝〜22:00 休無休 Card A.J.M.V. 交MRT紅線「R4A草衙」站2番出口よりすぐ @colorsmith.tw

1. ビタミンカラーのバッグは軽くて丈夫。400元前後〜 2. キャンバス地の財布2200元〜 3. ボディにフィットするザック3000元前後〜

手に取ってみてね

わりグッズまで
高雄みやげ図鑑

使ったお菓子はおみやげにピッタリ！
ものを指名買い！

GOODS
グッズ

1. パールパウダー配合の台湾形石鹸や植物由来の石鹸170〜260元 2. 用途もさまざまな石鹸 3. 昔の薬局の看板を印刷したバッグ550元 4. 帆布カバー付きノート220元

"高雄"が満載です

雑貨

大漁旗や魚をモチーフに

山津塢 シャンジンウー

港町にちなんだ図案をデザインし、商品化。ワークショップも展開。帆布バッグ450元〜。シルクスクリーン体験（350元〜）も可能。棧貳庫KW2 2階で販売中。

Map 別冊P.16-B1 高雄

🏠高雄市鼓山區蓬萊路17號 棧貳庫KW2 2F ☎0911-728-000（内線5650）⏰10:00〜21:00、金・土〜22:00 休無休 Card J.M.V. 交MRT橘線「O1西子灣」站2番出口より徒歩約8分 URL www.facebook.com/SHANJINWU

石鹸 雑貨

手作り石鹸と雑貨を作る親子の店

鹽埕小皂／鹽埕味
イエンチョンシアオザオ／イエンチョンウェイ

手作り石鹸は葛ママが担当、帆布雑貨は息子の李さんが担当。昔ながらの住宅をお店に改造。高雄のテイストを雑貨を通じて発信している。

Map 別冊P.16-B1 高雄

🏠高雄市鹽埕區莒光街162號19號 ☎0955-764-521、07-551-8349 ⏰土・日・祝14:00〜19:00（棧貳庫KW2 2Fなどで常時販売）休月〜金 Card不可 交MRT橘線「O2鹽埕埔」站3・4番出口より徒歩約3分 棧貳庫KW2 2F

ショッピングモールもcheck!

高雄空港に近い大型アウトレットモール
SKM Park Outlets 高雄草衙 ガオシオンツァオヤー

アウトレット併設の大型ショッピングモール。高雄国際空港そばなので空港利用者にも便利なモール。

店データ→P.17

高雄の特産物が揃う
高雄物産館 ガオシオンウーチャングアン

蓮池潭周辺観光のついでに立ち寄れる。毎週日曜はファーマーズマーケット開催（→P.154）。

店データ→P.93

aruco おすすめ！

高雄のホテル
Hotels in Kaohsiung

ビジネス需要の多い高雄でも、
ここ最近は旅行者向けの個性的なホテルが登場。
カジュアルからラグジュアリーまで、arucoがご案内。

ココがお値打ち！

高雄港ビュー、
シティービューを
独り占め

本好きにおすすめ、
図書や閲覧
コーナーが併設

高雄85大樓を
見て入浴♪

高雄を一望できるモダンラグジュアリーホテル

素敵な
ご滞在を

承億酒店
チョンイージォウディエン
TAI Urban Resort Kaohsiung

町との出合いを大切に、そこにある時間が深く印象に残る
ような空間を提供する大人のホテルが2022年9月に開業。
隣接の高雄市立図書館總館（→P.91）との連絡通路のほか、
独自の図書室も。新しい発想のホテルを体験してみて。

Map 別冊P.16-B2 高雄

🏠 高雄市前鎮區林森四路189號
☎ 07-333-3999　💰 3万元〜・サ10%
💳 A.D.J.M.V.　🛏 208　🚇 MRT紅線
「R8三多商圈」站2番出口より徒歩約11分
🔗 www.taiurbanresort.com.tw

1. スタンダード和室ツイン。畳
の小上がり付き　2 スタン
ダードルームの窓際にあるバス
タブ　3. 26階レストラン
で朝食ビュッフェ。朝から飲
める生ビールも好評　4. 24
階のプール　5&6. 25階ロ
ビー横の閲覧コーナー。ホテ
ル図書室「承風書店」と市立
圖書館連絡通路は7階に

2023年10月グランドオープンのポシュテル

福容徠旅 高雄
フーロンライリュー ガオシオン
FULLON POSHTEL KAOHSIUNG

人気の朝食
メニュー！

宿泊客のペースでステイできるよう、ア
メニティやタオルなど必要最低限のサー
ビスを提供。歯ブラシやスリッパはフロ
ントでもらう（無料）。

Map 別冊P.16-A2 高雄

🏠 高雄市前金區永恆街3號　☎ 07-215-6688　💰 2599元〜・サ10%　💳 A.D.J.M.V.
🛏 136　🚇 MRT橘線「O4市議會（舊址）」4番出口より徒歩約2分
🔗 www.fullon-hotels.com.tw/fullon-poshtels/kh/tw

ココがお値打ち！

広い客室と
フレンドリー接客

MRT市議會
（舊址）站に
至近

1. 朝食は簡単なビュッフェ形
式。オリジナルのおにぎらず
はスマホから注文　2. 15階は
全室IKEAとコラボの客室。海
など4テーマのインテリア

ココがお値打ち！

高雄港を
ひとり占め！　大人
の秘密基地

MUJI RENOVATIONが
手がけたシンプルで
使いやすい施設

1. 高雄港に面した箱型個室は全12室。景色なしの個室は7室
2. 宿泊・退室手続きはすべて機械で（スタッフ常駐）

台湾初！歴史的建造物倉庫内のホテル

棧貳沐居Kw2 HOSTEL
ザンアルムージュー

台湾無印良品「MUJI RENOVATION」が手がけた
ホステルが2023年春オープン。「大人の秘密基
地」を歴史的建造物の倉庫に造った斬新なコンセ
プトを体感してみては？

Map 別冊P.16-B1 高雄

🏠 高雄市鼓山區蓬萊路17號 棧貳庫KW2 2F　☎ 07-531-7568
💰 999元〜・サ10%　💳 A.D.J.M.V.　🛏 19　🚇 MRT橘線「O1西子
灣」2番出口より徒歩約7分　🔗 www.kw2.com.tw/post/kw2hostel

台中

台湾の人が「暮らしてみたい街」と憧れる、台中。
茶藝館発祥の地だから贅沢な空間で優雅なティータイムが過ごせちゃう。
歴史ある市場で人気ローカルごはんを満喫したら、にぎやか夜市へGO！
故宮南院やタイルミュージアムなど見どころいっぱいの嘉義へも立ち寄って♪

台中へのアクセス

🚄 台北車站より高鐵（新幹線）で高鐵台中站まで約50分、直結する台鐵新烏日車站より台鐵台中車站まで約10分
または、台鐵自強號で約1時間40分〜。　高雄より高鐵で約50分、台鐵自強號で約2時間30分

🚌 台北バスターミナル（台北轉運站）より高速バスで約2時間45分

ひ

台中(タイジョン)の見どころをウオッチ 人気エリアでおみやげGET♪

台北、高雄に並ぶ大都市、台中。
必見の観光スポットと人気エリアをぐるっと巡り、
かわいいおみやげもGETしちゃう欲張りなおさんぽ。

寶覺寺の巨大な布袋様の内部は資料館

TOTAL 7時間

台中ぐるり半日プラン

TIME TABLE

- 9:00 寶覚寺
  - ↓ 徒歩約15分
- 10:00 孔廟
  - ↓ タクシー約11分
- 11:00 國立自然科學博物館
  - ↓ 徒歩約16分
- 12:30 草悟道
  - ↓ 徒歩すぐ
- 14:00 意象 In Think & 華山尋
  - ↓ 徒歩約15分
- 15:00 國立台湾美術館

1

本堂の前にゾウさんが2頭♪

木造の本堂を守るため、石造りの本堂を増築

黄金に輝く弥勒大仏で有名 9:00

寶覺寺

バオジュエスー

1927年に建立された仏教寺院。高さ33mの弥勒大仏がほほ笑む。

Map 別冊P.18-A3

台中市北區健行路140號 ☎04-2233-5179 🕘9:00～17:00 [休]無休 [料]無料 [交]台鐵「台中」車站よりバス303、304、307、308などで🚏「新民高中（健行路）」下車すぐ

3

植物園を併設

國立自然科學博物館 11:00

グオリィヅランクーシュエボーウーグアン

台湾の自然科学を紹介するミュージアム。動く恐竜の展示が人気。

Map 別冊P.18-A2

台中市北區館前路1號 ☎04-2322-6940 🕘9:00～17:00 [休]月 [料]展示場100元、植物園温室20元 [交]台鐵「台中」車站よりバス300、302、304などで🚏「科博館」下車、徒歩約5分 [URL]www.nmns.edu.tw

1. 見応えのあるミュージアム
2. 向かい側にある植物園も要チェック

10:00

2 学問の神様・孔子を祀る

孔廟

コンミアオ

1976年建造の中国宮殿建築の廟。主殿には学問の神様・孔子と弟子72名が祀られている。

Map 別冊P.18-A3

台中市北區雙十路二段30號 ☎04-2233-2264 🕘9:00～17:00 [休]月（祝日の場合は翌日） [料]無料 [交]台鐵「台中」車站よりバス50、59、65で🚏「體育場」下車すぐ

瓦屋根が美しい大成殿は本殿にあたる

9月28日に孔子聖誕祭を開催！

4

全長3.6kmのグリーンベルト 12:30

草悟道

ツァオウーダオ

國立自然科學博物館から國立台湾美術館前の美術館道まで延びる緑道。両側には、公園、カフェ、おしゃれなショップが並ぶ。

Map 別冊P.18-A2～B2

✉ 週末の夕方ごろ「草悟道」から「市民廣場」を歩いたらすごい人。みんな思いおもいに過ごしている景色に和んだ。（鳥取県・若）

健行路

植物園

國立自然科学
博物館

中正公園

進化路

市民廣場

市民廣場で
おさんぽの
小休上♪

台中公園

台中車站

NEW!
台中駅

國立
台湾美術館

忠信市場

ブティック

原住民スパ
イスの調味料
なども

5 14:00

自然と原住民文化への愛あふれる

意象 In Think ＆ 萃山尋
イーシアン インシンク　ツィシャンシュン

山林とコーヒーを愛するオーナーのカフェ
と、原住民の文化や手仕事を紹介・継承す
る場をつくりたいという想いから生まれた雑
貨店が同居。カフェでは香り高いコーヒー
のほか独自のドリンクやスイーツもあり。

インパクト大！
ソーダ＆ヨーグ
ルト味のフ
ローズン雪地
熊QQ140元。
馬告入りパウ
ンドケーキ
（上）は優しい
味

Map 別冊P.18-B2

⌂台中市西區向上北路129號　☎なし　🕐10:00
～16:00（土・日～17:00）　休不定休　料カフェは
最低消費ドリンク1杯　Card不可　席15　交台鐵
「台中」車站よりバス27
などで🚏「英才向上北路
口」下車、徒歩約5分
URL www.facebook.
com/InThink2/

1. セデック族とタイ
ヤル族の要素を融
合したピアス350元
2. ヘアバンド 350
元 3. ミニポーチ
200元 4 伸縮性
あり便利な毛糸バッ
グ850元 5パイワ
ン族の図案を取り
入れた皮バッグキ
ーホルダー890元

6 15:00

アジア最大級

國立台湾美術館
グォリィタイワンメイシュウグアン

台湾内外の芸術作品を展示。屋外に
もモダンアートがレイアウトされて
いる。規模は大きく、ショップやカ
フェ「古典玫瑰園」、「春水堂」も併設。

Map 別冊P.18-B2

⌂台中市西區五權西路一段號　☎04-2372-
3552　🕐9:00～17:00、土・日～18:00
休月、旧正月　料無料　交台鐵「台中」車
站よりバス71、75などで🚏「美術館」下車すぐ
URL www.ntmofa.gov.tw

ゆったりと
アートを
満喫♪

おさんぽの
休憩にどうぞ♪

100年の歴史を プチプラ☆グルメ

1917年に完成した伝統市場が今、多彩な口
人気を呼んでいる。小さな店が並ぶ市場で

No.1

李海魯肉飯
ルーロウファン
魯肉飯 70元

長時間
煮込んだ味

recommend
魯肉飯のイメージ
を覆す衝撃的ビジ
ュアル！肉そぼろ
ではなく角煮がど
ーんと鎮座

16:00の開店前か
ら行列ができる超
人気店。早朝3:00
までの営業なので
夕食＆夜食に。

No.4

麺を中心に15
種ほどのスー
プ、総菜各種
を提供。麺＋
総菜＋スープ
でランチを

recommend
平たい麺の上に肉ソ
ースをかけた看板メ
ニュー。麺とソース
を混ぜ混ぜして食べ
るとデリシャス！

阿嬤の相思麵店
ガーオバイバイガンミェン
招牌白乾麵 45元

伝統の味
食べに来て！

承記米苔目
ソンチーピン
綜合冰 40元

recommend
夏季限定メニュ
ー。レトロなかき
氷機で削る氷はシ
ャリシャリとした
食感が楽しめる！

No.2

No.6

recommend
小ぶりの肉まんは
肉あんがたっぷり
で満足度高。小腹
がすいたときのお
やつにぴったり♪

No.7

プルプルの愛玉や
仙草、粉粿などの
上に、シャリシャ
リの氷が。甘さは
控え目

プリッと
した食感♪

第二市場で50年
以上、店を構え
る老舗肉まん店。
餛飩湯（ワンタ
ンスープ）もお
すすめ

recommend
肉そぼろをかけた
卵入り麺＆手作り
のすり身ボール入
りスープ。うまう
まです～♪

台湾のテレビや雑誌でも数多
く紹介されている有名店。創
業以来伝統の味を守っている

顔記肉包
ロウパオ
肉包 40元

阿棋三代福州意麵老店
フージョウガンイーミェン
福州乾意麵＋
ソンホーユーワンタン
綜合魚丸湯 80元

第二市場 SHOP LIST

No.1 李海魯肉飯
リーハイルーロウファン
☎04-2226-0180
⏰16:00～翌3:00

No.2 阿棋三代福州意麵老店
アーチーサンダイフージョウイーミエンラォディエン
☎04-2220-4335
⏰6:30～18:30

No.3 老王菜頭粿
ラオワンツァイトウグイ
☎04-2224-2318
⏰6:30～18:00

No.4 阿嬤の相思麵店
アマーエンアンスーミエンディエン
☎04-2222-6621
⏰7:00～18:00　休木

✉ 朝ごはんを求めて9時頃「第二市場」に到着。すごい活気で楽しい！正直どこで食べても正解！（岩手県・さゆり）

第二市場
ディアーシーチャン

もつ第二市場で
を食べ歩き

一カルメニューを味わえるスポットとして
プチプラ☆グルメを食べ歩いちゃお!

第二市場とは?

歴史を感じるね!

日本統治時代の1917年に「新富町市場」として建てられた。台中に現存する市場のなかで最も歴史がある伝統市場。1946年には場内に武徳宮が建立され、市場に店を構える人たちの信仰を集めている。

0　200m

Map 別冊P.18-B3
台中

🏠台中市中区三民路二段87號。❻月曜休店が多い。旧正月は休業が多数 🚇台鐡「台中」車站より徒歩約15分。またはバス300〜309で「第二市場」下車すぐ

場内MAP

台灣大道一段

三民路

出入口

武徳宮

中山路

案内板

吉鋒愛玉
アイフォンイミュ

No.9

愛玉檸檬 (小)30元
アイユイニンモン

recommend
デザートとしておすすめのスイーツ愛玉。阿里山(→P.48)の愛玉を使用

さわやかでぷるぷる〜

レモンは屏東産を使用。さっぱりとした愛玉のほかにも、フレッシュジュースも提供

ワンタンや水餃、魚丸(魚ボール)など、店の人気メニューを入れたスープ。肉丸とともに味わってみたい

recommend
魚ボールやワンタンなど具材充実のスープは、だしが効いたさっぱりテイスト

---

recommend
ローカルグルメと相性のよいすっきりした飲み口の紅茶。アツアツの麺とも相性◎

老賴茶棧
ラオライホンチャー

老賴茶棧

老賴紅茶 30元
ラオライホンチャー

No.5

台湾中部南投縣の茶葉を使ってオリジナルの手法で入れた紅茶各種を提供している

茂川肉丸
ノンホーリン

No.8

綜合湯 40元
ソンホータン

肉丸 45元
ロウワン

recommend
作りたてのアツアツ。揚げているのにそれほど油っぽくはない。中の具材は豚肉など

肉丸=肉圓。プルプル、モチモチっとした食感が特徴。台湾人に愛されている小吃のひとつ

No.3

もちもち食感です〜

老王菜頭粿
ツァイトウグイミーチャン

菜頭粿+米腸 60元
ツァイトウグイ

recommend
菜頭粿=蘿蔔糕(大根餅)と米腸=豚の大腸に味付けした餅米を詰めた料理。ボリューミー!

大根、干しエビなどと上新粉を練り、蒸して焼いた菜頭粿が人気の店。お客がひっきりなし

まだある! 嵐肉燥専賣店→P.150
No.10

老賴茶棧
ラオライチャーザン
No.5

☎04-2229-0898
🕐6:40〜17:30

顔記肉包
イエンジーロウバオ
No.6

☎04-2225-3234
🕐8:00〜17:00

承記米苔目
チェンジーミータイムー
No.7

☎04-2223-6099
🕐7:30〜13:30

茂川肉丸
モーチュアンロウワン
No.8

☎04-2227-7477
🕐11:00〜16:00

吉鋒愛玉
ジーフォンアイユイ
No.9

☎04-2225-3001
🕐9:00〜17:00

「李海魯肉飯」では、好みの総菜とご飯を詰めた弁当も注文できる。ひとり旅なら、ココで弁当を調達してホテルで食べるのもおすすめ。

☆夜市MAP

広いから
迷わないで！

☆逢甲 檸檬紅茶

Feng Jia
Night Market

フォンジアイエシー
逢甲夜市

台中最大規模を誇る夜市。逢甲大學前の商店街としてスタートした夜市で、店舗スタイルの固定式屋台が多い。ユニークなニューウエイブ系小吃を発見。

Map 別冊P.18-B1外 台中

🏠台中市西屯區福星路～文華路～逢甲路に囲まれたエリア ❿台鐵「台中」車站よりバス8、25、35、45で所要40分～60分。🚏「逢甲大學」下車、徒歩約3分

牛B葫蘆王
ツァオメイミージェン
草莓蜜餞 120元

新鮮果物に
飴の甘さと
食感が◎

イチゴなどの果物に薄く飴をかけたおやつ。草莓蜜餞はイチゴとプチトマトのミックス

雙料雞腿王
チャオパイホアンジンヨウトゥイ
招牌黃金右腿 100元

これは
本格的な
イタリアン

甘いのに
超さわやか！

逢甲 檸檬紅茶
ドンニンチャー
凍檸茶 60元

生搾りレモンをたっぷり入れたアイスレモンティー。ほかの屋台でも見かける人気ドリンク

鶏もも肉にチーズをのせて焼いたグリル。屋台料理とは思えない高レベル！

ふんわり食感。
幸せに
なる味～

明倫蛋餅
ダンビン
蛋餅 50元

1978年創業。ネギと卵を巻いたクレープ状の粉もの、蛋餅が大人気。毎晩大行列の人気屋台

逢甲 &
人気夜市で
行列小吃を

台湾のナイトエンターテインメントといえば逢甲夜市と一中街夜市にarucoが潜入。

逢甲夜市『明倫蛋餅』の生地のふわふわ感に衝撃！目の前でどんどん焼かれてあっという間に自分の番に。（北海道・おそば）

一中街 見つけた チェック!!

夜市。台中の2大にぎやか夜市、
行列屋台をチェックしました♪

夜市MAP

一中豪大雞排 ★
鳥蛋達人 ★ 阿月紅茶冰
阿月紅茶冰 ★

YiZhONG ST. Night Market

一中街夜市
イーヂョンジエイエシー

大学と予備校が集中する学生街にあり、
小吃だけでなく、プチプラショッピングも
楽しめる夜市。昼間も営業している屋台
が多いので、明るいうちに出かけてもOK。

Map 別冊P.18-B3 台中

☗ 台中市北区一中街
◎ 台鐵「台中」車站よりバス6、8、9、14などで
「國立台中科技大學」下車、徒歩約3分

甘酸っぱい
ドリンクで
さっぱり♪

日船章魚小丸子連鎖店
チャンユイシアオワンヅ
章魚小丸子 55元

外側は
カリカリ
マヨも台湾味

揚げタコ焼きといった感じ。
マヨ+鰹節の「原味」と台
湾わさびソースの2種

サツマイモ
ポテトはほの甘♪

一中街で人気No.1
のから揚げの店。
注文を受けて2度
揚げするチキンや
ポテトがうまうま

一中豪大雞排
イエンスージー
鹽酥雞 (小) 60元 (上)
ガンメイディーグア
甘梅地瓜 (小) 40元 (下)

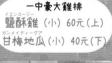

阿月紅茶冰
バイシアンドンニンチャー
百香凍檸茶 55元

南投縣産アッサム種紅茶を使用。
パッションフルーツ入りの百香凍
檸茶はさわやか。複数店舗あり

鳥蛋達人
ニアオダン
鳥蛋 35元

そのままでも
お好みで
調味しても♪

ウズラの卵をタコ焼き用鉄板に落とし
て焼くだけの超シンプルな小吃。ふわ
ふわ不思議な食感。ソースは数種あり

一中街には学生向けの店がずらりで廉価な服や靴、雑貨なども。週末の夕方はファミリーも多くテーマパークのようなにぎわい。

茶藝館発祥の地 台中ならでは！ ぜいたく空間で優雅な時間

台中は、台湾茶藝文化発祥の地。
しっとり落ち着いた空間で
香り高いお茶をいただける
台中ならではの茶藝館へご案内♪

静かな和室で
お茶をたしなむ
大人な時間を
楽しんで

功夫泡茶は茶葉により390元～＋茶水費１名100元。お茶請けには伝統的な宮廷菓子各種を

広大な敷地に東屋風の部屋など落ち着ける空間が配されている。贅沢な時間が過ごせる

コイが泳ぐ池をぐるりと囲むように茶室があり、にぎやかさとは無縁

Lunch menu

筍干扣肉（豚の角煮）380元。食事セットは11:00～21:00の提供

フードメニューが充実

耕讀園書香茶坊

ゲンドゥーユエンシューシアンチャーファン

コイが泳ぐ池を眺めながらお茶や食事が楽しめる。お茶請けのお菓子や点心をはじめ、定食スタイルのセット、麺や火鍋まで食事メニューが豊富。22時まで営業しているので、夕食や夜お茶も楽しめる。

Map 別冊P.18-A1 台中

台中市西屯區市政路109號 ☎04-2251-8388 10:00～22:00 [休]不定休 [料]150元～、10% [日] [Card]J.M.V. [席]75 少し [交]台鐵「台中」車站よりバス60、75で「第六分局（惠來路）」下車、徒歩約4分

公益路と大墩路の交差点にあり、鳥居のような門が目印。中には池がありコイが泳ぐ

幸せなお茶時間を満喫

無為草堂人文茶館

ウーウェイツァオタンレンウェンチャーグアン

400坪の敷地にゆったりと木造家屋が配された茶藝館。中国スタイルと日本的なものが融合し、落ち着ける。お茶請けの點心（70～100元）はバラエティ豊か。夏は、冷たい蜂蜜檸檬茶（120元）がおすすめ。

Map 別冊P.18-B1 台中

台中市南屯區公益路二段106號 ☎04-2329-6707 10:30～21:30 [休]旧暦大晦日 [料]200元～、サ10% [Card]J.M.V. [席]120 [日] 少し [交]台鐵「台中」車站よりバス107、27、60で「公益大墩路口」下車、徒歩約3分 [URL]www.wuwei.com.tw

Lunch menu

無為精緻套餐は11:30～14:00、17:30～21:00の提供。五穀米の付く和定食風（8種320～400元）

1. お茶の淹れ方はスタッフに教えてもらおう　2. 乳酪一口酥、芝麻酥など點心各90元

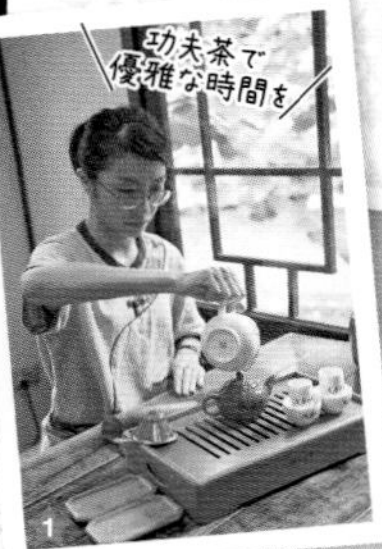
功夫茶で
優雅な時間を

1

しっとりと
落ち着いた時間を
台湾茶とともに
過ごせます

2

「無為草堂人文茶館」でランチをした。中華が続いていたので和風定食がうれしかった。（埼玉県・りん）

古い家屋が
過ごしてきた
日々に思いを
巡らせて

農業試験所に勤める日本人博士の住宅だった家屋。1999年の大震災でも無傷だった

1. ゆったりした空間でおいしいお茶を楽しめる　2. 小雅高山烏龍460元　3. 珍舊普洱680元　4. 嵐韻高山烏龍420元

和室でのんびり♪

日本家屋のティーサロン

悲歡歳月人文茶館

ベイホアンスイユエレンウェンチャーグァン

日本統治時代の1924年築の日本家屋をオーナーの吳浩欽さんの父親が購入し、1988年に茶藝館としてオープン。

[Map] 別冊P.18-B2 台中

🏠台中市西區大全街29號　☎04-2371-1984
🕘11:00～18:00（金・土は～21:00）[休]旧正月3日間
[料]420元～　[Card]A.J.M.V.　[席]25　[日]　((日▶少し
[交]台鐵「台中」車站よりバス51、71で📍「林森路三民路口」下車、徒歩約2分　[URL]www.laughtea.com.tw

上質のアッサム
紅茶とタピオカが
奏でるハーモニー
味わって

タピオカミルクティーの元祖

春水堂人文茶館 大墩店

チュンシュイタンレンウェンチャーグァン　ダードゥンディエン

1983年開業。今では、日本に14店を展開。春水堂は、珍珠奶茶(タピオカミルクティー)を1987年に考案した元祖として知られる。

[Map] 別冊P.18-A1 台中

🏠台中市西區大墩19街9號　☎04-2327-3647
🕘8:30～22:00(金・土は～22:30)　[休]無休　[料]85元～、イートインは+サ10%　[Card]A.J.M.V.　[席]200　[日]　((日▶少し　[交]台鐵「台中」車站よりバス304、305などで📍「忠明國小」下車、徒歩約8分　[URL]chunshuitang.com.tw

1. 頂級烏瓦紅茶凍飲（S）75元（左）、珍珠奶茶（小）90元（右）　2. おしゃれな店が並ぶ精明一街にある。春水堂でお粥の朝食を提供しているのはこの店だけ

レッスン
受けてみて

季節ごとの
香り高い
お茶を♪

ゆるりとお茶時間

秋山堂

チォウシャンタン

美術館併設のティーサロン。中庭の緑を眺めつつ台湾茶が楽しめる。こだわり抜いたお茶を丁寧にいただく時間は至極。

[Map] 別冊P.18-B2 台中

🏠台中市西區五權西路一段2號　國立台湾美術館B1
☎04-2376-3137　🕘11:00～22:00（木は～21:00）[休]金・土　[料]140元～、サ10%　[Card]J.M.V.　[席]60　((日▶少し　[交]台鐵「台中」車站よりバス71、75などで📍「美術館」下車すぐ　[URL]www.facebook.com/chioushantangtea

「珍珠奶茶」発祥の春水堂で体験レッスン♪

オリジナルの紅茶ドリンクを提供している春水堂がそのレシピを伝授する体験レッスンを開催。自宅で再現できるシェイカーのおみやげ付き。

2種のお茶を学ぶ

泡沫紅茶と珍珠奶茶の作り方を学ぶ。中国語だが見よう見まねで

シェイクがポイント！

先生を見習ってシェイク！先生のように上手には振れないが楽しい

体験レッスン『珍奶DIY手摇體驗』

所要約1時間。月～金（祝日以外）開催。午前の部：10:00～、午後の部：15:00～/ 17:00～。2～30名で要予約。受講料：2名参加で1名595元（利用日 6日前までのキャンセル無料）。日本語予約サイト [URL] www.kkday.com/ja/product/143161

修了証書と
記念品♪
DIY
手摇體驗

「春水堂」は、ドリンクメニュー以外に定食や牛肉麺、麺類など、フードメニューも大充実。ひとりご飯もOK。

故宮南院で注目！ 阿里山の玄関口

嘉義（シアイー） Chiayi

阿里山林業鉄道の起点で、「故宮南院」や日本統治時代の嘉義を舞台にした映画「KANO」のヒットのほか、最近は若者の移住先として脚光を浴びている嘉義をご案内♪

嘉義へのアクセス

台北より高鐵で高鐵「嘉義」站（所要1時間27分〜、1080元〜）下車。台鐵「嘉義」車站までは嘉義客運BRT（7212）で「台鐵嘉義站後站」下車（所要約30分、48元。高鐵チケットあれば無料）。台中より台鐵（自強號）で台鐵「嘉義」車站下車（所要約80分、224元）

Map 別冊P.2-A2

歴史を感じるね

嘉義でやりたい4つのこと

1. 話題の故宮南院を見学
2. 名物「雞肉飯」を絶対食べる
3. 必見スポットを巡る
4. 地元民おすすめグルメを食べ歩く

旧菸酒公賣局嘉義分局が「嘉義市美術館」としてリニューアル。嘉義車站前にある。

1 話題の故宮南院を見学

©台湾観光協会

アジア芸術がテーマ

國立故宮博物院南部院區

グオリーグーゴンボーウーユエンナンブーユエンチュィー

嘉義市の西、太保市に2016年オープン。台北の故宮博物院（→P.130）の分院。台北の収蔵品も定期的に展示、公式サイトで要チェック。

Map 別冊P.2-A2 嘉義

⌂嘉義縣太保市故宮大道888號 ☎05-362-0777 🕘9:00〜17:00、土・日・祝〜18:00（景観区5:00〜24:00） [休]月 [料]入館料150元 [交]高鐵「嘉義」站よりシャトルバス・路線バス（嘉義客運7212、7235、台湾好行故宮南院線<嘉義縣公車106>など）で📍「故宮南院」下車 [URL]south.npm.gov.tw ※無料参観日：1月1日、旧暦1月15日、5月18日、9月27日、10月10日、10月17日

2 名物「雞肉飯」を絶対食べる

地元の人の必食雞肉飯

劉里長雞肉飯

リウリーチャンジーロウファン

鶏肉とは食感も栄養価も違う火雞（七面鳥）を使う嘉義の雞肉飯。どこよりもおいしいと大人気。

Map 別冊P.19-D1 嘉義

⌂嘉義市東區公明路197號 ☎05-222-7669 🕘7:30〜14:30、16:30〜19:00 [休]月 [料]10〜 [Card]不可 [席]30 [交]台鐵「嘉義」車站よりタクシーで約5分

1. 必食の火雞肉片飯（55元） 2. 外観 3. 七面鳥の足のスープ、骨仔肉湯（40元）。すぐに売り切れる人気スープ 4. オスのモモと胸肉を、スープと揚げ赤タマネギで煮込んだこだわりの味

七面鳥は低カロリー

ぜひご賞味あれ

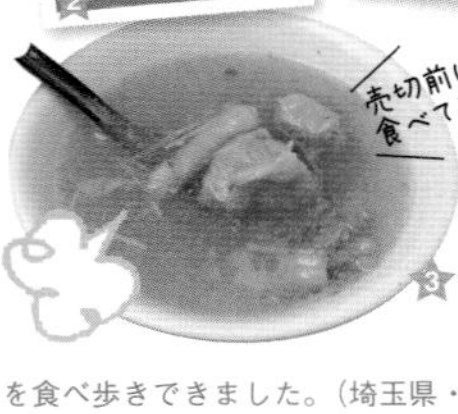

売切前に食べてみて

「文化路夜市」で繁盛店を狙って夜ごはんを満喫。雞肉飯などの名物を食べ歩きできました。（埼玉県・しげぴ）

故宮南院オープンで注目！阿里山の玄関口 嘉義

3 必見スポットを巡る

台湾マジョルカタイルの私設博物館
台灣花磚博物館
タイワンホアヂュアンボーウーグアン

話題のスポット

100年以上前の個人宅や廟の屋根や壁などに使われたマジョルカタイル。美しいタイルを収集して展示する小さな博物館。

Map 別冊P.19-C1 嘉義

🏠嘉義市西區林森西路282號 ☎0905-012-390 ⊙10:00～17:30 休火 入館料100元 Card不可 交台鐵「嘉義」駅より徒歩10分 URLwww.1920t.com

1. 古い家屋と合う複製マジョルカタイル 2. 台湾に残るタイルを収集、5000枚以上ある中から1000枚ほどを展示 3. マジョルカタイルの多くは日本製 4. 台湾伝統美の保存を語る徐嘉彬館長

立体美と色彩の鑑賞を

再現された「檜の町」
檜意森活村
ホイイーセンフオツゥン

1914年創建の和式宿舎など28棟の檜建築を集めた公園。檜建築をカフェや雑貨店、展示スペースとして利用。

Map 別冊P.19-D1 嘉義

🏠嘉義市東區林森東路1號 ☎05-276-1601 ⊙10:00～18:00 休無休（展示館のみ） 料無料 交台鐵「嘉義」駅よりタクシーで約7分 URLwww.hinokivillage.com.tw

プチお散歩

嘉義のランドマーク

嘉義の歴史が満載
嘉義公園
ジアイーゴンユエン

公園でのんびり

1910年開設の野球場・植物園が現在の嘉義公園に。神社跡に狛犬なども残されており、撮影場所として人気。

Map 別冊P.19-D1 嘉義

🏠嘉義市東區啟明路264號 ☎05-274-4019 ⊙公園：24時間、射日塔（9:00～17:00、土・日～21:00）、史蹟資料館：9:00～17:00 休射日塔：月・火、史蹟資料館：月 料射日塔入場料50元 交台鐵「嘉義」駅よりタクシーで約15分

市営球場もあるよ

KANO

1. 射日塔展望台からの眺望 2. 映画「KANO」のグッズがあちこちに 3. 高さ64mの射日塔。外観は阿里山の神木から着想 4. かつての嘉義神社が史蹟資料館に

日本統治時代の檜造りの監獄跡
獄政博物館
ユィヂョンボーウーグアン

体験OK

前身は嘉義監獄で1920年創建。1日4回のボランティアによる無料ツアー（中国語。要事前予約）で見学可能。

Map 別冊P.19-D1 嘉義

🏠嘉義市東區維新路140號 ☎05-362-1873 ⊙ガイド付き参観時間 10:00、11:00、14:00、15:00（各30分前に集合） 休月、旧正月、清明節、端午節などの祭日 料無料 交台鐵「嘉義」駅よりタクシーで約10分 URLprisonmuseum.moj.gov.tw

往時の様子や展示品が見学できる

逃げられないよ!?

4 地元民おすすめグルメを食べ歩く

嘉義に来たら寄ってね♪

なごみのカフェ

地元で愛されるほっこりカフェ
MIMICO café
秘密客咖啡館
ミーミークーカーフェイグアン

嘉義出身の同級生同士が開いたカフェ。家庭の味をプラスしたオリジナルメニューが自慢。

1. エスプレッソをアズキにかけて食べる咖啡牛奶170元（手前） 2. 自家製唐辛子ペーストのサンド140元（手前）

Map 別冊P.19-C1 嘉義

🏠嘉義市東區興中街200號 ☎05-275-5866 ⊙12:00～19:30、土10:00～18:00 休水・木（不定休） 料120元～ Card不可 席35 交台鐵「嘉義」駅より徒歩約17分 URLwww.facebook.com/mimicocafe

味が評判の食堂
阿肥肥二通食堂
アーフェイフェイアルトンシータン

嘉義出身の夫婦が営む食堂。仕入れから調理までこなす阿肥肥さんの味は地元でも好評。

Map 別冊P.19-C1 嘉義

🏠嘉義市東區中正路556號 ☎05-227-8809 ⊙11:00～14:30、17:00～20:30 休月・水 料170元～ Card不可 席38 交台鐵「嘉義」駅より徒歩約8分 URLwww.facebook.com/love052278809

定食が人気

自家製パイナップルジャム入り蒸し魚定食「鳳梨醬清蒸魚肚」250元。定食メニューは変更あり

七彩噴水池が目印
文化路夜市
ウェンホアルーイエシー

噴水池の銅像は甲子園出場の投手、呉明捷。夜市の起点でもある。

Map 別冊P.19-C1～D1 嘉義

🏠嘉義市文化路沿い

噴水にいるよ

夜市ならココ

中山路と文化路の交差点

嘉義のタクシー初乗り料金は100元。嘉義での移動に便利に使って上手に観光しよう。

台中のホテル
Hotels in Taichung

女子ゴコロをわしづかみにするスポットがたくさんある
台中だからゆっくりステイして楽しみ尽くそう。
arucoセレクトのお値打ちホテルをご案内♪

歓迎来
台中♪

台中駅前！ シンプルおしゃれな安らぎ

路得行旅 台中館
ルーダシンリュー タイチョングァン
Norden Ruder

2019年オープン。大きな窓から入る光と景色が気持ちよく、ゆったりと椅子やソファが配された共有エリアは居心地抜群。部屋は家屋、共有エリアは中庭、それらをつなぐ廊下は小径と、全体を台湾の古い町に見立てた造りも楽しい。

Map 別冊P.18-B3 台中

🏠台中市中區建國路123號12F　📞04-2225-9951
🛏W・T1480元〜（朝食付き）　💳J.M.V.　🚉台鐵「台中」車站より徒歩約3分　🛏64　🏠路得行旅台東館
🏠台東市廣東路162號　🔗taichung.nordenruder.com

1. 台中車站を上から一望する超レアなロケーション！　2. 部屋はシンプル。ドミトリーもある　3. 台中の見どころマップも掲示　4. ゆるかわいいオリジナルルートートバッグ120元　5. 廊下にもソファや椅子が並ぶ

6. 開放感あるダイニング　7. 洗濯機と乾燥機も完備　8. 旅の記憶のシェアノート　9. 朝食は近隣店とコラボ。券持参で定額で利用可能

台中車站を一望！

駅前でアクセス便利

心地よい共有スペース

本と音楽とカクテルと。モダンなこだわりホテル

悦樂旅店 台中館
ユエラーリューディエン タイチョングァン
OLAH Poshtel

レトロデザインが美しいホテル。中央書局（→P.37）、アジアのベストバー50選出のIndulgeとその傘下Liquid Artなど名店とのコラボにも注目。

Map 別冊P.18-B3 台中

🏠台中市中區中山路55號　📞04-2221-7668
🛏W2250元〜（朝食付き）　💳J.M.V.　🚉台鐵「台中」車站より徒歩約5分　🛏41　🔗www.olah.com.tw/Taichung-Zhongshan/tw

アールデコなすてき空間

名店コラボのこだわりサービス

1,2. カフェなどのスペースもスタイリッシュ
3. 個性あふれるデザインの月亮房（4人部屋）

居心地も映えも◎！

信頼感あるロイヤルグループホテル

台中大毅老爺行旅
タイチョンダーイーラオイエシンリュー
the place taichung

緑豊かですてきなショップが並ぶ草悟道や國立台湾美術館（→P.105）近くという抜群の立地。ホテル自体もアーティスティックでギャラリーのよう。カルチャーな旅を満喫できる。

Map 別冊P.18-B2 台中

🏠台中市西區英才路601號　📞04-2376-6732
🛏W3000元〜（朝食付き）、サ10%　💳J.M.V.　🚉台鐵「台中」車站よりバス51で「大墩文化中心（英才路）」下車、徒歩約1分またはタクシーで約10分　🛏170　🔗www.hotelroyal.com.tw/zh-tw/taichung

1. 菱形の出窓が個性的なダブルルーム
2. ロビー。ホテル中にアートが点在する
3. 台湾食材を使った本格イタリアンを供するレストランも

おしゃれエリア
草悟道すぐ！

アートいっぱいまるで美術館

東台湾の
美景がいっぱい！

花蓮
& 太魯閣峽谷と東部の町

大自然の魅力がぎっしり詰まった台湾東部。
まずはゲートウェイの花蓮で、名物ワンタン＆アツアツ小籠包に舌鼓♪
壮大な渓谷美に息をのむ太魯閣峽谷で、連続する絶景を楽しんで。
駅近でアクセス便利な礁溪の温泉に入れば、旅の疲れも吹き飛んじゃう！

花蓮へのアクセス
台北車站より台鐵太魯閣・普悠瑪號で約2時間、台鐵自強號で
約3時間。高雄車站より台鐵自強號で約4時間～
高雄より飛行機で約65分

太魯閣峽谷へのアクセス
花蓮バスターミナルから高速バスで
約1時間30分～

115

花蓮と宜蘭を結ぶ海岸沿いの蘇花公路

太魯閣峡谷の玄関口
東部最大の町・花蓮で
おさんぽ&食べ歩き

太平洋に面したダイナミックな海岸と太魯閣峡谷といった大自然が同居する花蓮。台北から鉄道で約2時間、台湾屈指の絶景とグルメ&おみやげ探しに出かけてみない?

1 公正包子店
朝食は蒸したて包子をパクリ　**9:00**
ゴンヂョンバオヅディエン

蒸したての小籠包(包子)はほんのり甘くて、ハッピー気分で1日をスタートできる。

詳細は→P.152

2階テラスからの太平洋の眺望も最高!

9:30

2 松園別館
旧日本軍の指令所跡
ソンユエンビエグァン

1942年創建。現在はアートスペースやカフェスペースとして開放。園内の立派なリュウキュウマツも有名。

Map 別冊P.20-A1　花蓮

🏠花蓮市松園街65號
☎03-835-6510 ●9:00～18:00 ⊛毎月第2火曜、旧正月 **Card**不可 ⊕入場料60元 ⊛台鐵「花蓮」車站よりタクシーで約15分 **URL**pine garden.com.tw

3 液香扁食店
小腹がすいたらワンタンをツルリ　**10:30**
イーシアンビエンシー

あんは豚肉だけのワンタンを、揚げ紅タマネギとセロリがアクセントのスープ仕立てで食べる。メニューはワンタンのみ。売切次第閉店だからお早めに。

Map 別冊P.20-A1　花蓮

ワンタンを花蓮名物にした立役者!

🏠花蓮市信義路42號
☎03-832-6761 ●9:30～13:30 ⊛日、旧正月 ⊕75元～ **Card**不可 ⊛100 ⊛台鐵「花蓮」車站よりタクシーで約10分

花蓮おさんぽ
TOTAL 11時間

TIME TABLE

9:00 公正包子店
↓タクシー10分
9:30 松園別館
↓タクシー10分
10:30 液香扁食店
↓タクシー5分
12:00 水餃控
↓徒歩約13分
13:30 又一村文創園區
↓徒歩約7分
14:30 驀然五十
↓徒歩約6分
15:30 慶和布莊
↓徒歩約12分
18:00 萬寶家食堂
↓徒歩約5分
19:30 東大門夜市

✉「老牌炸蛋蔥油餅(藍色車)」 **Map** 別冊P.20-A1 の炸蛋蔥油餅は、フライドエッグ入りの揚げた蔥油餅(45元)。揚げたてでおいしかった。(茨城県・杉)

4 カラフル&ヘルシーな水餃子
水餃控 12:00
シュウイジアオコン

空芯菜やピンクドラゴンフルーツを練り込んで色付けした皮の水餃子。キャベツやニラを使ったあんでヘルシーに食べられる。

Map 別冊P.20-A1 花蓮

🏠花蓮市林森路270號 ☎03-853-5256 ⏰10:30～13:30、17:00～20:00 🗓月・火 💰40元～ **Card**不可 🅿40 🚉台鐵「花蓮」車站よりタクシーで約5分 **URL**970dumpling.com

1. スープ付きの単人全享套餐 150元
2. 汁なし麺「潘媽媽肉燥乾麵」40元もおすすめ

ツルっと食べてね～

5 新たなリノベーションエリア 13:30
ヌー村文創園區
ヨウイーツゥンウェンチュアンユエンチュイ

菸酒公賣局の宿舎をリノベーション、小さな飲食店や雑貨店が集まる新しい観光スポット。週末はフリマやイベント開催も (→P.155)。

Map 別冊P.20-A1 花蓮

🏠花蓮市國風里仁愛街104巷2號 ⏰10:00～21:00（店舗により異なる）🗓水 🚉台鐵「花蓮」車站よりタクシーで約8分 **URL**youyitsun.com

6 手作りアイスでクールダウン
慕然五十 14:30
ムーランウーシー

旬のフルーツや地元の農産物の味をしっかり感じられる手作りアイスクリーム。季節によってメニューが変わる。

Map 別冊P.20-A1 花蓮

🏠花蓮市節約街23號 ☎03-833-0603 ⏰13:30～21:00 🗓水 🅿50元 **Card**不可 🅿12 🚉台鐵「花蓮」車站よりタクシーで約8分

1. ピーナッツとピスタチオ（1種50元、ピスタチオ60元）2 夏はマンゴーも。コーン（10元）もある

赤と黒はアミ族が多用する色だよ

7 原住民伝統柄の布やリボンが揃う
慶和布莊 15:30
チンホーブーヂュアン

花蓮に居住する台湾原住民、アミ族やタロコ族の伝統柄の布地を扱うのはここだけ。1碼（1ヤード、91.44センチ）単位で購入可能。

Map 別冊P.20-A1 花蓮

🏠花蓮市中華路111-1號 ☎03-832-6452 ⏰9:00～20:30 🗓不定休 **Card**J.M.V. 🚉台鐵「花蓮」車站よりタクシーで約9分

1. 色使いや柄、素材によって1碼300元前後から
2. 店主の陳さんとは筆談で
3. チロリアンテープも充実

地図

台鐵花蓮車站

→P.152

老牌炸蛋蔥油餅（藍色車）

中山路

周家蒸餃小籠包

美崙溪

2

和平路

4

將軍府

文旦復興 →P.159

中華路

5 6

花崗山綜合田徑場

3

光復路 中正路

1

9 8

花蓮文創園區

市集 →P.155

太平洋公園

8 地産地消が人気の食堂 18:00
萬寶家食堂
ワンバオジアシータン

祖父の代から豚肉を使った干し肉（臘肉）を作り、食堂もオープン。自家製腸詰めや豚肉料理を提供する。

Map 別冊P.20-A1 花蓮

🏠花蓮市花崗街42巷2號 ☎03-833-0161 ⏰11:30～14:00、17:00～20:00 🗓水・不定休 💰120元～ **Card**不可 🅿20 🚉台鐵「花蓮」車站よりタクシーで約9分 **URL**www.facebook.com/wanbaocanteen

1. 馬告香腸（スパイスのマーガオ入り腸詰め）55元 2. 薬味漬け豚肉ソテーの定食「萬寶鹹豬肉套餐」233元

9 4つのエリアが集結したナイトマーケット 19:30
東大門夜市
ドンダーメンイエシー

花蓮に点在していた夜市を1ヵ所に集結。歩道が広いので歩きやすく、食べ歩きと買い物が楽しめる。

Map 別冊P.20-A1 花蓮

🏠花蓮市中山路50號 ⏰18:00頃～23:00頃 🗓店舗により異なる **Card**不可 🚉台鐵「花蓮」車站よりタクシーで約10分

何を食べようかなぁ～

花蓮市内の移動はタクシーが便利。無料レンタル自転車を置くホテルも多く、体力があれば自転車利用もOK。

迫力満点！ 雄大な絶景に圧倒
太魯閣峡谷の必見スポットへGO！

訪れた多くの人の印象に深く残る、台湾が誇る一大景勝地。
垂直に切り立つ断崖が続き、谷底を流れる川の色はターコイズブルー。
そんな太魯閣峡谷は感動間違いなしのヒーリングスポット！

Map 別冊P.2-B2

太魯閣峡谷へのアクセス

🚃台鐵「花蓮」車站より台湾好行バス310で「天祥」まで約75分（全長56.7km、平日6便、休日10便、一日乗車券250元、片道140元）。往路では「長春祠歩道」、復路では「布洛湾」と「砂卡礑」の各バス停は通過。タクシーチャーターは花蓮⇔天祥の半日周遊2000元～（要交渉）が目安。
※2023年11月現在、道路状況により台湾好行バス310は花蓮車站～太魯閣遊客中心の折返し運転になることもある

水を含んだコケの鮮やかな色にも癒やされる

ココが必見！
侵食によってできた無数の穴が岩肌に！ ツバメの巣のように見える!?

息をのむ壮大な峡谷美
太魯閣峡谷
タイルーグーシアグー

必見！ポットホール！

硬質な大理石の岩盤を立霧渓が侵食してできた太魯閣峡谷。通行状況は天候によるため、最新情報は太魯閣國家公園入口のビジターセンター「太魯閣遊客中心」で確認を。トイレもここで済ませておこう。

Map 別冊P.21-C3～D3 太魯閣

🏠花蓮縣秀林郷富世村富世291號
☎03-862-1100 ⏰8:30～17:00 休第2月曜 🚃台鐵「新城（太魯閣）」車站よりタクシーで約10分、台湾好行バス（花蓮客運）🚏「太魯閣遊客中心」より徒歩すぐ
URL www.taroko.gov.tw

太魯閣ハイライトのひとつ
燕子口
イエンヅコウ

水の侵食による自然美は不思議な光景

いちばん人気のスポット。旧車道が歩道になっていて、暗い素掘りのトンネルを通る。峡谷が狭くなり、迫る岩壁は圧巻。

Map 別冊P.21-C3 太魯閣

🏠中横公路指標179km周辺 🚃台湾好行バス（花蓮客運）🚏「燕子口」より徒歩すぐ

©台湾観光局/台湾観光協会

✉「太魯閣峡谷」にツアーで行った時、ヘルメットを渡されてヘルメットをかぶって「燕子口」を歩いた。（静岡県・淳）

START!

ゲートから天祥まで約18km

ココが必見！祠の下から勢いよく流れ出る湧き水

山水画のような景色
長春祠
チャンチュンツー

東西横貫公路ゲートから約2.3km。トンネル工事の殉職者を祀っている。また、祠から山頂まで全長約1.4kmの歩道もある。

Map 別冊P.21-D3　太魯閣

中横公路指標185km周辺 台湾好行バス（花蓮客運）「長春隧道西口」（天祥行き）より徒歩約10分、「長春祠」（花蓮行き）より徒歩約5分　※2023年11月現在、禪光寺吊橋から鐘楼まで通行可

太魯閣峡谷の旅はここが起点
東西横貫公路牌坊
ドンシーホンアンゴンルーパイファン

中華スタイルの屋根が目印。太魯閣観光のスタート地点で、通過後右折すると太魯閣遊客中心がある。

全長4.1kmの遊歩道
砂卡礑步道
シャーカダンブーダオ

寄りみちスポット

太魯閣遊客中心から砂卡礑トンネルを抜けると歩道の入口がある。

Map 別冊P.21-D3　太魯閣

中横公路指標175.7km周辺 台湾好行バス（花蓮客運）「砂卡礑」（天祥行き）より徒歩約1分、「長春祠歩道」（花蓮行き）より徒歩約15分　※2023年11月現在、部分開放。最新情報は URL www.taroko.gov.tw

ココが必見！太魯閣の岩生植物や地質構造をチェック

こんな車道を通る！

ヘルメット無料レンタルサービス：太魯閣遊客中心で専用用紙に必要事項を記入して借りる。貸出8:30～15:00、返却8:30～17:00。ほか、布洛湾管理站や天祥管理站などでもレンタルあり。

ココが必見！大理石の中を流れる水の色

素掘りの連続カーブが圧巻
九曲洞
ジョウチュートン

ココが必見！ゴツゴツの岩肌と連なるカーブの遊歩道

太魯閣峡谷の必見スポットだが危険も多く閉鎖されることもある。全長約2kmの遊歩道で、迫りくる岩壁と素掘りのトンネルがみごと。

Map 別冊P.21-C3　太魯閣

中横公路指標175.7km周辺 台湾好行バス（花蓮客運）「九曲洞」より徒歩すぐ　※2023年11月現在、全長700m地点まで開放

保護柵は大理石製
慈母橋
ツームーチアオ

ココが必見！カエルに見える岩

白い大理石と赤い主塔のコントラストが美しい。橋の手前から眺めると王冠を載せたカエルに見える岩も有名。

Map 別冊P.21-C3　太魯閣

中横公路指標173km周辺 台湾好行バス（花蓮客運）「合流露營區」より徒歩約9分

太魯閣峡谷の終点にある集落
天祥
ティエンシアン

太魯閣峡谷観光の終点。コンビニやバスターミナルがある。天峰塔のある祥徳寺まで登ると眺望が楽しめる。

Map 別冊P.21-C3　太魯閣

天祥遊憩區 台湾好行バス（花蓮客運）「天祥」バスターミナルよりすぐ

GOAL!

太魯閣の高級リゾートホテル
太魯閣晶英酒店
Silks Place Taroko
タイルーグージンインジョウディエン

ホテルライフが満喫できる高級ホテル。週末にはヨガや音楽会など開催される。

Map 別冊P.21-C3　太魯閣

花蓮縣秀林鄉天祥路18號 03-869-1155 11000元～ Card A.D.J.M.V. 少し 160 台鐵「花蓮」車站よりタクシーで約50分、台湾好行バス（花蓮客運）「天祥」バスターミナルより徒歩約2分 URL taroko.silksplace.com

地震や台風などの影響で落石が発生しやすい状態にある。必ず最新情報を確認し、遊歩道を歩く場合はヘルメット着用を。

アクセス便利な駅近の温泉リゾート

礁溪温泉

ジアオシーウェンチュエン

Jiaosi Hot Springs

礁溪温泉のお湯はアルカリ性で無色無臭。美肌効果が期待できる美人の湯。台湾では数少ないアクセス至便な温泉リゾートで、お手軽リフレッシュ！

ようこそ♪温泉街へ

町名表示版も温泉模様

礁溪でやりたい 3 つのこと

1. 無料の足湯でほっこり
2. 貸切での〜んびり温泉を満喫
3. 超ジューシー！名物・鶏の丸焼きにかぶりつく

礁溪へのアクセス

●台北轉運站（Map別冊P.4-B3）より葛瑪蘭汽車客運バス1915で所要約60分〜115元。または市府轉運站（Map別冊P.11-C2）より首都之星バス1572で96元。各バスは約20分間隔で運行

●台鐵「台北車站」より毎日多数発。所要約70分〜、自強・太魯閣・普悠瑪號199元。区間快速128元

Map 別冊P.2-B1

礁溪轉運站(礁溪バスターミナル)

台北から礁溪へのアクセスはバスが便利。台鐵「礁溪」車站からは徒歩約8分。

Map 別冊P.20-B2

礁溪を走る観光路線バス

宜蘭勤好行 112、113、131、191 URL e-land bus.tw ● 台湾好行バス礁溪線A線（1日5〜13本）、B線（1日3〜4本）URL www.taiwantrip.com.tw

1 無料の足湯でほっこり

無料の足湯が点在する礁溪。どんどん利用しちゃおう！

交通Advice

礁溪の移動はタクシーがおすすめ。駅前などで運転手と筆談で値段や条件を交渉してから乗車を。1日チャーター（4000元程度）、もしくは往機＆復路も相談してみて。また、施設やお店の人に頼んでタクシーを呼んでもらおう。初乗り120元。

タオル持参が便利♪

の〜んびりできる温泉公園

湯圍溝温泉公園

タンウェイゴウウェンチュエンゴンユエン

広い公共の足湯はいつでもにぎわう人気スポット。気軽に利用できるのが魅力。ドクターフィッシュ入りの足湯利用は80元。

Map 別冊P.20-B2　礁溪

● 礁溪郷德陽路99之11號 ● 03-987-4882 ● 24時間 ● 無休（ドクターフィッシュの足湯利用は80元） ● Card不可 ● 台鐵「礁溪」車站より徒歩約7分

1. 無料足湯エリアが拡張。湯温は熱めからぬるめまで。泉質は炭酸水素塩泉 2. 屋根付きの足湯。寒い時期は混雑する

礁溪にあるホテルで風呂付きの部屋をウェブから予約。存分に温泉を楽しみました。（兵庫県・星子）

2 貸切での〜んびり温泉を満喫

貸切風呂を便利に使えばリラックスした温泉タイムが楽しめる。

存分に温泉につかって♪

湯上がりにラムネを！

完全個室の貸切風呂

蔥澡 ツォンザオ

宿泊設備を持たない貸切風呂の専門施設。カフェも併設され、カジュアルに楽しめる。

[Map] 別冊P.20-B2 礁溪

⌂礁溪鄉礁溪路五段77號 ☎03-987-6929 🕘11:00〜23:00、土・日10:00〜23:30 [休]不定休 [料]700元(90分2名利用)〜、レンタルバスタオル1枚50元 [Card]J.M.V. [予]予約がベター [室]8 [交]台鐵「礁溪」車站より徒歩約5分 [URL]hotspringonion.com

ポップな浴室も人気☆

1. オリジナルイラストの彈珠汽水（ラムネ）1本50元。軽食もある 2.「蔥鬱白湯」（平日90分1000元） 3. 休憩スペース完備 4.「河馬浴場」（平日90分1000元）。いずれも入浴の受付終了は閉店の90分前

まだある！礁溪名物

ブランドネギの台湾風パイ

星寶蔥達人 シンバオツォンダーレン

宜蘭のブランド葱「三星蔥」をたっぷり使った揚げパイ（65元）。甘みの強いネギにファンも多い。

[Map] 別冊P.20-B2 礁溪

⌂礁溪鄉礁溪路五段七號 ☎0918-070-678 🕘10:00〜20:00 [休]無休 [料]65元〜 [Card]不可 [席]8 [交]台鐵「礁溪」車站より徒歩約9分 [URL]www.facebook.com/Green.Onion.Man

小腹がすいたら手作り包子

鬍鬚包子店 フーシューバオヅディエン

詳細は→P.152

3 超ジューシー！名物・鶏の丸焼きにかぶりつく

土窯で焼きあげる鶏1羽を目当てに客足が絶えない有名店へGO！

焼き加減をチェックする窯焼き職人。次々に焼きあがる

スタッフが鶏を食べやすく分けてくれる

ジューシーな鶏肉よ！

鶏まるごと1羽を窯焼きに

甕窯雞 オンヤオジー

下味を付けた鶏1羽を、龍眼の薪を使って土窯で約40分かけて焼きあげる。スモーキーな味わい。

[Map] 別冊P.20-B2 礁溪

⌂礁溪鄉礁溪路七段7號 ☎0918-717-288 🕘9:00〜22:00 [休]尾牙（旧暦12月16日：2024年1月26日） [料]甕窯雞（1羽）750元、アラカルト190元〜 [Card]不可 [席]70テーブル [交]宜蘭勁好行バス131線「白石腳」下車、徒歩約1分 [URL]www.0918717288.com

宜蘭産三星葱炒め
礁溪産空芯菜炒め
晩香百合苞炒め
山翡翠(山菜)炒め

少人数でも鶏1羽単位の注文、残しても大丈夫。炒めものはひと皿190元〜。

裏aruco 取材スタッフの独断TALK

「私たちの密かなお気に入りはコレ！」

取材スタッフが取材中にGETした秘蔵グッズや 滞在中に発見したお気に入りフードなどを大公開！

台北

リーズナブル雑貨店の オリジナル猫グッズたち

学生街で見つけた雑貨店「GOOD OLD DAYS」。オリジナルの猫モチーフ雑貨がツボ。コップ59元とドリンクホルダー59元。お手頃価格でうれしい！（編集N）

GOOD OLD DAYS　グッドオールドデイズ

Map 別冊P.3-C3 台北

🏠台北市大安區師大路39巷8號　☎02-2368-0406　🕘13:30～23:00　[休]無休　[Card]M.V.　[交]MRT松山新店線「台電台樓」站3番出口より徒歩約7分　[URL]www.goodolddays.co

高雄

映えるだけじゃない！ 味もグッドなアイス

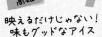

1963年創業のアイスクリーム販売店。レトロな店内で食べるサンデーやパフェはシンプルな味。バニラ、イチゴ、チョコの「雪人聖代」（平日135元）。（編集A）

シンプルで美味♪

百樂冰淇淋　バイラービンチリン

Map 別冊P.16-A1 高雄

🏠高雄市前金區市中一路225號　☎07-231-8823　🕘10:00～21:30　[休]無休　[Card]不可　[席]20　[交]MRT橘線「O4市議會（舊址）」站1番出口より徒歩約8分　[URL]www.facebook.com/100happyicecream

めちゃウマアレンジにドキュン！ かわいくて美味♪　しっとりスコーン

台中

手作りスコーンはしっとり。タロイモペーストとバターをたっぷり挟んだ芋泥奶油司康90元は甘さと塩気が絶妙。好きすぎた！（ライターT）

尷尬司康 ガンガースーカン

Map 別冊P.18-A2 台中

🏠第六市場（→P.38）　☎なし　🕘11:00～19:00（木～日のみの営業）　[休]月～水　[Card]不可　@embarrassing_scone

バナナ農家の郭です

止まらない！ バナナスナック

高雄

台湾のソウルスナック「乖乖」と、高雄・旗山産バナナのコラボスナック「米の乖乖 旗山香蕉型農」（40元前後）。甘しょっぱさにハマる。（ライターS）

春田氷亭 →P.91、スーパー

台中

しみしみ濃厚味にノンストップ警報 地元っ子おすすめの人気滷味店

一中街夜市ではココ！と教えてもらった滷味専門店。店内にはパック済み滷味がずらり。毛豆（枝豆）30元、豆干20元、ウマさに箸止まらず。（ライターT）

上和園滷味 シャンホーユェンルーウェイ

Map 別冊P. 18-B3 台中

🏠一中街夜市内（→P.109）　☎04-2223-0407　🕘8:00～22:00　[休]無休　[Card]不可　[URL]shanhoyan.com.tw

台南

セブンイレブンで 出合った台湾ソックス

台南の町を夜さんぽ中、涼みがてら偶然入った「セブンイレブン」で台湾製ソックスを衝動買い。赤い電鍋を刺繍したイエローと猫を刺繍したネイビー、各69元。コットン70%で肌触りもグッド。（編集N）

台湾製で品質も◎

セブンイレブン

パワフル
シティを満喫！

台北 & 台湾全土

超高層ビル台北101やおしゃれなショッピングセンターのすぐ近くに
昔ながらの屋台や麺の店。そんな意外性が楽しい台北は遊び方も多彩♪
台湾旅でハズせないグルメやショッピングは、台北だけでなく
中部や南部でも堪能できちゃう！　さぁ、欲張って楽しんじゃお！

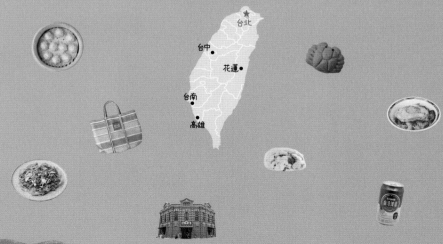

★
台北

台中

花蓮

台南

高雄

台北へのアクセス

「左營」站より高鐵（新幹線）で台北站まで1時間30分〜、高雄車站より台鐵自強號で
台北車站まで約3時間40分〜

123

台北市内観光をMRTで賢く攻略！
必見の王道スポット＆
人気の永康街をチェック♪

台北の観光スポット巡りにはMRTが大活躍。初めて台北を
訪れた人でも路線図を確認しながらMRTでGO！
ショッピング＆グルメも満喫できちゃう欲張りコース。

TOTAL 9時間

台北欲張り1日プラン
TIME TABLE

9:00 忠烈祠
↓ MRT約9分＋徒歩約5分
10:00 總統府
↓ 徒歩約10分
11:00 西門紅樓
↓ MRT約4分
12:00 中正紀念堂
↓ MRT約13分
13:00 鼎泰豐 101店
↓ 徒歩すぐ
14:00 台北101
↓ 徒歩約18分
15:00 國父紀念館
↓ 徒歩約8分
16:00 松山文創園區
↓ 徒歩約10分＋MRT約13分
17:00 永康街

入口に立つ
衛兵さんたち
不動です!!

1. 北安路に面した大門、奥に大殿がある
2. 毎正時に行われる衛兵交代式（約20分間）。儀杖兵5人で隊列を組み、往復200mの行進が見られる

1 英霊を祀る神聖な場所
忠烈祠 9:00
ヂョンリエツー

辛亥革命や日中戦争、建国のための命をささげた志士、軍人ら約33万人の英霊を祀っている。荘厳な雰囲気が漂う。1969年に創建された。

Map 別冊P.3-C2 台北北部

🏠 台北市中山區北安路139號
☎ 02-2885-4376 ⏰ 9:00～17:00 🚫 3月28日、9月2日（3月29日、9月3日は午後のみ）💰 無料 🚇 MRT淡水信義線「圓山」站2番出口より徒歩約20分、またはタクシーで約5分

事前予約して
内部見学を！
必見です

2 日本の方角、東に向かって立つ 10:00
總統府
ゾントンフー

日本統治時代の1919年、台湾総督府として建設。上から見ると「日」の字になっている。1階は要予約で見学可能。

赤レンガと白い花崗岩が特徴的。中央の塔は約60mの高さがある

Map 別冊P.8-B1～B2 台北西門町＆萬華

🏠 台北市中正區重慶南路1段122號 ☎ 02-2312-0760 ⏰ 月～金9:00～12:00（最終受付11:30）※参観開始時刻は9:15、10:45。※参観当日はパスポート持参。月1回全館特別公開日8:00～16:00（公式サイトで要確認）🚫 特別公開日以外の土・日・祝 💰 無料 🚇 MRT淡水信義線「台大醫院」站1番出口より徒歩約5分 🌐 www.president.gov.tw

台湾茶で
午後時間を
どうぞ

3 110年もの歴史をもつ 11:00
西門紅樓
シーメンホンロウ

1908年に台湾政府が建設した台湾初の公営市場だった。館内には、歴史を学べる展示が。週末にはクリエイティブマーケットを開催。

Map 別冊P.8-A1 台北西門町＆萬華

🏠 台北市萬華區成都路10號 ☎ 02-2311-9380 ⏰ 11:00～20:00、土～22:00、金・日～21:00、月、旧暦大晦日から4日間 💳 店舗により異なる 🚇 MRT板南線・松山新店線「西門」站1番出口より徒歩約1分 🌐 www.redhouse.taipei

ギフトショップでは台湾雑貨を販売。ドリンクバッグ各130元

大門を守護する衛兵

北安路

重慶北路

中山北路

台北車站

1
3
2
4
9

✉ 偶然土曜日に西門町へ出かけたら「西門紅樓」前でマーケットをやっていた。かわいいピアスをGET！（静岡県・令華）

圧巻の正門

4 12:00

初代総統のモニュメント

中正紀念堂
ヂョンヂェン
ジーニエンタン

台湾の初代総統である蒋介石（1887～1975年）の偉業をたたえて建てられた。1階は蒋介石の生涯を紹介する展示室。

Map 別冊P.8-B2～P.9-C2 台北站南部

⌂台北市中正區中山南路21號 ☎02-2343-1100 ⏰9:00～18:00（広場5:00～24:00） 旧暦大晦日から2日間、メンテナンス時期 料無料 🚇MRT淡水信義線・松山新店線「中正紀念堂」站5番出口よりすぐ URLwww.cksmh.gov.tw

中正は蒋介石のこと。高さ6.3mの蒋介石像の前で、毎正時に行われる衛兵交代式（約10分間）

小籠包でランチ 13:00

5 鼎泰豊 101店
ディンタイフォン イーリンイーディエン

アツアツの小籠包は肉汁たっぷり。安定感のあるおいしさには定評がある。サービスもグッド。台北101の地下にある。

Map 別冊P.11-C2 台北信義イースト

⌂台北市信義區市府路45號台北101ショッピングセンターB1 ☎02-8101-7799 ⏰11:00～20:30 料無休 💴250元～ サ10% A.D.J.M.V. 💺300 🚇MRT淡水信義線「台北101/世賀」站4番出口より徒歩約1分 URLwww.dintaifung.com.tw

小籠包10個250元、カニ味噌入りやトリュフ入りの小籠包もある

台北のランドマーク

6 台北101 14:00
タイペイイーリンイー

展望台へは5階から専用エレベーターで89階へ。91階の屋外展望台へは89階から階段で。101階には屋外展望台「Skyline460」（料3000元）も。

Map 別冊P.11-C2 台北信義イースト

⌂台北市信義區信義路五段7號 ☎02-8101-8800（カスタマーサービス）❶展望台10:00～21:00※チケット購入と入場は～20:30 日時を指定したチケットをオンラインで購入可能（1週間以内）。優先入場ができるクイックゲート専用チケットは1200元 料無休 料展望台600元 🚇MRT淡水信義線「台北101/世賀」站4番出口より徒歩約1分 URLwww.taipei-101.com.tw

中山公園の中に立つ 15:00

7 國父紀念館
グオフージーニエングアン

國父とは辛亥革命の指導者、孫文のこと。孫文の生誕100年を記念して建てられた。館内には高さ約9mの孫文の胸像がある。

Map 別冊P.11-C2 台北信義イースト

⌂台北市信義區仁愛路四段505號 ☎02-2758-8008 ⏰9:00～18:00 旧暦大晦日から2日間、メンテナンス時期 料無料 🚇MRT板南線「國父紀念館」站4番出口より徒歩約1分 URLwww.yatsen.gov.tw

1. 毎正時に約10分間行われる衛兵交代式は2Fからも見学できる 2. 唐代の様式を模したデザイン。周囲を囲む中山公園は総面積約4万m²と広々

台北
松山空港

民權東路

展望台からビューを満喫

饒河街夜市 →P.131

南京東路

長安東路

光復南路

忠孝東路

8
7

仁愛路

6 5

信義路

にぎやかな夜市を散策

クリエイティブSPOT 16:00

8 松山文創園區
ソンシャンウェンチュアンユエンチゥ

1937年に建設されたタバコ工場をリノベーションしたクリエイティブスポット。ショップやカフェ、「誠品生活」などがある。

Map 別冊P.11-C1 台北信義イースト

⌂台北市信義區光復南路133號 ☎02-2765-1388 Card店舗により異なる ⏰8:00～22:00（店舗により異なる） Card店舗により異なる 料無休（店舗により異なる） 🚇MRT板南線「市政府」站1番出口より徒歩約8分 URLwww.songshanculturalpark.org

雑貨店やカフェが集まる 17:00

9 永康街 ヨンカンジエ

雑貨店やカフェなど、粒揃いの小さなお店が並ぶ。シノワ雑貨LOVEの女子は要チェックのお店がいろいろ。心ゆくまでお買い物を。

Map 別冊P.9-D2～D3 台北永康街

⌂台北市大安區永康街 🚇MRT中和新蘆線・淡水信義線「東門」站5番出口より徒歩すぐ

台湾グッズがいっぱい♪

「鼎泰豊」のアプリは便利。各店舗の情報や現在の待ち時間などがわかるほか、自分の整理番号が近くなったら通知がくる機能も。

オールドタウン迪化街(ディーホアジエ)で LOVE運UP祈願♡& 台湾メイドの雑貨ハンティング

迪化街ってこんな町！
★伝統的な町並みや建物が今も残る
★乾物屋や薬材を扱う老舗が多い
★新しい魅力的な店が急増中

歴史ある古い町並みに魅力的なリノベスポットが潜む迪化街。LOVE運＋雑貨GETを目的に行ったり来たりを楽しみましょ。

ZAKKA

1 町をモチーフにした布グッズ BUWU布物設計

ブーウーシェージー

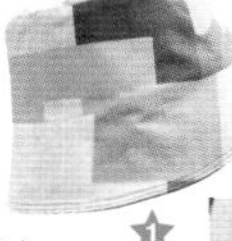

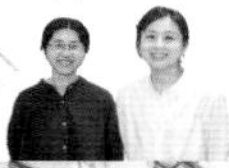

迪化街に来てね！

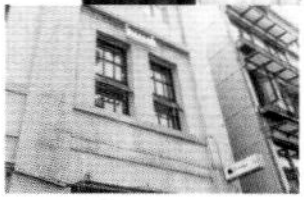

台湾女子2人がデザインする布グッズのショップ。迪化街周辺の大稲埕に残る古い壁をモチーフにした布を使った小物などを取り揃えている。

[Map] 別冊P.4-A3 台北大稲埕

🏠台北市大同區迪化街一段32巷2號2F ☎02-2552-6129 🕘10:30～18:30 [休]月、火、水（不定期）、旧暦大晦日から5日間 [Card]J.M.V. [交]MRT松山新店線「北門」站3番出口より徒歩約7分 [URL]buwudesign.format.com

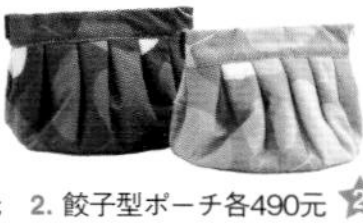

1. 帽子1480元　2. 餃子型ポーチ各490元

ZAKKA

2 台湾イチの規模を誇る布市場 永樂市場

ヨンルーシーチャン

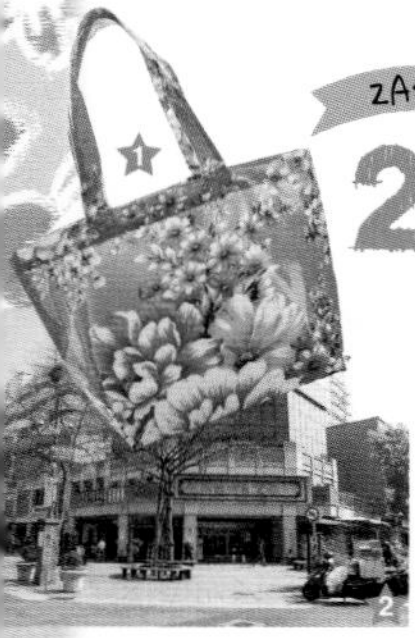

2階には布問屋がぎっしり。台湾花布柄のバッグやエプロンなど、完成品も扱っている。1階と3階には仕立て屋があり服などのオーダーメイドが可能。

[Map] 別冊P.4-A2～3
台北大稲埕

🏠台北市大同區迪化街一段21号 ☎02-2558-8846 🕘9:00～18:30（店舗により異なる） [休]日、祝、旧正月（店舗により異なる） [Card]J.M.V. [交]MRT松山新店線「北門」站3番出口より徒歩約7分

1. 台湾花布柄のバッグはビニールコーティングで丈夫。250元～　2. 老舗が並ぶ迪化街の町並み

LOVE

3 「愛の廟」として知られる 台北霞海城隍廟

タイペイシアハイチェンホアンミアオ

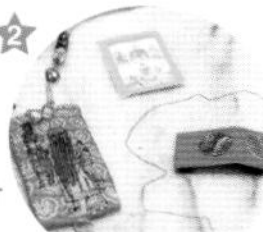

良縁の神様「月下老人」に恋の成就を願う女子たちが祈願にやって来る。婚活中でなくてもお参りしておきたいパワースポット。

[Map] 別冊P.4-A2
台北大稲埕

🏠台北市大同區迪化街一段61號 ☎02-2558-0346 🕘7:00～19:00 [休]無休 [日] [交]MRT松山新店線「北門」站3番出口より徒歩約10分 [URL]tpecitygod.org

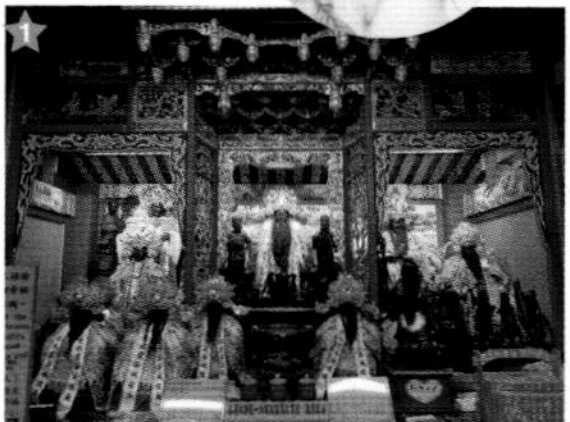

1. 参拝方法は廟の人が教えてくれる　2. 煙にかざした赤い糸を持つと良縁に恵まれるとか

ちょっと足を延ばして

「大稲埕慈聖宮小吃街」で和みご飯

迪化街から徒歩6分ほどの慈聖宮小吃街には、台湾料理の屋台が並ぶ。料理は慈聖宮の境内にあるテーブル席で味わえる。

[Map] 別冊P.4-A2 台北大稲埕

🏠台北市大同區保安街49巷17號 ☎なし 🕘8:30頃～15:00頃（店舗により異なる） [休]店舗により異なる [Card]不可 [交]MRT中和新蘆線「大橋頭」站2番出口より徒歩約6分

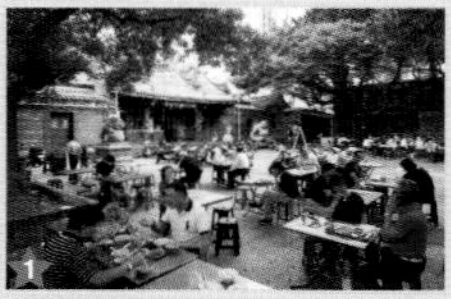

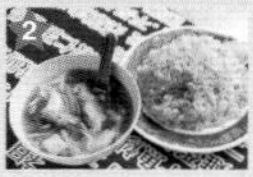

1. テーブルは各店の指定あり　2. 「阿蘭」のシラス炒飯70元

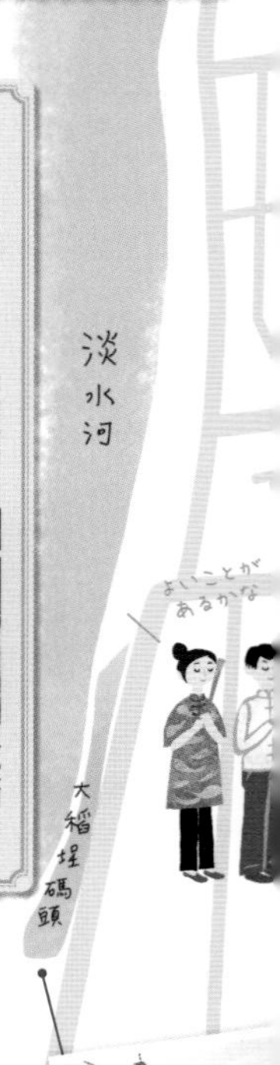

淡水河
よいことがあるかな
大稲埕碼頭

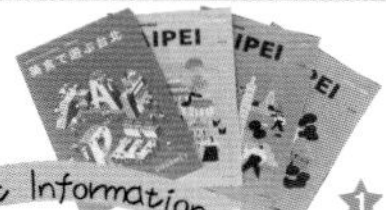

Tourist Information

4 大稲埕歩きの前に立ち寄ろう 大稲埕遊客中心

ダーダオチェンヨウクーヂョンシン

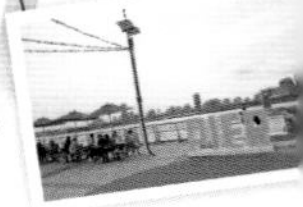

中国語、英語、日本語の無料パンフレットが充実。2階はレトロ喫茶風のインテリアで、3階はランタンが下がる空間がある写真映えスポット。

[Map] 別冊P.4-A3 台北大稲埕

🏠台北市大同區迪化街1段44號 ☎02-2559-6802 🕘9:00～18:00 [休]旧正月 [交]MRT松山新店線「北門」站3番出口より徒歩約7分 [URL]www.travel.taipei/zh-tw/information/servicecenter

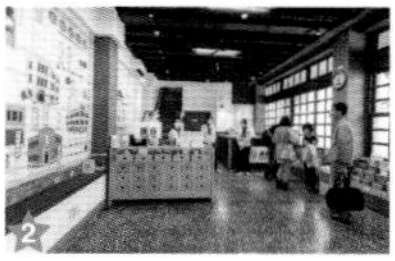

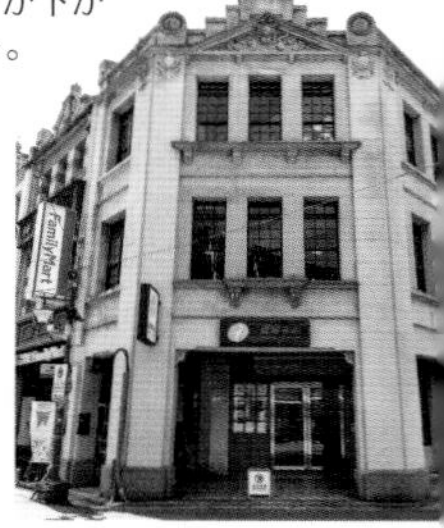

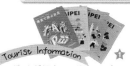

1. エリアガイドやグルメ情報などパンフが充実　2. 1階は案内所

 ✉ 迪化街の永樂市場で買った花布バッグをエコバッグとして日常使いしています。（埼玉県・美柚）

ZAKKA

5 台湾メイドのグッズが充実
梁山泊壹零捌
リアンシャンボーイーリンバー

台湾人デザイナーによる台湾グッズを揃えたセレクトショップ。多彩な商品を扱っているがイチオシは彰化県で作られている靴下。かき氷や電鍋など台湾柄でバリエーション豊富。

Map 別冊P.4-A2 台北大稲埕

🏠台北市大同區迪化街一段106號 ☎02-2556-1415 🕙10:00〜19:00 🈡旧暦大晦日から3日間 Card A.D.J.M.V. 🚇MRT中和新蘆線「北門」站3番出口より徒歩約10分

1. 片方ずつデザインやカラーが異なるピアス各430元 2. ソックス各230元 3. タイルコースター各380元

FOOD

ドライフルーツが大充実
6 富自山中
フーヅーシャンヂョン

台湾産の食材各種が充実。なかでもおみやげに最適なマンゴーやパイナップル、グアバ、トマトなどのドライフルーツを豊富に揃えている。

Map 別冊P.4-A2 台北大稲埕

🏠台北市大同區迪化街一段220號 ☎02-2557-8605 🕙9:00〜18:30 🈡日、旧正月 Card不可 🈁少し 🚇MRT中和新蘆線「大橋頭」站1番出口より徒歩約9分 URL www.fullmountain.tw

1. ジューシーな愛文ドライマンゴー230元 2. ドライグアバ160元 3. ドライトマト150元 4. ドライパイン170元 5. 手作りの黒糖140元

ZAKKA

7 ナチュラルなソープ
大春煉皀
ダーチュンリエンザオ

日本統治時代に日本人が立ち上げた「大春煉皀」ブランドを引き継ぐ老舗。天然素材を使ったナチュラルな石鹸を扱っている。レトロなパッケージもグッド。

Map 別冊P.4-A2 台北大稲埕

🏠台北市大同區迪化街一段190號 ☎02-2550-0013 🕙9:00〜18:00、土・日〜19:00 🈡旧暦大晦日 Card J.M.V. 🚇MRT中和新蘆線「大橋頭」站1番出口より徒歩約10分 URL www.dachuns.com

1. 大春百年石鹼は2種の植物エキスが使われている。450元 2. 肌や髪にやさしいソープが種類豊富に揃っている

SWEETS

8 1895年創業の老舗菓子店
李亭香
リーティンシアン

130年近い歴史をもつ菓子店。カフェベースが併設されており、一日中台湾式アフタヌーンティーが楽しめる。

Map 別冊P.4-A2 台北大稲埕

🏠台北市大同區迪化街一段309號 ☎02-7746-2200 内線200 🕙10:00〜19:00 🈡旧正月1日 Card M.V. 🈁14 🚇MRT中和新蘆線「大橋頭」站1番出口より徒歩約5分 URL leetingxiang.liteshop.tw

1. ティーセットは150元と手頃 2. レトロかわいい店内

「富自山中」は台湾産の良質な食材や調味料が多彩に揃っていて、料理好きは必見！ 127

女子ゴコロをわしづかみ♡
おしゃれタウン
中山&赤峰街をてくてく♪

チョンシャン　ツーフォンジェ

高級ホテルやデパートが集まる中山。メインストリートを
少し入った赤峰街。魅力的なエリアを気ままに歩いてみよっ♪

1. 芝初胡麻拌麺醤（麺用ゴマソース）159元　2. ドライグアバ、パイナップル各99元　3. ドライオクラ150元　4. 紅茶（リーフ）130元　5. 台湾全土から選んだ食材が並ぶ

モダンアートと古建築のコラボ
台北當代藝術館
タイベイダンダイイーシューグアン

日本統治時代の1919年、建成小学校だった建物をリノベし、2001年に現代美術のミュージアムとして開館。内部も学校時代の面影が残る。

Map 別冊P.12-B1 台北中山

🏠台北市大同區長安西路39號　☎02-2552-3721　🕙10:00～18:00（入館～17:30）　休月、旧正月元日　料100元　交MRT淡水信義線・松山新店線「中山」站6番出口より徒歩約5分　URLwww.mocataipei.org.tw

子供たちのにぎやかな声が聞こえてきそう

多くの日本人が通った建成小学校。2016年にはかつて通学した日本人を迎えてお話会を開催

お茶の香りに包まれて美食を
3 永心鳳茶　新光南西店
ヨンシンフォンチャー　シングアンナンシーディエン

高雄が拠点のティーサロンで、店に入るとお茶のよい香りが漂う。料理は本格的な台湾の味ながらカジュアルな定食スタイルで注文しやすいのも◎。

Map 別冊P.12-B1 台北中山

🏠台北市中山區南京西路15號　新光三越3館3F　☎02-2581-9909　🕙日～木11:00～21:30（L.O.20:30）金・土11:00～22:00（L.O.21:00）　休無休　料500元～、サ10%　CardA.D.J.M.V　交MRT淡水信義線・松山新店線「中山」站4番出口より徒歩約1分　URLwww.facebook.com/yonshintea

良質な台湾フードが揃う
2 神農生活　シエンノンションフオ

調味料や麺、ドライフードなど、台湾で長く愛されてきた良質な食品を扱っている。おみやげ選びにぴったり。

Map 別冊P.12-B1 台北中山

🏠台北市中山區南京西路14號　誠品生活南店4F　☎02-2563-0818　🕙11:00～22:00、金・土～22:30　休無休　CardJ.M.V.　交MRT淡水信義線・松山新店線「中山」站1番出口よりすぐ　URLwww.majitreats.com

おしゃれな中山エリアのシンボル♪

1. 人気の剝皮辣椒雞湯麺（唐辛子漬鶏肉麺）380元　2. 酥炸雙喜地瓜球（サツマイモボール）150元　3. おしゃれな店内　4. バターや赤玉卵など原材料にこだわった鳳梨酥。6個300元

高雄・大樹のパインを使用クルミ入り

中山北路のランドマーク
4 台北之家
ダイベイジージア

映画館、カフェ、ショップがある複合施設を見学。元はアメリカ大使館だった。白い建物は、中山のシンボル的存在。

Map 別冊P.12-A1 台北中山

🏠台北市中山區中山北路二段18號　☎02-2511-7786　🕙休施設・店舗により異なる　交MRT淡水信義線・松山新店線「中山」站3番出口より徒歩4分　URLwww.spot.org.tw

5 ナチュラルな服とグッズ

蘑菇然後
モーグーランホウ

藍染めのウエアと帆布のバッグ、オーガニックコットンのTシャツや靴下など、長く愛用できるグッズが揃っている。

Map 別冊P.12-A1　台北中山

🏠 台北市大同區南京西路25巷18號 ☎ 02-2556-1656 🕐 13:00～20:00 🈺 旧暦大晦日から3日間 Card J.M.V. 🚇 MRT淡水信義線・松山新店線「中山」站7番出口より徒歩1分 URL www.mogu.com.tw

1. オーガニックコットンのTシャツ780元～　2. Tシャツ680元　3. 人気No.1の大型トート1180元

6 ユニセックスで使えるバッグやグッズ

點子包 ディエンヅバオ

帆布と皮革を組み合わせたハンドメイドバッグをメインに扱う。台湾の素材を使い、デザインから製造まで自社で行っている。仕事用のエプロンやアウトドアグッズなどもあり、どれもベーシック＆シンプル。長く愛用できる。

Map 別冊P.12-A1　台北赤峰街

🏠 台北市大同區赤峰街26-3號 ☎ 02-2550-2511 🕐 13:30～19:30、月～水は予約制 🈺 旧暦大晦日から5日間 Card A.J.M.V. 🚇 MRT淡水信義線・松山新店線「中山」站5番出口より徒歩約6分 URL icleabag.waca.tw

1. サコッシュ「輕旅斜側包」1850元　2. ポケットが多い「口袋托特包」2690元

7 ブックカフェで静かなひととき

春秋書店
チュンチョウシューディエン

古い建物をリノベーションしたインディペンデント書店はカフェ併設で、静かで落ち着く空気感。ここではおもに文学・哲学・映画・アートジャンルなどの本を取り扱っている。

図書館のような雰囲気が漂う店内は落ち着ける

Map 別冊P.12-A1　台北赤峰街

🏠 台北市大同區赤峰街41巷7號1～4F（4Fは休日のみ開放）☎ 02-2559-1988 🕐 12:00～22:00 🈺 無休 💰 150元（最低消費）Card M.V. 🪑 100 🚇 MRT淡水信義線・松山新店線「中山」站4番出口より徒歩約4分

焼き菓子もおいしい

シンプルでヘルシー♥なスイーツです

8 素材にこだわる豆花店

榕美樹館
ロンメイシューグアン

60年もの間、老舗豆花店を経営していた叔父の豆花を継承。具材も自家製で添加物不使用。「よい思い出となる体験を」がモットー。

1. ピーナッツピーナッツ100元。雲林産のピーナッツを使用　2. シグネチャー榕豆花80元＋トッピング（サツマイモ団子、小豆各20元）

Map 別冊P.12-A1　台北中山

🏠 台北市中山區民生西路66巷21號 ☎ 02-2523-3459 🕐 12:00～21:00 🈺 旧正月4日間 Card A.J.M.V. 🪑 25 🚇 MRT淡水信義線「雙連」站1番出口より徒歩3分 URL www.instagram.com/ronmuseum/

中山站から雙連站まで延びる「心中山線形公園」は2020年に整備。週末、月1ベースでクリエイティブマーケットも開かれている。

昼
巨大博物館でお宝をチェック
國立故宮博物院
グゥオリーグーゴン
ボーウーユエン

中国歴代皇帝の宝物など68万点もの中から数千点を展示。石器時代から清朝までの中華文明に触れられる。目当ての作品に的を絞ってじっくり鑑賞するのがコツ。

ハズせない故宮博物院
台北の必見スポット

昼間は世界四大博物館のひとつ
日が暮れたらその足で饒河街夜市

Map 別冊P.3-D1 台北北部

🏠台北市士林區至善路二段221號
☎02-2881-2021 ⏰9:00～17:00（チケット販売16:30）休月（祝日の場合は開館）料入場料350元（台北101展望台とセット券820元）Card J.M.V. 🚇MRT淡水信義線「士林」站1番出口よりバス紅30、255、304、815、小型バス18、19で約10分「故宮博物院大門口広場前」下車すぐ URL www.npm.gov.tw

故宮博物院の歩き方

まずは、1階のカウンターで「オーディオガイド」を借りよう。日本語もあり、レンタル料は150元。パスポートが必要。また、無料の英語ガイドのツアーは1日2回（10:00、15:00）。公式サイトからオンライン予約可。詳細は公式サイトをチェック。
※展示は変更される場合があります。

これで安心!

Treasure Collection
必見のお宝 Best5

イナゴとキリギリス

Best 1
翠玉白菜
原石の自然な色や形を生かして作る「巧彫」の最高傑作。高さ18.7cm、幅9.1cm。キリギリスとイナゴは、子孫繁栄の象徴。

302号室

東坡肉にそっくり!

Best 2
肉形石
302号室
皮と脂肪身、赤身の3層になった肉の質感が表現され、豚の角煮（東坡肉）にそっくり。高さ5.73cm、幅6.6cm。

Best 3
白磁嬰児型枕
唐代の磁器製枕。高さ18.8cm、底31×13.2cm。日用品として使われていたと思われ、ベストを身につけた赤ん坊が愛らしい。

205号室

愛らしさにほっこり

Best 4
廣東鏤彫象牙雲龍紋套球
内側から外側へ24層の球を一層ずつ彫り、浮き彫りの龍などの装飾を施している。清朝晩期の象牙工芸の代表作。

106号室

驚異的な細かさ!

Best 5
汝窯蓮花型溫碗
10枚の花弁が重なる蓮花型の器。高さ10.4cm、口経16.2cm。メノウの粉末が加えられた汝窯の青磁器は非常に希少。

205号室

上品な色にうっとり

※2024年2月4日まで「國立故宮博物院南部院區」（→P.112）で展示予定。

©The Collection of National Palace Museum

アートに触れたあとは **台湾料理ランチ♪**

洗練された空間で味わう高級中華
故宮晶華 グーゴンジンホア

故宮博物院に隣接した高級レストラン。故宮博物院を代表する展示物をテーマにしたメニューを提供（要予約）。ウェブからの予約も可能。

中国の伝統的中華菓子7種は目と舌で味わって。多寶格御點集680元

Map 別冊P.3-D1 台北北部

🏠台北市士林區至善路二段221號
☎02-2882-9393 ⏰11:30～14:30（土・日・祝11:00～15:00）、17:30～21:00 休月 料サ10% Card J.M.V. 🚇MRT淡水信義線「士林」站よりバス紅30、255、304、815、小型バス18、19で約10分「故宮博物院（正館）」下車すぐ URL www.silkspalace.com.tw

かわいいおみやげもCheck!

1 鳥の刺繍が美しいペンケース460元はメガネ入れにも 2 オリジナルデザインのクリアフォルダー。赤120元、白150元 3 チャイニーズレッドのポチ袋、180元

おみやげはここで
多寶格 ドゥオバオガー

🏠國立故宮博物院 B1 ☎02-2881-2021 ⏰9:00～17:00、祝～17:30 Card A.D.J.M.V.

夜は夜市へGO!

故宮博物院公式サイトからオンラインチケットを事前購入してQRコードをゲット。スピーディに入館できるのでオススメ。 URL npm.fonticket.com （宮城県・彩）

＆饒河街夜市☆
をよくばり探検♪

である、國立故宮博物院を見学。
へ繰り出して、遊び尽くしちゃおう！

松山慈祐宮の横から西に延びる饒河街。約600mの一直線の夜市で、道の中心と両側に屋台や店が並ぶ。食べ物から雑貨まで幅広い屋台が集結。

Map 別冊P.7-D3 台北松山區

夜
屋台グルメ＆おみやげゲット
饒河街夜市
ラオフージエイエシー

🏠台北市松山區饒河街 ⏰17:00頃～翌1:00頃 📅正月 💳不可 🚇MRT松山新店線「松山」站5番出口より徒歩約1分、台鐵「松山」車站より徒歩約3分

ローカル度 ★★★★☆
グルメ ★★★★★
買う遊ぶ ★★★★☆

「五分埔」もチェック！

台湾イチの規模といわれる衣料問屋街。プチプラファッションを扱う店がびっしり並ぶ。

五分埔 ウーフェンプー
Map 別冊P.7-D3 台北松山區

🏠台北市信義區松山路より東側、松隆路より南側のエリア ⏰13:00頃～24:00頃（店舗により異なる）📅無休（月曜は業者向け販売限定）💳不可 🚇MRT松山新店線「松山」站4番出口より徒歩約5分、台鐵「松山」車站より徒歩約3分

福州世祖胡椒餅の胡椒餅 60元
胡椒のきいたあんの焼き肉まん

必食！

劉家地瓜球のサツマイモボール
10個60元
油入りの専用器具でプレスしてできあがり。ふわ＆サクサク

ピリ辛がクセに

三媽臭臭鍋の各種火鍋 150元～
人気の火鍋店。調理して提供、店内で飲食可能

必食！

芭樂先生のグアバジュース 50元
台湾産グアバでビタミン補給

福德魯味のミックス盛り 90元～
醤油やスパイスで煮込んだ具材を特製ソースで味付け

必食！

松山慈祐宮が目印！

男子もやるよ

迷ったら神鳥に聞いてみよう

神鳥占い
易屋軒命理
イーウーシュアンミンリー

氏名と生年月日を伝えて、占いたい項目を選択、神鳥が3枚札を選び、それを元に占う。

Map 別冊P.7-D3 台北松山區

細い糸をからめて産毛を抜く挽臉

ファッション雑貨などのショップも並ぶ

🏠台北市松山區饒河街220號（饒河街觀光夜市）☎0930-763-546 ⏰17:30～22:00 📅不定休 💰1件300元 💳不可 📝予約がベター 🏠当日ネット通話で専属通訳あり 🚇MRT松山新店線「松山」站5番出口より徒歩約2分、台鐵「松山」車站より徒歩約4分 🌐www.facebook.com/abc0930763546

神使の鳥のお告げを信じて

レモン＆キンカンジュースのスタンド 30元
酸っぱくて冷たくてさっぱりテイスト

檸檬

神使の鳥が選ぶよ

夜市へ行くときは荷物を最小限に。貴重品はホテルのセーフティボックスに預けて。夜市ではカメラやスマホの紛失に注意。

押さえておきたい伝統の味
必食！台湾料理Best 10

山の幸、海の幸が豊富でバラエティ豊かなメニューや調理方法から作り出される台湾料理の中でも「これだけは食べておきたい」定番＆必食メニューBest10をご紹介。

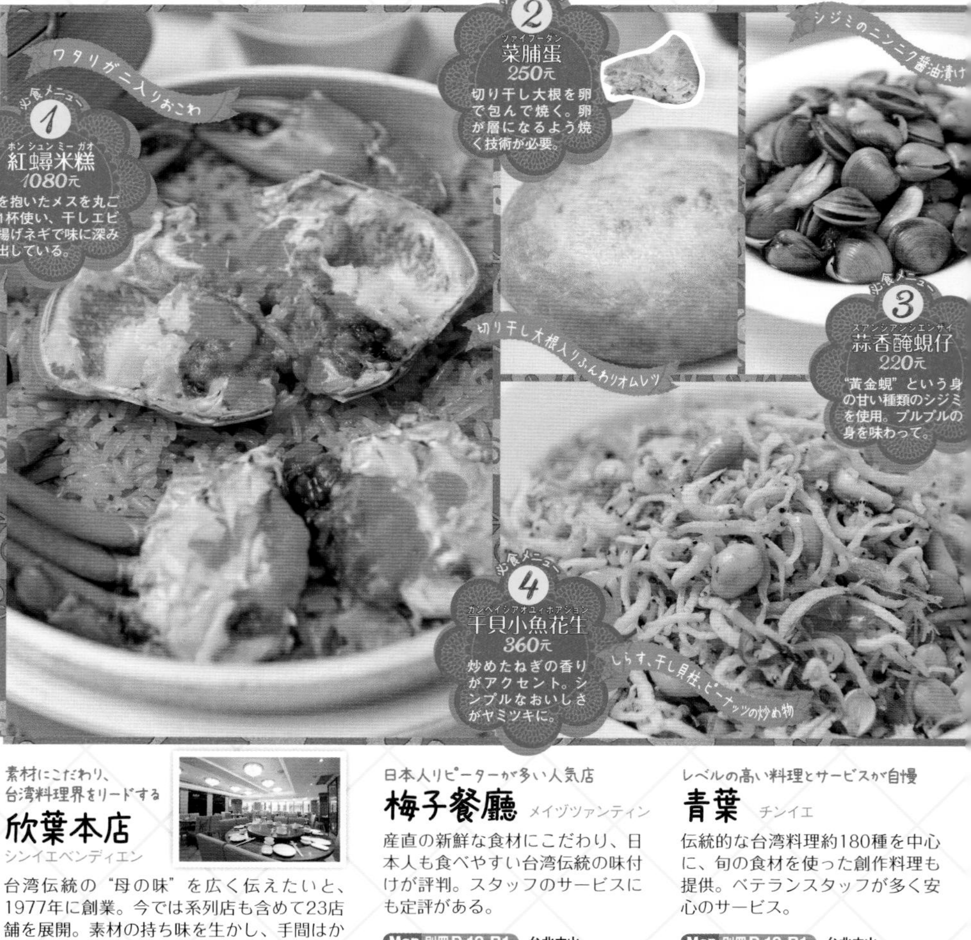

ワタリガニ入りおこわ
必食メニュー 1
紅蟳米糕（ホンシュンミーガオ）
1080元
卵を抱いたメスを丸ごと1杯使い、干しエビや揚げネギで味に深みを出している。
必食メニュー 2
菜脯蛋（ツァイフータン）
250元
切り干し大根を卵で包んで焼く。卵が層になるよう焼く技術が必要。
切り干し大根入りふんわりオムレツ
シジミのニンニク醤油漬け
必食メニュー 3
蒜香醃蜆仔（スアンシアンシエンザイ）
220元
"黄金蜆"という身の甘い種類のシジミを使用。プルプルの身を味わって。
必食メニュー 4
干貝小魚花生（カンヘイシアオユィホアション）
360元
炒めたねぎの香りがアクセント。シンプルなおいしさがヤミツキに。
しらす、干し貝柱、ピーナッツの炒め物

素材にこだわり、台湾料理界をリードする

欣葉本店
シンイエベンディエン

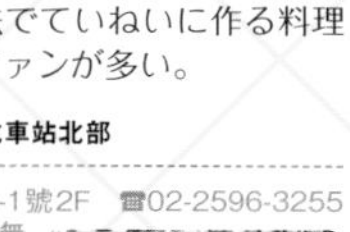

台湾伝統の"母の味"を広く伝えたいと、1977年に創業。今では系列店も含めて23店舗を展開。素材の持ち味を生かし、手間はかかるが伝統的な調理法でていねいに作る料理に、国内外に根強いファンが多い。

Map 別冊P.4-B1 台北車站北部

🏠台北市中山區雙城街34-1號2F ☎02-2596-3255 🕘11:00〜24:00（LO） [休]無休 [予]予約がベター [料]600元〜、サ10% [Card]A.D.J.M.V. [席]450 [日] ((日▶ [交]MRT中和新蘆線「中山國小」站1番出口より徒歩約8分 [URL]www.shinyeh.com.tw

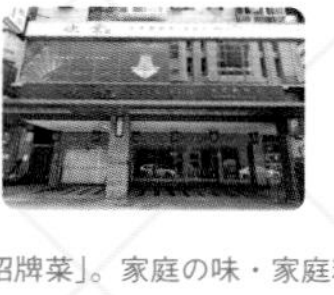

日本人リピーターが多い人気店

梅子餐廳
メイヅツァンティン

産直の新鮮な食材にこだわり、日本人も食べやすい台湾伝統の味付けが評判。スタッフのサービスにも定評がある。

Map 別冊P.12-B1 台北中山

🏠台北市中山區林森北路107巷1號 ☎02-2521-3200 🕘11:00〜14:30、（土・日11:30〜）、17:30〜22:00 [休]月・旧正月元日 [予]予約がベター [料]700元〜、サ10% [Card]D.J.M.V. [席]300 [日] ((日▶ [交]MRT淡水信義線・松山新店線「中山」站2番出口より徒歩約10分 [URL]www.umeko.com.tw

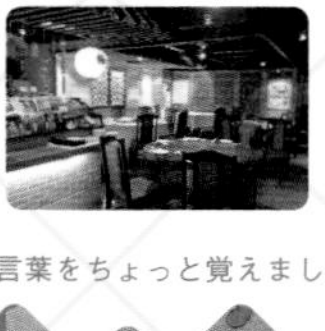

レベルの高い料理とサービスが自慢

青葉
チンイエ

伝統的な台湾料理約180種を中心に、旬の食材を使った創作料理も提供。ベテランスタッフが多く安心のサービス。

Map 別冊P.12-B1 台北中山

🏠台北市中山區中山北路一段105巷10號 ☎02-2551-7957、02-2571-3859 🕘11:00〜14:30(LO14:00)、17:15〜21:30(L.O.20:30) [休]月 [予]予約がベター [料]700元〜、サ10% [Card]A.D.J.M.V. [席]230 [日] ((日▶ [交]MRT淡水信義線・松山新店線「中山」站2番出口より徒歩約8分 [URL]www.facebook.com/aoba1964

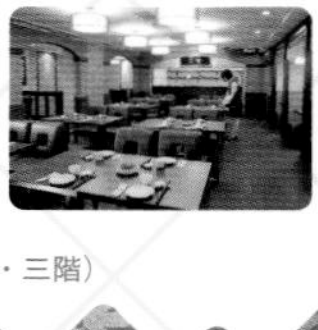

✉お店の看板料理は「招牌菜」。家庭の味・家庭料理は「家常菜」。言葉をちょっと覚えました（笑）。（山形県・三階）

四方を海に囲まれ、島中央には山脈が縦走している台湾。豊富な海の幸と山の幸に恵まれている。16世紀頃、中国福建省周辺から移民してきた

福建人や客家人系の食文化が変化して、現在の台湾料理を形成。そのときにある素材を使い、比較的あっさりして素朴。日本統治時代の影響

から、醤油や酒をベースにした味付けが多いのも特徴。先祖や神様の参拝時、節句や婚礼などの行事に家族団らんで食べる料理も多い。

7
千打花枝丸 ショウダホアチーワン
5個375元
イカの胴体だけを使って、手で練って弾力と甘みを出す。

イカ団子

9
五味九孔 ウーウエインジウコン
2個260元
台湾北東部の東方角産のトコブシを形成。アワビよりも歯ごたえが強い。

トコブシの冷製

5
烏魚子 ウーユイツ
小740元
カラスミの薄皮をとって酒に浸してからあぶる。ねっとりして美味。

あぶりカラスミ

必食メニュー

8
蔭豉蒜鮮蚵 インチースアンシェンクー
360元
嘉義の東石産のカキを、特製とろみ醤油ともろみを加えてさっと煮る。

カキのもろみ煮

必食メニュー

10
三杯雞 サンベイジー
小680元
"三杯"とは酒、醤油、黒ごま油の3種のこと。ショウガを効かせて。

鶏肉の三杯ソース煮込み

必食メニュー

6
金銭蝦餅 ジンチェンシアビン
4個400元
昔は豚の網脂で包んで揚げていた。サクサクの食感を楽しんで。

エビコロッケ

必食メニュー

※1～10の料理の写真および料金はすべて欣葉本店のものです。

コスパのよさが大人気

雙月食品社 シュアンユエ シーピンシャー

味も分量も申し分ないと、行列必至の人気店。ていねいに作る味にファンが増加、いまでは台北市内に7店舗展開中。

Map 別冊P.9-C1 台北車站南部

🏠台北市中正區青島東路6-2號（青島店）
☎02-3393-8953 🕐11：00～14：15、17：00～20：30 🈺第100元 Card不可
🪑30 🚇MRT板南線「善導寺」站2番出口より徒歩3分 🔗www.moonmoonfood.com 🏠北投店
🏠北投區光明路228號など

雙月吹風漁味 シュアンユエチュイフォンユーウェイ
10～50元

厳選した素材を秘伝のたれで煮込んだ人気メニュー

阿甘剝皮辣椒燉雞腿湯 アーガンボーピーラージアオドゥンジーウェイタン
190元

地鶏と高原キャベツのスープ。特製たれで漬けた青唐辛子がアクセント

カジュアルスタイルが大人気！

蛤蜊燉雞湯 グーリーロンジータン
190元

アサリや地鶏、高原キャベツのスープ

愛根椒芝麺 アイゲンジアオジーメン
85元

ゴマペーストと花椒のソースの和え麺。ほどよい刺激がやみつきに

王道 口福狙い つるっと麺&ご飯で

ハシゴして食べたい台北の人気麺
ひとりでも気軽なご飯もの

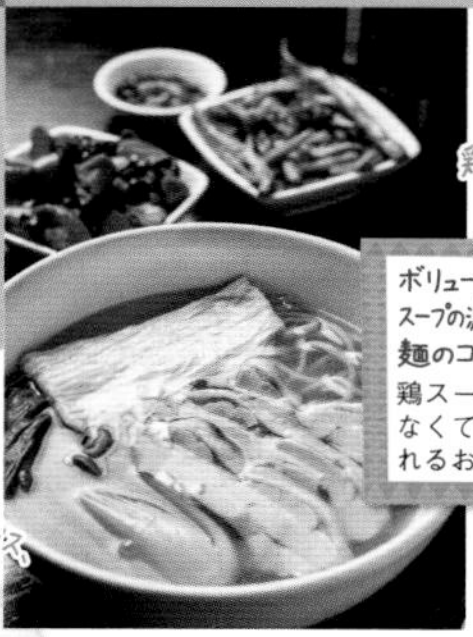

雞湯蕎麥麵（ジータンチアオマイミエン） 160元
鶏スープのおそば

ボリューム 🍜🍜🍜
スープの濃厚度 🍜🍜
麺のコシ 🍜🍜🍜
鶏スープのそば。食欲がなくてもツルリと食べられるおいしさ

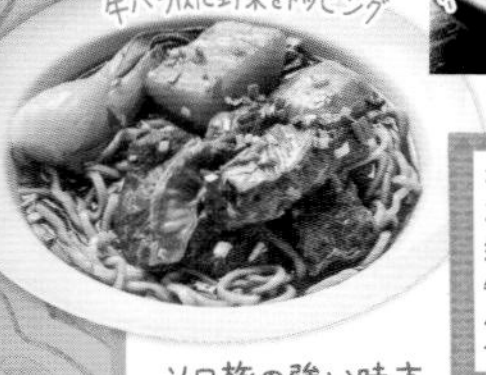

阿花牛腩麵（アーホアニォウナンミエン） 220元
コシのある太麺。スープは牛骨ベース、牛バラ肉と野菜をトッピング

ボリューム 🍜🍜🍜🍜
スープの濃厚度 🍜🍜🍜
麺のコシ 🍜🍜🍜🍜
牛骨スープ、煮込んだ牛バラ肉にコシのある麺が合う。ボリュームも◎

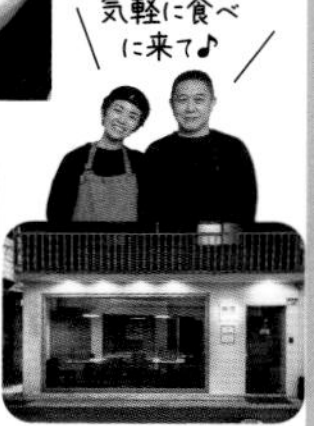
気軽に食べに来て♪

ソロ旅の強い味方

阿花蕎麥麵

アーホアチアオマイミエン

築60年以上の古民家を改装し、台湾の家庭料理をカジュアルに提供。ひとり利用も安心、リピ必至。

Map 別冊P.12-A1 台北中山

⌂台北市中山區中山北路二段59巷60號 ☎02-2567-7717 🕘11:00～14:00、17:00～20:30 [休]日、旧正月 [料]100元～ [Card]不可 [席]45 [交]MRT淡水信義線・松山新店線「中山」站3番出口、MRT淡水信義線「雙連」站1番出口より徒歩約8分 [URL]www.facebook.com/ahwanoodles

芸能人も通う人気店

巷子口食堂

シアンヅコウシータン

伝統的な台湾料理のレシピを今風にアレンジした味に定評あり。台湾を全身で感じられる食堂。

Map 別冊P.10-B3 台北信義イースト

⌂台北市大安區安和路二段35巷1號 ☎02-2708-2589 🕘12:00～14:00、17:00～22:00 [休]旧正月 [料]150元～ [Card]A.J.M.V. [席]72 [交]MRT淡水信義線「信義安和」站2番出口より徒歩約3分 @alleykitchen 2013

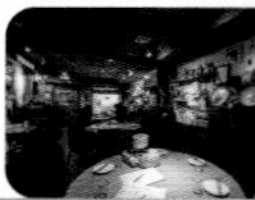

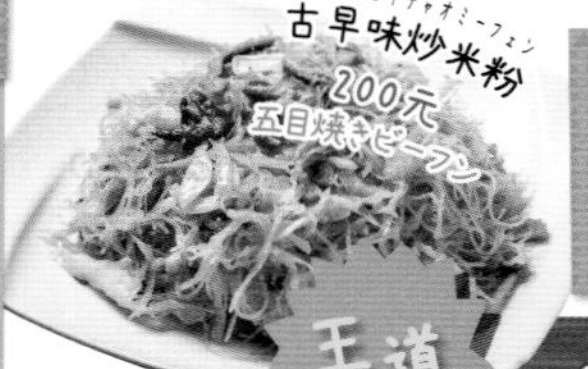

古早味炒米粉（グーザオウェイチャオミーフェン） 200元
五目焼きビーフン

ボリューム 🍜🍜🍜🍜
スープの濃厚度 🍜
麺のコシ 🍜🍜🍜
台湾の家庭の味と評判の、具だくさん焼きビーフン

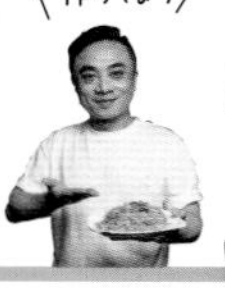
心を込めて作ってます

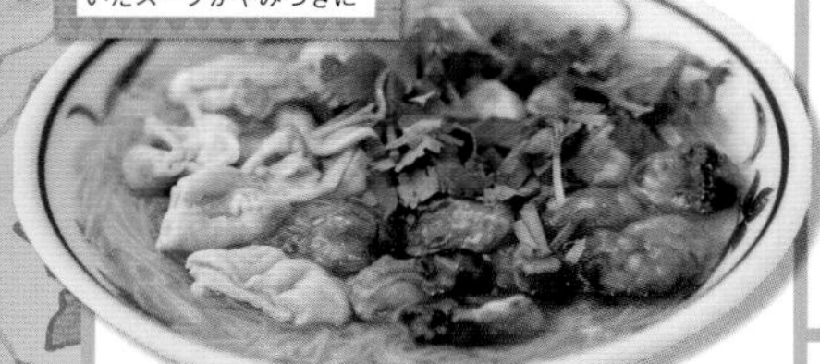

蚵仔麵線（オーアーミーソア） 小50元／大65元
たっぷりのカキと豚の腸入り だしがきいた細麺

ボリューム 🍜🍜🍜
スープの濃厚度 🍜🍜🍜🍜🍜
麺のコシ 🍜🍜
新鮮なカキと豚の腸をたっぷり使っただしのきいたスープがやみつきに

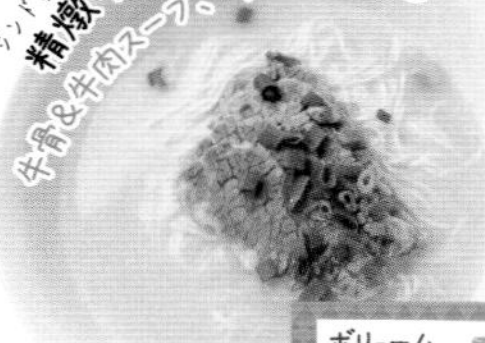

精燉牛肉麵（ジンドゥンニウロウミエン） 260元
牛骨&牛肉スープ、牛肉のせ細麺

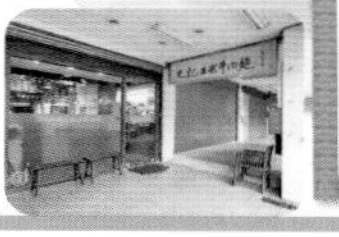

ボリューム 🍜🍜🍜
スープの濃厚度 🍜🍜🍜🍜
麺のコシ 🍜🍜🍜
だんだん味わい深くなるスープ。好みで塩を加えて。麺は細麺でスルリ

4日かけて煮込む名物スープ

史記正宗牛肉麵

シージーチョンゾンニウロウミエン

牛骨と牛肉を煮込んで冷ますを4回繰り返して4日かけて作る牛骨&牛肉のスープで食べる細麺。

Map 別冊P.5-C2 台北車站北部

⌂台北市中山區民生東路二段60號 ☎02-2563-3836 🕘11:30～15:00、17:30～21:00 [休]旧正月 [料]90元～ [Card]不可 [席]34 [交]MRT中和新蘆線「行天宮」站1番出口より徒歩約5分

客がとぎれない小さな人気店

丁記蚵仔麵線

ディンジーオーアーミーソア

細麺入りのとろみスープを食す感じの蚵仔麺線。作り置きしないこだわりの味、売り切れ次第で閉店。

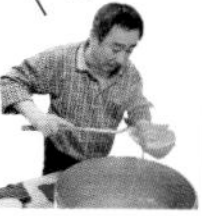
売り切れ御免!

Map 別冊P.10-A1 台北信義イースト

⌂台北市松山區復興南路一段31巷2號 ☎02-2750-9898 🕘8:00～18:00 [休]日・祝 [料]50元～ [Card]不可 [席]15 [交]MRT板南線・文湖線「忠孝復興」站5番出口より徒歩約10分

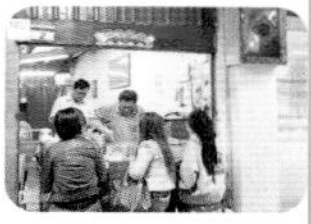

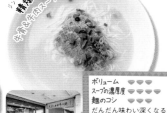

ボリューム満点の刀削麺

四平街番茄牛肉麵

スーピンジエファンチエニウロウミエン

黒柿という品種のトマトをたっぷり使ったスープで作る牛肉麺が人気。麺を削る技術は見事。

Map 別冊P.5-D3 台北車站北部

⌂台北市中山區四平街93號 ☎02-2509-0220 🕘11:00～14:00、17:00～20:00 [休]日・祝 [料]60元～ [Card]不可 [席]35 [交]MRT中和新蘆線・松山新店線「松江南京」站7番出口より徒歩約5分

ボリューム 🍜🍜🍜🍜🍜
スープの濃厚度 🍜🍜🍜
麺のコシ 🍜🍜🍜🍜🍜
刀削麺のコシがたまらない。トマト入りスープだからあまりしつこくない

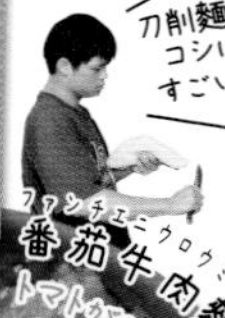
刀削麺のコシはすごいよ

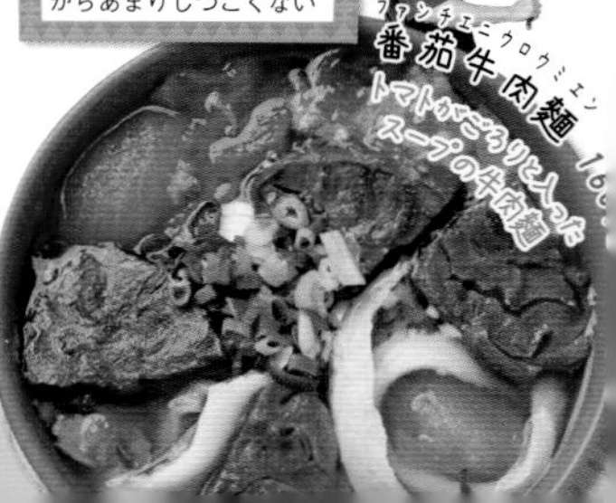

番茄牛肉麵（ファンチエニウロウミエン） 16…
トマトがごろりと入ったスープの牛肉麺

 ✉ スマホでQRコードから注文する店もあった。写真付きで便利。（群馬県・沙智）

火鍋

撃ち！5 火鍋 ホッカホカ♪

アッアツ

名物の激うま火鍋でパワーチャージ。いい汗かいて温まっちゃおう♪

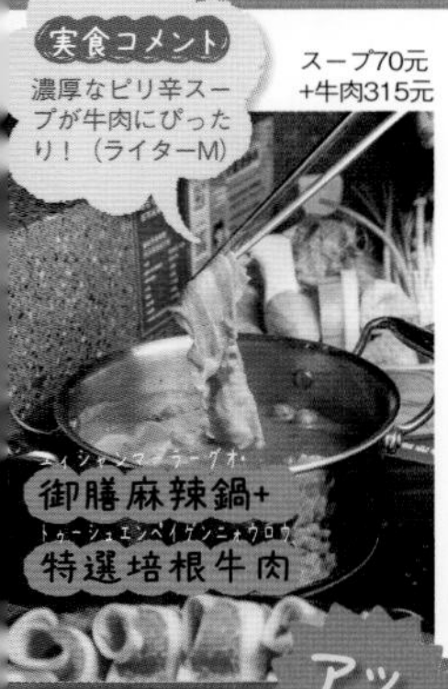

[実食コメント] 濃厚なピリ辛スープが牛肉にぴったり！（ライターM）

スープ70元+牛肉315元

御膳麻辣鍋+特選培根牛肉（ユィシャンマーラーグオ+トゥーシュエンペイゲンニョウロウ）

這一小鍋 チェーイーシアオグオ

レトロな店内で気軽にひとり鍋

レトロなインテリアの店内で気軽に火鍋が味わえる。スープ（鍋底）、具材を決めて注文する。

Map 別冊P.12-B1 台北中山・赤峰街

🏠台北市中山區南京西路14號 誠品生活南西店3F ☎02-2581-0850 🕘11:00～22:00（L.O.20:30）[休]旧正月 [料]280元～ Card A.D.J.M.V. [席]58 [交]MRT淡水信義線・松山新店線「中山」站2番出口より徒歩約2分 URL www.orissic.com

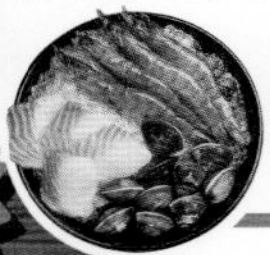

台湾女性に人気の海鮮3種盛り128元

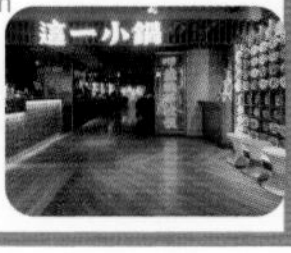

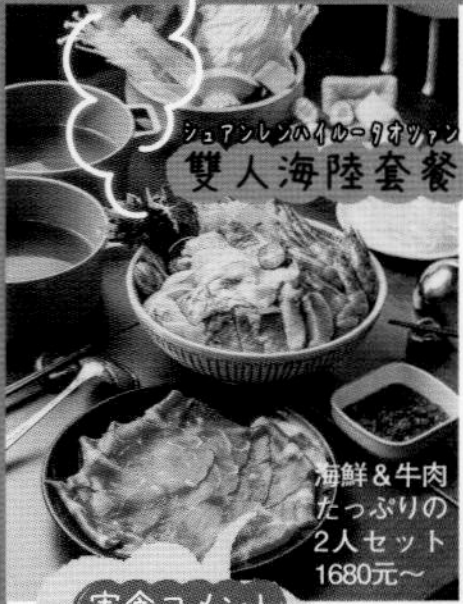

雙人海陸套餐（シュアンレンハイルータオツァン）

海鮮&牛肉たっぷりの2人セット1680元～

[実食コメント] 昆布だしのスープがお気に入り。シメのおじやで大満足♪（ライターA）

自家製唐辛子漬け入りのスープ580元

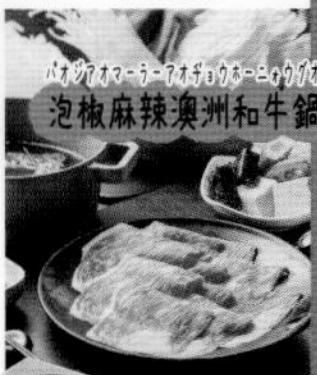

泡椒麻辣澳洲和牛鍋（パオジアオマーラーアオチョウホーニョウグオ）

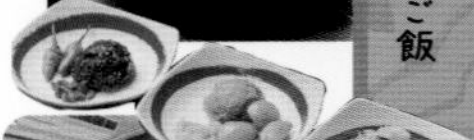

特製スープに合うこだわりの自家製漬物

肉大人 MR.MEAT ロウダーレン

スープや素材にこだわる人気店

食肉を研究した陳オーナーがスタイリッシュにプロデュースした火鍋店。カウンター席もある。

Map 別冊P.10-B2 台北信義イースト

🏠台北市大安區忠孝東路四段216巷27弄3號 ☎02-2711-3808 🕘11:30～22:00 [休]旧正月 [料]ミニマムチャージ300元、サ10% Card J.M.V. [予]予約がベター [席]30 [交]MRT板南線「忠孝敦化」站3番出口より徒歩約5分 URL www.facebook.com/mrmeathotpot

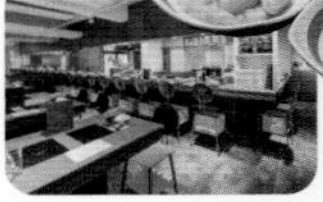

ご飯

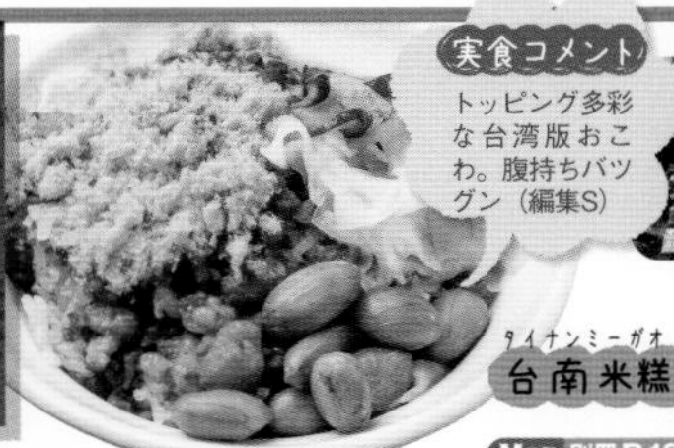

[実食コメント] トッピング多彩な台湾版おこわ。腹持ちバツグン（編集S）

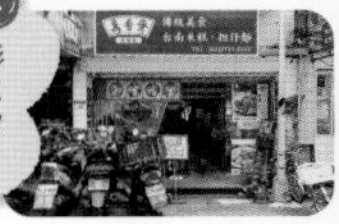

台南米糕（小）（タイナンミーガオ）

でんぶやひき肉の煮込み、漬物などをのせて。45元

萬香齋台南米糕 ワンシアンチャイタイナンミーガオ

台南名物のおこわ

台南名物の米糕（おこわ）を台北で提供。蒸したもち米のいい香りとトッピングの味のバランスが絶妙。

Map 別冊P.10-B2 台北信義イースト

🏠台北市大安區光復南路290巷45號 ☎02-2721-4382 🕘11:30～20:00 [休]日、旧正月 [料]30元～ Card不可 [席]28 [交]MRT板南線「國父紀念館」站2番出口より徒歩約4分 URL www.facebook.com/TainanDeliciousSnacksInTaipei

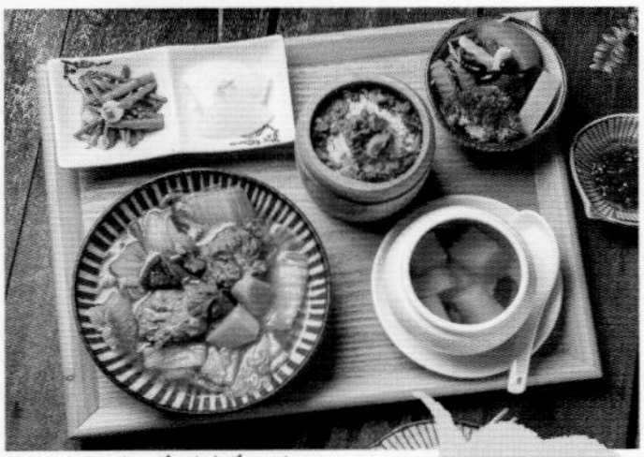

茶香獅子頭定食（チャーシアンシーヅートウディンシー）

スープ仕立ての肉団子の定食320元。卵と乳製品抜きで野菜は多め

[実食コメント] 肉、野菜、スープと、バランスのよい定食で幸せ気分（カメラマンM）

竹里館 チューリーグアン

実力派の老舗茶藝館

厳選した台湾茶を使う茶藝館の草分け。お茶と相性のよい味付けの食事メニューも定評あり。上質な台湾茶と食事が楽しめる。

Map 別冊P.6-A2 台北松山區

🏠台北市松山區民生東路三段113巷6弄15號 ☎02-2717-1455 🕘11:00～21:00（L.O.20:00）[休]旧正月 [料]200元～ Card A.J.M.V. [席]25 [交]MRT文湖線「中山國中」站より徒歩約5分 URL isteashop.com

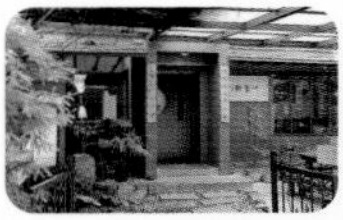

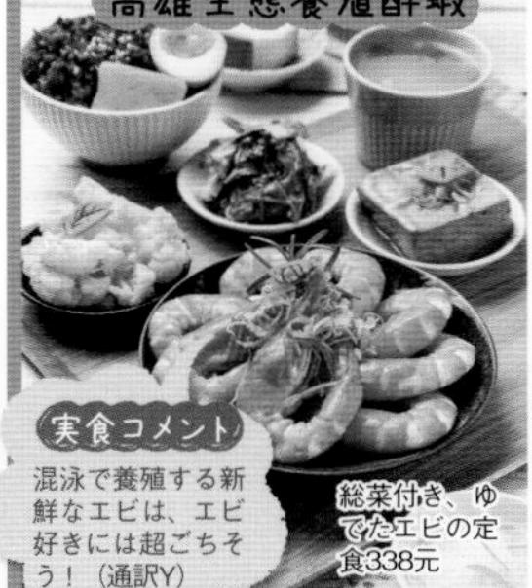

高雄生態養殖醉蝦（ガオシオンションタイヤンチーヅイシア）

[実食コメント] 混泳で養殖する新鮮なエビは、エビ好きには超ごちそう！（通訳Y）

総菜付き、ゆでたエビの定食338元

北棲邸家 ベイチーディージア

実家から直送される新鮮シーフード

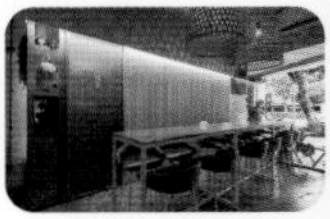

養殖業を営むオーナーの高雄の実家から届く新鮮なシーフードを使い、都会の生活スタイルに合わせて提供。

Map 別冊P.9-C1 台北車站南部

🏠台北市中正區忠孝東路二段40號 ☎02-3343-3587 🕘11:30～15:00、17:30～21:00 [休]旧正月 [料]240元～ Card M.V. [席]30 [交]MRT板南線「善導寺」站3番出口、MRT中和新蘆線・板南線「忠孝新生」站2番出口より徒歩約6分 URL www.instagram.com/87northhouse

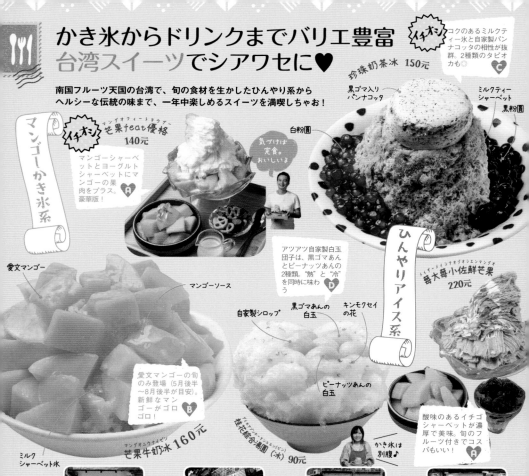

かき氷からドリンクまでバリエ豊富 台湾スイーツでシアワセに♥

南国フルーツ天国の台湾で、旬の食材を生かしたひんやり系からヘルシーな伝統の味まで、一年中楽しめるスイーツを満喫しちゃお！

マンゴーかき氷系

イチオシ

芒果feat優格（マングオフィートヨウグー） 140元

マンゴーシャーベットとヨーグルトシャーベットにマンゴーの果肉をプラス。豪華版！ [A]

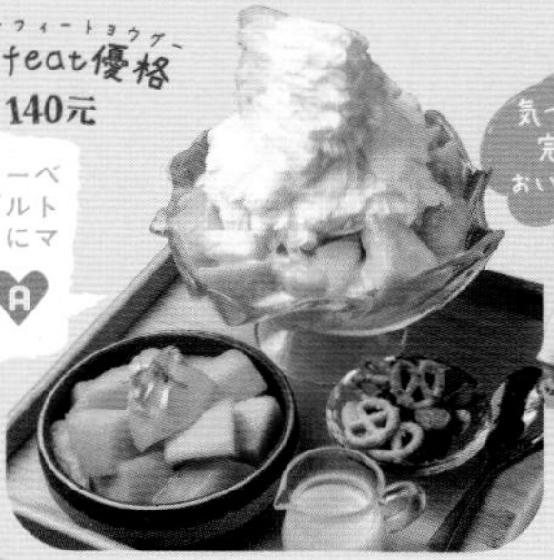

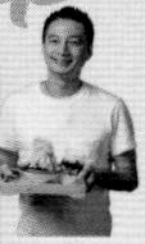

気づけば完食。おいしいよ

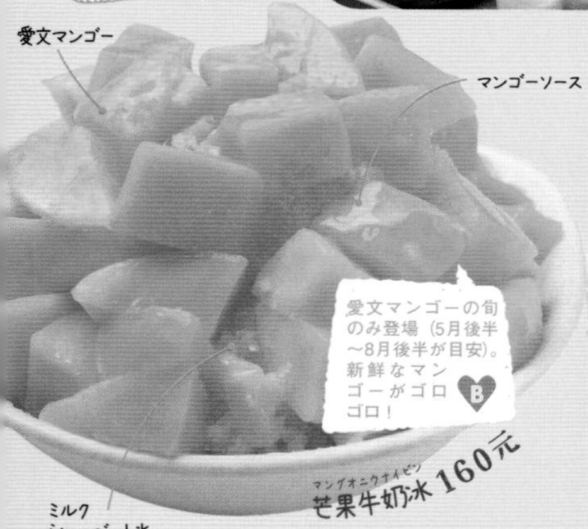

愛文マンゴー
マンゴーソース
ミルクシャーベット氷

愛文マンゴーの旬のみ登場（5月後半～8月後半が目安）。新鮮なマンゴーがゴロゴロ！ [B]

芒果牛奶冰（マングオニウナイビン） 160元

ひんやりアイス系

イチオシ

珍珠奶茶冰 150元

コクのあるミルクティー氷と自家製パンナコッタの相性が抜群。2種類のタピオカも◎ [C]

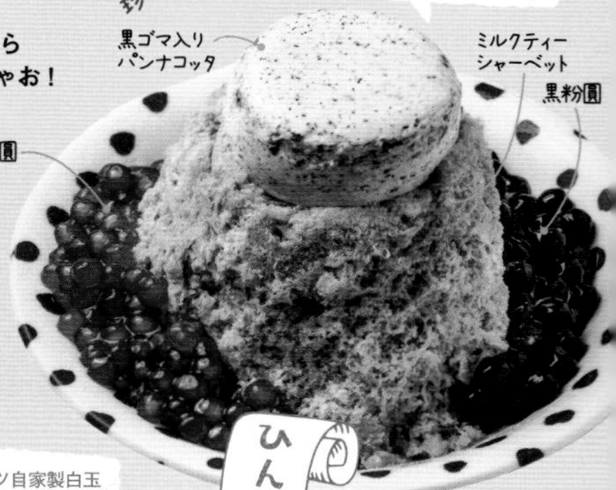

黒ゴマ入りパンナコッタ
ミルクティーシャーベット
黒粉圓
白粉圓

アツアツ自家製白玉団子は、黒ゴマあんとピーナッツあんの2種類。"熱"と"冷"を同時に味わう [D]

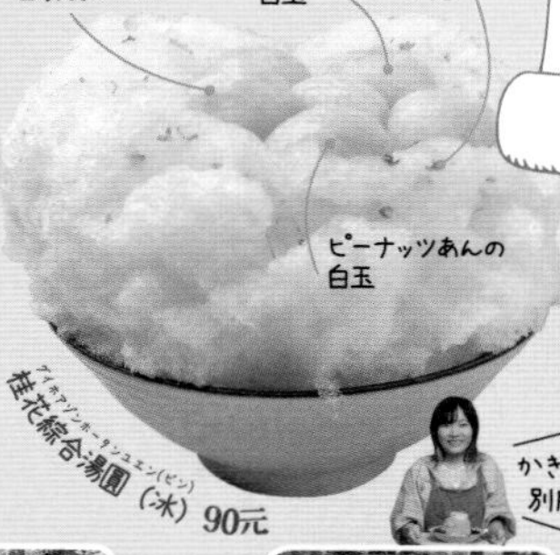

自家製シロップ
黒ゴマあんの白玉
キンモクセイの花
ピーナッツあんの白玉
かき氷は別腹♪

桂花綜合湯圓（冰）（グイホアゾンホーテンユエン(ビン)） 90元

莓大莓小佐鮮芒果（メイダーメイシアオヅオシエンマングオ） 220元

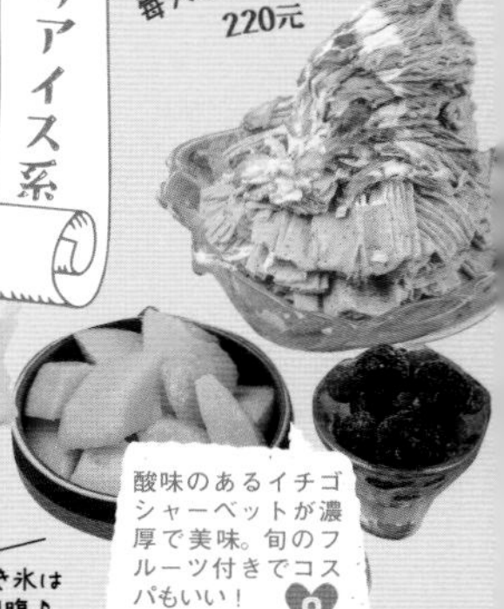

酸味のあるイチゴシャーベットが濃厚で美味。旬のフルーツ付きでコスパもいい！ [A]

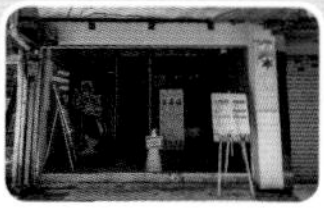

[A] ふわふわかき氷の人気店
Mr.雪腐 Snow & Tofu 公館店
ミスターシュエフー　ゴングアンディエン

ふわふわのシャーベット氷は、素材そのままを凍らせた濃厚味。カットフルーツ（季節で変わる）が付いて、ボリューム満点のおやつ。

[Map 別冊P.3-C3] 台北市街図

🏠台北市中正區羅斯福路三段244巷21號 ☎02-2363-5200 🕘12:00～22:00 [休]旧正月 [料]ミニマムチャージ90元（1グループにつき） [Card]不可 [席]43 [交]MRT松山新店線「公館」站1番出口より徒歩約7分 [URL]www.facebook.com/Mr.雪腐公館店

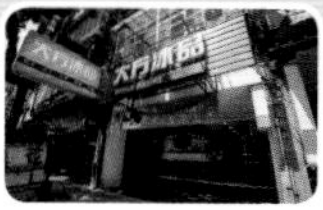

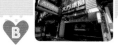

[B] マンゴーの盛りが違う！
大方冰品
ダーファンビンピン

フレッシュな愛文マンゴーの盛り具合も、伝統的かき氷のトッピングも、ボリューム満点で大人気の店（マンゴーかき氷の冬の提供はなし）。

[Map 別冊P.3-D3] 台北市街図

🏠台北市南港區永吉路543號 ☎02-2760-5285 🕘11:00～22:30 [休]旧正月 [料]50元～ [Card]不可 [席]32 [交]MRT板南線「後山埤」站4番出口より徒歩約2分 [支]信義總店 [Map 別冊P.3-D3]

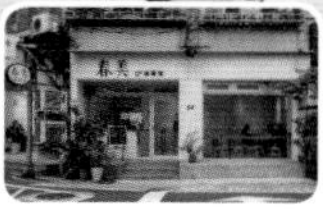

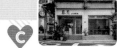

[C] 懐石料理からインスパイアされたかき氷
春美冰菓室
チュンメイビングオシー

懐石料理のシェフだった店主が、見た目にも味にもこだわったかき氷を提供。計算された味を楽しめる。混雑時は入店制限あり。

[Map 別冊P.6-A3] 松山區

🏠台北市松山區敦化北路120巷54號 ☎02-2712-9186 🕘12:00～21:00 [休]旧正月 [料]45元～ [Card]不可 [席]20 [交]MRT松山新店線・文湖線「南京復興」站7番出口より徒歩約4分 [URL]www.facebook.com/CHUNMEIIceShop

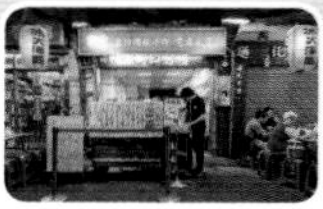

[D] かき氷にアツアツ白玉をのせて
御品元
ユィーピンユエン

ふわふわかき氷の上にアツアツの手作り白玉団子をトッピング。かき氷を少し残して自家製レモン汁とキンモクセイシロップをかけて食べるのもおすすめ。

[Map 別冊P.10-B3] 信義イースト

🏠台北市大安區通化街39巷50弄31號 ☎0955-861-816 🕘18:00～23:00 [休]旧正月 [料]90元～ [Card]不可 [席]30 [交]MRT淡水信義線「信義安和」站4番出口より徒歩約6分 [URL]www.tpypy.com

✉「Mr.雪腐」のミニマムチャージ90元とは、1グループ（1名以上）の最低支払金額のことだって。（香川県・直子）

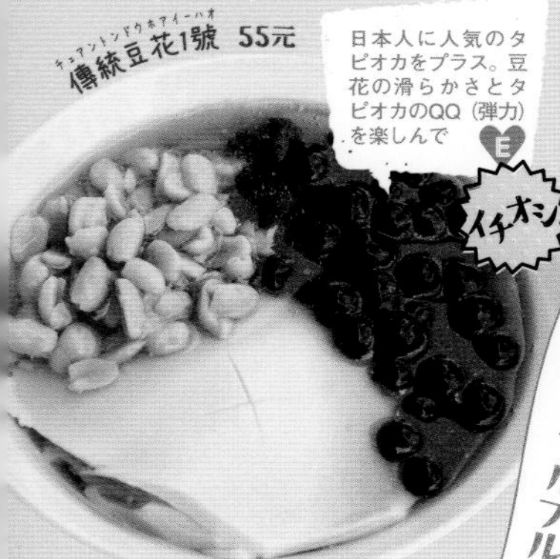

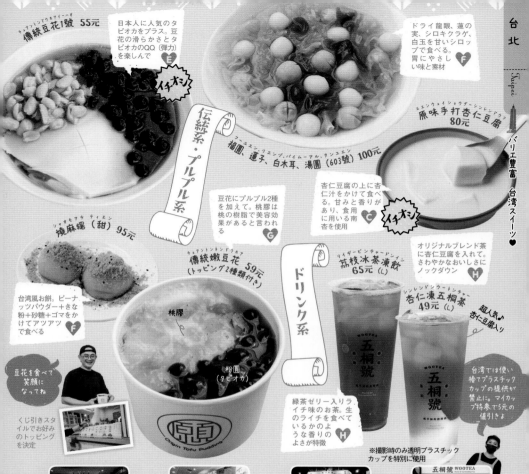

傳統豆花1號（チュアントンドウホアイーハオ） 55元

日本人に人気のタピオカをプラス。豆花の滑らかさとタピオカのQQ（弾力）を楽しんで [E]

イチオシ

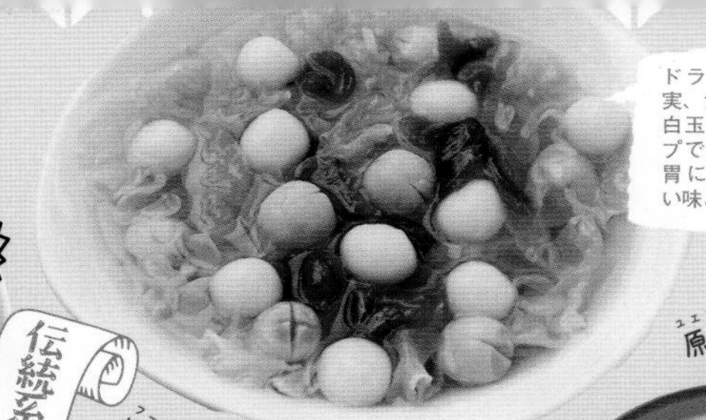

ドライ龍眼、蓮の実、シロキクラゲ、白玉を甘いシロップで食べる。胃にやさしい味と素材 [F]

福圓、蓮子、白木耳、湯圓（603號）（フーユエン、リエンヅ、バイムーアル、タンユエン） 100元

伝統系・プルプル系

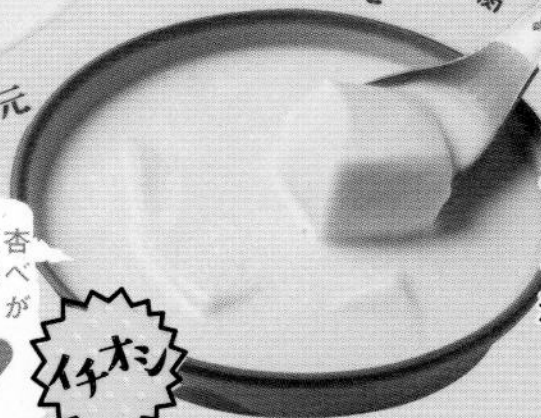

原味手打杏仁豆腐（ユエンウェイショウダーシンレンドウフ） 80元

杏仁豆腐の上に杏仁汁をかけて食べる。甘みと香りがあり、食用に用いる南杏を使用 [C]

イチオシ

豆花にプルプル2種を加えて。桃膠は桃の樹脂で美容効果があると言われる [G]

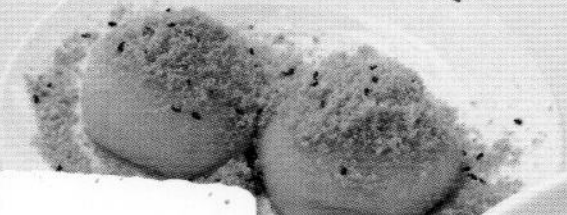

燒麻糬（甜）（シャオモアチ ティエン） 95元

台湾風お餅。ピーナッツパウダー＋きな粉＋砂糖＋ゴマをかけてアツアツで食べる [F]

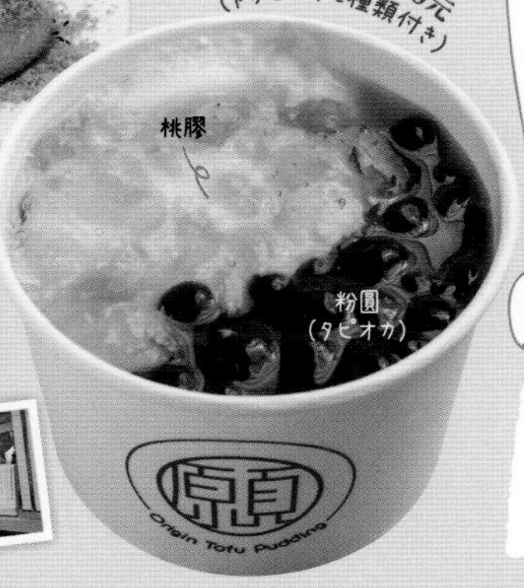

傳統嫩豆花（チュアントンネンドウホア） 59元（トッピング2種類付き）

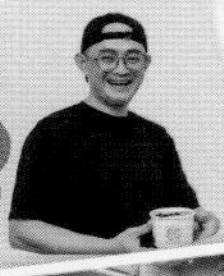

豆花を食べて笑顔になってね

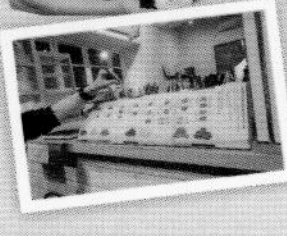

くじ引きスタイルでお好みのトッピングを決定

ドリンク系

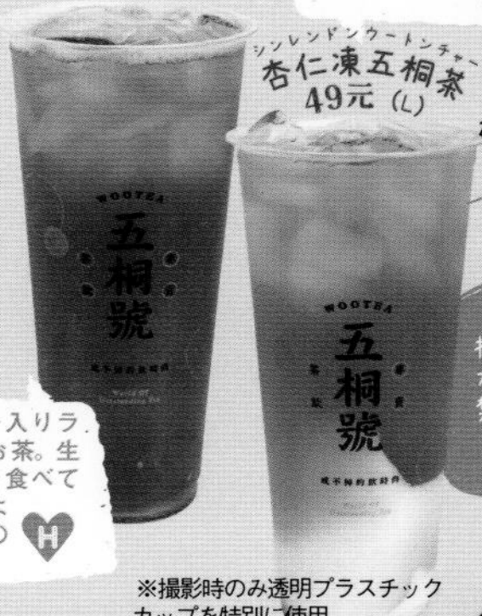

荔枝冰茶凍飲（リイヂービンチャードンイン） 65元（L）

緑茶ゼリー入りライチ味のお茶。生のライチを食べているかのような香りのよさが特徴 [H]

オリジナルブレンド茶に杏仁豆腐を入れて。さわやかなおいしさにノックダウン [H]

杏仁凍五桐茶（シンレンドンウートンチャー） 49元（L）

超人気♪ 杏仁豆腐入り

台湾では使い捨てプラスチックカップの提供が禁止に。マイカップ持参で5元の値引きよ

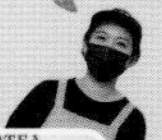

※撮影時のみ透明プラスチックカップを特別に使用

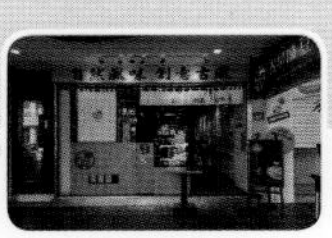

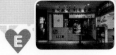

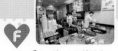

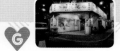

[E]

豆花ならココ！と地元太鼓判

冰霖古早味豆花

ビンリングーザオウェイドウホア

行列覚悟の人気店。コクのあるまろやかな豆花は、添加物は一切不使用。冬瓜糖と黒砂糖のシロップをかけて。ほかのスイーツメニューも充実。

Map 別冊P.4-B2 台北車站北部

🏠台北市大同區民生西路210號 ☎02-2558-1800 🕘11:00～翌1:00 [休]旧正月 [料]35元～ [Card]不可 [席]50 [日] [交]MRT淡水信義線「雙連」站1番出口より徒歩約5分 [URL]www.facebook.com/gozavi

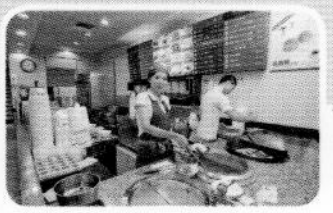

[F]

地元で愛され続ける伝統甘味

雙連圓仔湯

シュアンリエンユエンヅタン

1951年創業の人気の伝統甘味店。約30種類揃う自家製の甘味は、素朴でやさしい味わい。メニュー名には番号がふられているので簡単に注文できる。

Map 別冊P.12-A1 台北中山・赤峰街

🏠台北市大同區民生西路136號 ☎02-2559-7595 🕘10:30～21:30 [休]月 [料]50元～ [Card]不可 [席]70 [日] [交]MRT淡水信義線「雙連」站1番出口より徒歩約3分 [URL]www.sweetriceball.tw

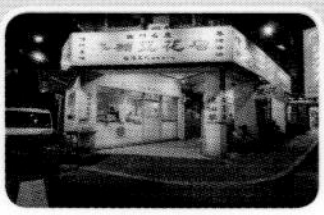

[G]

支持される昔ながらの豆花

本願豆花店

ベンユエンドウホアディエン

台湾の屏東の味を台北で再現。味に厳しい人たちに鍛えられた豆花には、たんぱく質が豊富なカナダ産の有機大豆を使う。

Map 別冊P.11-D1 台北信義イースト

🏠台北市信義區松隆路78號 ☎0975-532-802 🕘12:30～21:00 [休]旧正月 [料]50元～ [Card]不可 [日] [席]8 [交]MRT板南線「市政府」站4番出口より徒歩約6分 [URL]www.facebook.com/OrigintofupuddingXinyi

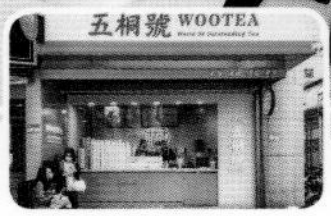

[H]

台北っ子のイチオシ

五桐號

ウートンハオ

杏仁豆腐やライチゼリーなど、手作りゼリーを使ったドリンクがおいしくてコスパもいいと、台湾中で大ヒット。見つけたら飲んでみて。

Map 別冊P.12-B1 台北中山

🏠台北市大同區南京西路18巷6號（中山南西店） ☎02-2558-0866 🕘11:00～22:00（支店によって異なる） [休]旧正月 [料]30元～ [Card]不可 [交]MRT淡水信義線・松山新店線「中山」站6番出口より徒歩約3分 [URL]www.wootea.com

台北でお茶時間を過ごすならココ！
とっておきカフェ＆ティーハウス

台北のすてきなカフェやティーハウスで過ごす、とっておきの旅時間。
こだわりメニューを味わえるarucoおすすめ5店にご案内♪

Taiwan Tea 台湾茶

レトロな空間で台湾茶を満喫
紫藤廬 ヅートンルー

日本統治時代の木造家屋を使った老舗茶藝館。湧き水で淹れる台湾茶をいただきながら、しっとりとした時間を楽しめる。お茶請け各種もおいしい。

Map 別冊P.9-D3　台北車站南部

🏠台北市大安區新生南路三段16巷1號 ☎02-2363-7375 🕐11:30～18:30（金・土・日11:00～19:30）🈺火 💴390元、サ10% Card A.J.M.V. 🪑120 📶日 🚇MRT松山新店線「台電大樓」站2番出口より徒歩約15分 URL www.wistariateahouse.com

とっておきポイント
古い日本家屋が醸し出す空気感。台湾唯一のスペシャルな茶藝館

1. お茶請け各種100元～ 2. とても居心地のよい空間 3. 週替わりのセットが4種あり390元 4. 店名と同名の凍頂烏龍茶、紫藤320元（1人）がおすすめ。1煎目はスタッフが入れてくれる

希少な台湾産のコーヒー
森高砂咖啡 センガオシャーカーフェイ

台湾の人にも知られていない台湾コーヒーのすばらしさを広めたいと開店。南投縣、屏東縣などコーヒー農家を訪ねて厳選したコーヒー各種を味わえる。

Map 別冊P.4-A3　台北大稲埕

🏠台北市大同區延平北路二段1號 ☎02-2555-8680 🕐12:00～20:00（旧正月大晦日のみ～17:00）🈺無休 💴200元～、サ10% Card J.M.V. 🪑40 📶少し 🚇MRT松山新店線「北門」站Y21/Y23出口より徒歩約7分 URL www.sancoffee.com.tw 🏠中山旗艦店 **Map** 別冊P.12-B1、café台北車站M6店 **Map** 別冊P.8-B1、迪化烘焙館 **Map** 別冊P.4-A2

Taiwan Cofee 台湾コーヒー

入れたてを味わって

とっておきポイント
生産量が少なく希少な台湾コーヒーと台湾産素材のスイーツは必食

1. 鐵觀音珍珠佐薑汁黒糖法式吐司（フレンチトースト、鉄観音クリーム・タピオカ・黒糖生姜シロップ添え）245元 2. 蜂蜜桂花磅蛋糕（ハニー金木犀のパウンドケーキ、マーマレードとクリーム付き）160元

南投九份二山日曬
（南投縣九份二山の天日干しコーヒー）小250元

旅にカフェタイムは必須。初めてのお店で何を頼むか迷ったらとりあえず「招牌」（看板メニュー）を注文してる。（宮崎県・BB）

Tea & Book
ティー&ブック

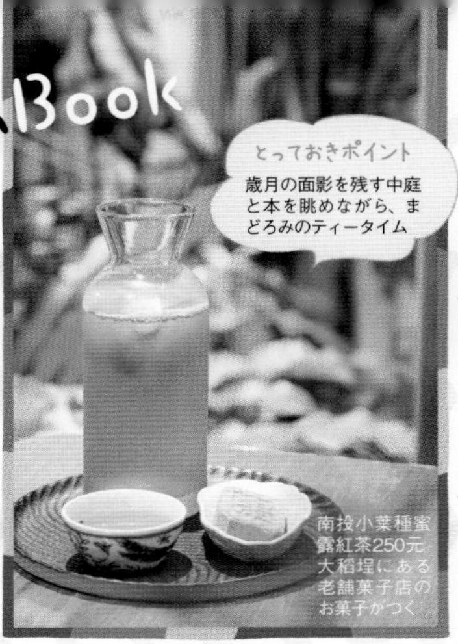

とっておきポイント
歳月の面影を残す中庭と本を眺めながら、まどろみのティータイム

南投小葉種蜜露紅茶250元。大稲埕にある老舗菓子店のお菓子がつく

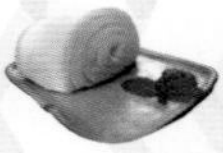

ふかふかの饅頭には旬の台湾フルーツのジャムと、自ら育てた植物を添えて。電源特選饅頭60元

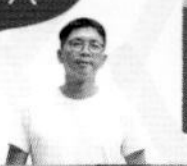
ごゆるりとどうぞ

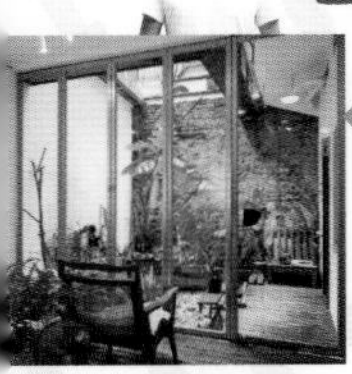

黄さんが惚れ込んだという中庭は店のシンボル的存在。柔らかな光が注ぐ

ホッと落ち着く隠れ家的ブックカフェ

好土:home to
ハオトゥー　ホームトゥー

こぢんまりとした店内には、地理の専門家でもあるオーナーの黄さんがセレクトした関連書籍が並ぶ。台湾茶やコーヒーなども楽しめるアカデミック空間。

Map 別冊P.12-A1　台北中山・赤峰街

[住]台北市中山區中山北路二段72巷20號1F　☎02-2511-2806　[時]12:30～18:30　[休]無休　[料]カフェ最低消費ドリンク1杯　[Card]不可　[席]22　[交]MRT淡水信義線「雙連」站より徒歩約5分　[URL]www.facebook.com/p/好土-home-to-100064107672553/

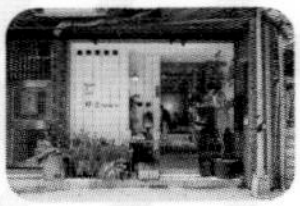

真夜中のベストプレイス

PLACEEE 場所
プレイス チャンスォ

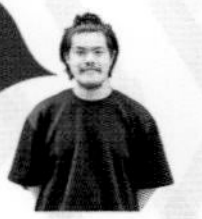
自分流に楽しんで

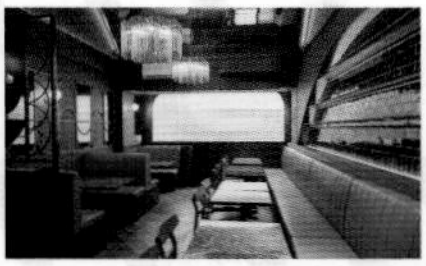

コーヒー好きのオーナーが考案するコーヒーは、マンゴーやハーブ、ココナッツや梅粉と合わせるなど台湾らしいテイストが目を引く。スイーツとパスタも評判！

Map 別冊P.10-B2　台北信義イースト

[住]台北市大安區延吉街160巷3號　☎02-2775-2557　[時]12:00～翌2:00　[休]月　[料]140元～　[Card]J.M.V.　[席]40　[交]MRT板橋線「忠孝敦化」站より徒歩約10分　[URL]www.instagram.com/placeee___/

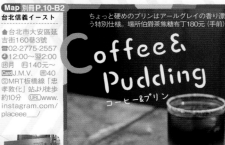

Coffee & Pudding
コーヒー&プリン

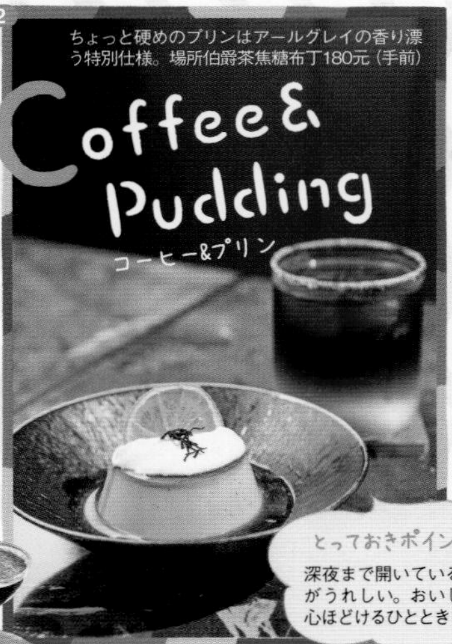

ちょっと硬めのプリンはアールグレイの香り漂う特別仕様。場所伯爵茶焦糖布丁180元（手前）

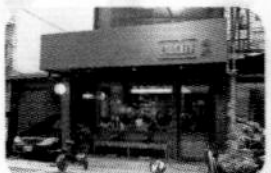

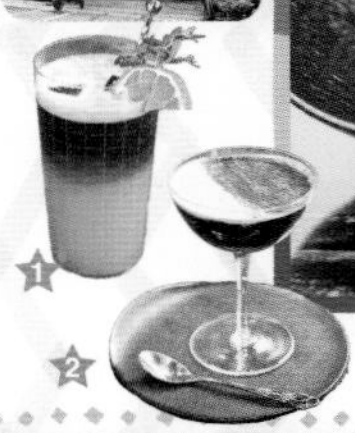

とっておきポイント
深夜まで開いているのがうれしい。おいしく心ほどけるひとときを

1. 芒果金萱咖啡200元　2. 甘さ控えめコーヒーゼリーは鉄観音ブレンド。鐵觀音奶油咖啡凍200元

台湾産の香り高い紅茶

ASW TEA HOUSE
エーエスダブリュティーハウス

100年前に建造された屈臣氏大藥坊ビル内にあり、歴史的空間で台湾産のお茶を楽しめる。おすすめは、日月潭産夜幕紅玉220元。迪化街を見下ろす眺めのよい窓際席は特等席。

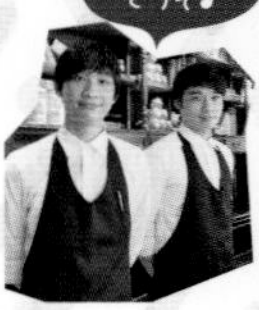
台湾茶をどうぞ♪

Map 別冊P.4-A3　台北大稲埕

[住]台北市大同區迪化街一段34號2F　☎02-2555-9913　[時]9:00～18:00　[休]無休　[料]220元～、サ10%　[Card]A.D.J.M.V.　[席]58　[日]少し　[交]MRT松山新店線「北門」站3番出口より徒歩約9分　[URL]www.facebook.com/aswteahouse

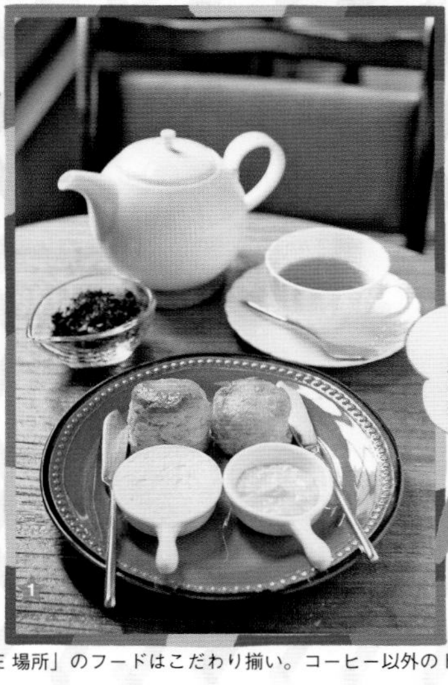

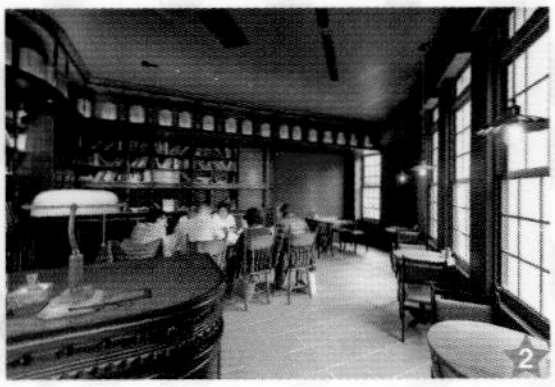

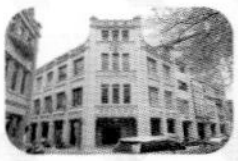

とっておきポイント
歴史的建造物ならではの重厚な雰囲気と台湾茶のコラボが楽しめる

1. 英式下午茶360元はスコーン&季節のジャム付き　2. 客席フロアは広々

Afternoon Tea
アフタヌーンティー

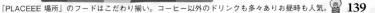

台北のホテル
Hotels in Taipei

女子旅気分を盛り上げてくれるデザインホテルや
台湾の魅力を実感できるこだわりホテルなど、
arucoが厳選したステキなホテルへご案内♪

いらっしゃいませ

ココがお値打ち!
- MRT「西門」駅から近い
- ツインルームが多い
- バラエティ豊富な朝食

日台料理揃ってます

2023年8月オープン!

ソラリア西鉄ホテル台北西門
索拉利亞西鐵飯店台北西門
Solaria Nishitetsu Hotel Taipei Ximen

台北の原宿と呼ばれる西門町に2023年夏に開業した日系ホテル。28階建てビルの6階にフロントがあり、7～28階が客室。298室のうち220室がツインルームで女子ふたり旅にぴったり。フロントも日本語堪能で心強い。トリプルルームもある。

Map 別冊P.8-A1 ┃ 台北西門町&萬華

🏠台北市萬華區中華路一段88號 ☎02-2314-3939 💰T4500元～、シャワークイーン4800元～、トリプル6400元～、各税・サ込 💳A.J.M.V. 🍴日● 🛏298 🚇MRT板南線・松山新店線「西門」站 6番出口より徒歩約4分 🔗nnr-h.com/solaria/taipei/zh

1. 各部屋にはパジャマが用意されている 2. スタンダードツインは21㎡でゆとりあるスペース。お風呂にはイスと洗面器が 3. 朝食は、大鶏排（台湾から揚げ）や滷肉飯、鹹豆漿など台湾料理と和洋食を揃えたビュッフェ 4. 広いロビーでは無料のコーヒー&ティーのサービスも

グローバルチェーンの高級ホテル

台北時代寓所
タイベイシーダイユィスオ
Hotel Resonance Taipei

ココがお値打ち!
- 2020年末にオープン
- MRT「善導寺」駅からすぐ
- 全室30㎡以上でゆったり

日常はストーリーのある映画のひとコマ。そんなフィルム映画をコンセプトに、館内にはさまざまな仕掛けがある。同地にあった56本のクスノキをイメージしたフレグランスなど印象に残る台北ステイを演出してくれる。

Map 別冊P.9-C1 ┃ 台北車站南部

🏠台北市中正區林森南路7號 ☎02-7752-1888 💰T7000元～、サ10%、税5% 💳A.D.J.M.V. 🍴少し 🛏175 🚇MRT板南線「善導寺」站3、4番出口より徒歩約2分 🔗tapestrycollection.hilton.jp/taibei/hotel-resonance-taipei

お待ちしています♪

1. スタンダードルーム。滞在を邪魔されたくないとき（Don't Disturb）は各客室の外にある「ON AIR」ランプを点灯させる 2. 1階フロント 3. 全室バスタブ付き 4. 朝食は隣のスタバを貸し切り。宿泊者限定7:00～9:30（休日～10:00） 5. 焼きたてパンやアルコール提供があるスタバ

ココがお値打ち！
- MRT「忠孝新生」駅からすぐ
- 華山文創産業園区に近い！
- 台湾南部の果物とアイス

1. 客室は25㎡ありゆとりある広さ 2. 朝食ビュッフェは美味揃い。使い損ねた朝食券をおみやげと引き換えてくれるサービスも 3. ロビーは3階

細やかな気遣いがいっぱい

ホテルグレイスリー台北

格拉斯麗台北飯店

Hotel Gracery Taipei

「ホテル椿山荘東京」などを手がける藤田観光株式会社によるホテルブランドが、2021年9月台北にオープンした。スタッフは日本語堪能でホスピタリティにあふれ、客室もくつろぎ度抜群。旅の疲れを芯から癒やしてくれる。

Map 別冊P.9-D1 台北車站南部

🏠台北市中正區忠孝東路二段89號 ☎02-2322-0111 料Ｗ・Ｔ4600元〜（朝食付き）、サ10%込 CardＡ.Ｊ.Ｍ.Ｖ. 客日 室248 交MRT中和新蘆線・板南線「忠孝新生」駅1番出口より徒歩約1分 URLgracery.com/taipei/

ココがお値打ち！
- MRT「南京復興」駅からすぐ
- ハイクオリティな朝食
- 広々したゲストルーム

1. デラックスプレミアキングは43㎡の広さ。ワンランク上のステイを堪能できる 2. 地下1階の「ブリリアント」でのビュッフェ朝食

ラグジュアリーなひとときを♪

ホテルメトロポリタン プレミア 台北

JR東日本大飯店 台北

Hotel Metropolitan Premier Taipei

メトロポリタン系列の上級ブランドとして2021年8月に開業。客室は、36㎡以上と余裕ある広さで温水洗浄付トイレと大きなバスタブ付き。室内プールなどを完備、ラグジュアリーな大型ホテルならではの快適ステイを満喫できる。

Map 別冊P.5-D3 台北車站北部

🏠台北市中山區南京東路三段133號 ☎02-7750-0900 料Ｄ・Ｗ・Ｔ6600元〜（朝食付き）、サ10%込、税5% CardＡ.Ｊ.Ｍ.Ｖ. 客日 室288 交MRT松山新店線・文湖線「南京復興」駅2番出口より徒歩約1分 URLtaipei.metropolitan.tw

---

朝食もおいしい！

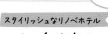

スタイリッシュなリノベホテル

amba台北中山

アンバタイペイジョンシャン

amba Taipei Zhongshan

1. 朝食はビュッフェスタイル 2. 近くにはデパートや飲食店が多く便利なロケーション

台湾の老舗ホテルとして知られる國賓大飯店が新たなブランド「amba」の中山ブランチ。中山北路に面した部屋が多く、窓からは緑豊かな街路樹が望める。1階にはおしゃれなレストラン「Buttermilk」がある。

Map 別冊P.12-A1 中山

🏠台北市中山區中山北路二段57-1號 ☎02-2525-2828 料5000〜5900元、サ10%、税5% CardＡ.Ｄ.Ｊ.Ｍ.Ｖ. 客少 室90 交MRT淡水信義線・松山新店線「中山」站3番出口より徒歩約7分 URLwww.amba-hotels.com/jp/zhongshan/

ココがお値打ち！
- ショッピングや観光に便利
- ていねい＆親切対応のスタッフ陣
- 遊び心のあるインテリア

台湾ラバーに超おすすめ

三井ガーデンホテル台北忠孝

和苑三井花園飯店 台北忠孝

MGH Mitsui Garden Hotel

コンセプトは、「Taiwan Character × Japan Quality」。館内各所に台湾の魅力を散りばめ、最上階には台湾では希少な大浴場も。客室は「TAIWAN NATURE」をテーマに、都会のオアシスのようにくつろげる空間。

Map 別冊P.9-D1 台北車站南部

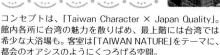

🏠台北市大安區忠孝東路三段30號 ☎02-2781-1131 料Ｗ・Ｔ5000元〜、コンセプトルーム6000元、サ10%込 CardＡ.Ｊ.Ｍ.Ｖ. 客日 室297 交MRT中和新蘆線・板南線「忠孝新生」站3番出口より徒歩約1分 URLwww.gardenhotels.co.jp/taipei-zhongxiao/

1. 台北を一望できる大浴場 2. タオルなどを大浴場へ持参するためのバッグ 3. 古都台南の古民家をイメージしたNostalgicルーム

ココがお値打ち！
- MRT「忠孝新生」駅すぐ
- 最上階に大浴場完備
- 映えるコンセプトルーム

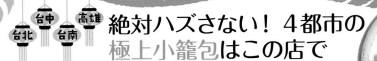

絶対ハズさない！ ４都市の極上小籠包はこの店で

台北 台中 台南 高雄

台湾グルメの代表格、小籠包。台北・台中・台南・高雄の４都市の小籠包を味わえる店をチェック。絶対、ハズさない極上小籠包はココにある！

カニさん！

蟹粉小籠包 10個
400元
（5個200元）

台北

大定番！名店 鼎泰豐 新生店
ディエンタイフォン シンションディエン

名店として世界に名をはせる鼎泰豐の小籠包は、薄皮に豊かな肉汁が包まれ極上の味わい。贅沢なカニのうま味が広がる蟹粉小籠包もぜひ。5個でも注文できる。蝦仁蛋炒飯（エビ卵炒飯）もおすすめ。

arucoの推し！

小籠包 10個
250元
（5個125元）

ゆっくり楽しんでね

たっぷり肉汁が美味

Map 別冊P.9-D2 台北永康街

🏠台北市大安區信義路二段277號 ☎02-2395-2395 🕘11:00～20:30、土・日・祝10:30～ [休]旧正月2日間 [料]サ10% [Card]J.M.V. [日] ((日)) [席]250 [交]MRT淡水信義線・中和新盧線「東門」站6番出口より徒歩約3分 [URL]www.dintaifung.com.tw/jp/

元籠小籠包
10個 220元

台北

地元に愛される老舗上海料理店 高記 新生店
ガオジー シンションディエン

こちらも推し！

上海鐵鍋生煎包
10個 220元

東門站周辺で鼎泰豐に次ぐ小籠包の人気店だった高記が移転。小籠包は安定のおいしさ。小型の肉まんを焼いた上海鐵鍋生煎包も肉あんたっぷりで食べ応え十分。

Map 別冊P.9-D2 台北車站南部

🏠台北市大安區新生南路一段167號 ☎02-2325-7839 🕘10:00～21:30、土・日・祝8:30～ [休]無休 [料]サ10% [Card]J.M.V. [席]130 [交]MRT淡水信義線・中和新盧線「東門」站6番出口より徒歩約5分 [URL]www.kao-chi.com

台北

貝柱入りで独特の風味と深いコク 小上海 民生店
シアオシャンハイ ミンションディエン

おいしさと手頃な価格、創業以来の安定したレシピで作る小籠湯包は地元の人に大人気。少し厚めの皮で包んだあんは、豚モモ肉に貝柱をミックス。深みのあるスープがあと引くおいしさ。

Map 別冊P.6-B2 台北松山區

🏠台北市松山區民生東路四段62號 ☎02-2718-5783 🕘10:30～20:30（L.O.） [休]月 [料]150元～ [Card]不可 [日] [席]59 [交]MRT文湖線「松山機場」站3番出口より徒歩約12分

小籠湯包
10個 150元

✉「鼎泰豐」新生店は新しくキレイ。店員さんは日本語対応してくれるしトイレも清潔で◎（愛知県・舞菜）

絶対ハズさない！ 4都市の極上小籠包はこの店で

台北

梁山泊小籠湯包

コスパ最高の小籠包専門店

リアンシャンポーシアオロンタンバオ

小籠包を作る吳文綦さんと接客担当の鄭惠文さん

日本の方にも大人気
小籠湯包
7個 100元
arucoの推し！

梁山泊
小籠包

すべて手作りだよ

Map 別冊P.8-A1 台北西門町

🏠台北市萬華區漢口街二段54-4號 ☎097-626-6875 🕘10:00～15:00、17:00～21:00 [休]月、火、木 [Card]不可 [席]20 [交]MRT松山新店線・板南線「西門」站6番出口より徒歩約7分

屋外にテーブル席がある気軽な小籠包専門店。小籠包は薄皮と肉汁の多さにこだわっている。メニューは小籠包とスープ、豆漿のみですべて手作り。

台北

京鼎小館

バリエーション豊富

ジンディンシアオグアン

ヘチマのゴロッとした食感が楽しい。エビと好相性。

蝦仁絲瓜小包
10個 340元

烏龍茶は具材に使用。皮のグリーンは緑茶を使用。

烏龍茶小籠包
10個 270元

「鼎泰豐」で修業を積んだ兄弟が経営。庶民的な雰囲気の店内は地元客でにぎわう。肉汁のうま味を感じる小籠包は、ファンが多い。エビとヘチマ、烏龍茶などバリエ豊富。

Map 別冊P.6-A3 台北松山區

🏠台北市松山區敦化北路155巷13號 ☎02-2546-7711 🕘10:30～14:00、土・日9:30～14:30、17:00～21:00 [休]月 [料]サ10% [Card]不可 [日]少し [席]80 [交]MRT板南線・松山新店線「台北小巨蛋」站1番出口より徒歩約8分

小籠湯包
20個 320元

あっさりスープに落として食べる小粒タイプ

台北

點水樓 南京店

カラフル♪美しい！

ディエンシュウイロウ ナンジンディエン

松露
(トリュフ)
蟹皇(カニ)
麻辣
(スパイシー)
九層塔
(台湾バジル)
翡翠蝦仁
(エビ)
小籠包
(プレーン)
XO醤
原汁七彩小籠包
7個 380元

小籠包は、熟練の職人が一つひとつ手作り。7通りの味を楽しんで

カボチャやニンジンなどを皮に練り込んだ7色の小籠包。プレーンな小籠包から食べ始め、ラストは中央の麻辣がおすすめの食べ方。

Map 別冊P.6-B3 台北松山區

🏠台北市松山區南京東路四段61號 ☎02-8712-6689 🕘11:00～14:00、17:30～22:00（L.O.21:00） [休]無休 [料]500元～、サ10% [日]少し [Card]A.J.M.V. [英] [席]70 [交]MRT松山新店線「台北小巨蛋」站5番出口より徒歩約1分 [URL]www.dianshuilou.com.tw

小籠包は、レンゲにのせて食べるのがベター。レンゲにのせ皮を破きスープを味わおう。いきなり口に含むとやけどをしてしまうことも。

台中

肉のうま味があふれ出る！

沁園春 創始店

チンユエンチュン　チュアンシーディエン

小籠包 8個
210元

arucoの推し！

1949年創立。生地にこだわって手作りする小籠包は中が透けるほどの薄皮。肉汁たっぷり、細かめに刻んだ豚肉のあんは甘口で品がある。

無錫肉骨頭 450元
漬け込み、揚げて、煮込み、蒸すことで実現した驚きの軟らかさ！

こちらも推し！

清炒河蝦仁 680元
塩加減絶妙なエビ炒め。このほか「玫瑰包65元」など人気料理多数

Map 別冊P.18-B3　台中

⌂台中市中區台灣大道一段129號
☎04-2220-0735　🕘11:00-14:00、17:00-21:00（L.O.昼13:40、夜20:40）
[休]不定休　[料]サ10%　[Card]不可　[席]90
[日]　[交]台鐵「台中」車站より徒歩約8分
[URL]qin-yuan-chun1949.com/

台南

行列が絶えない大人気店

上海好味道小籠湯包

シャンハイハオウェイダオシアオロンタンバオ

1991年に開業。昼時には、会社員や家族連れなどが行列を作る。小籠湯包を作る工程を見られるオープンキッチン。職人が店頭で包み蒸し上げた、できたてのアツアツ小籠湯包はジューシーでうま味たっぷり。

Map 別冊P.15-D2　台南

⌂台南市東區東安路26號　☎06-208-1601　🕘10:30～22:30
[休]月2回水、旧暦大晦日から2日間
[料]100元～　[Card]不可　[席]150
[交]台鐵「台南」車站後站の📍「香格里拉飯店」よりバス77で📍「東明里」下車、徒歩約2分

自慢の味楽しんで！

熟練の職人たちが18ヒダの小籠湯包をスピーディに作っていく

小籠湯包
7個 110元

arucoの推し！

蟹黃湯包
7個 190元

小籠包
7個 90元

こちらも推し！

蝦仁炒飯 75元
パラッとした仕上がり。日本人好みのテイストで食事のシメに

台南

地元民御用達の庶民派中華

上海華都小吃

シャンハイホアドウシアオチー

1979年の開店以来、気軽に立ち寄れる食堂。メニュー豊富で、2人前程の小皿と4人前程の中皿があり、リーズナブルに食事が楽しめる。シンプルな炒飯もおすすめ。日本人観光客も多いため、日本語メニューが用意されている。

Map 別冊P.14-B2　台南

⌂台南市中西區民權路二段26號
☎06-221-6268　🕘10:30～14:00、16:30～21:00　[休]不定休
[料]100元～　[Card]不可　[日]　[席]50
[交]台鐵「台南」車站より徒歩約12分

✉ 台中の「沁園春」にランチしに行ったが土曜日だったこともあり、行列状態。週末は予約を入れておくのがベスト。（広島県・麻恵）

絶対ハズさない！ 4都市の極上小籠包はこの店で

小籠包
8個 80元

酸辣湯
40元
具だくさんでソフトな酸味。＋紅茶、小籠包のセット(125元)も

ゆっくり味わってね

台中

葉小籠包

イエシアオロンバオ

愛され続けるミニ肉まん

開業60年。肉汁なしの肉まんタイプで、厚手の生地に肉の餡がみっしり詰まっている。店頭で作られる優しい味わいで近隣の子どもたちにも人気。冷めても美味。

Map 別冊P.18-B2 台中

⌂台中市西區模範街30號 ☎04-2302-8436 🕘11:00～20:30 [休]不定休 [Card]不可 [日] [席]25 [交]台鐵「台中」車站よりバス54などで「英才向上北路口」下車、徒歩約3分 [URL]www.facebook.com/yeh50/

高雄

紅陶上海湯包

ホンタオシャンハイタンバオ

本格的上海料理をカジュアルに

高級老舗ホテル内にあり、旅行者でも利用しやすい。林俊宏シェフ監修の小籠湯包は、豚肉の赤身と脂のバランスを工夫するなど、技が光る一品だ。食べやすいメニューが揃う。

Map 別冊P.16-B2 高雄

⌂高雄市前金區成功一路266號 高雄漢來大飯店10F ☎07-213-5751 🕘11:30～14:30、17:30～21:30 [休]無休 [料]700元～ [Card]A.J.M.V. [日] [席]100 [交]MRT紅線「R9中央公園」站2番出口より徒歩約10分 [URL]www.hilai-foods.com/brand-content/8

上海小籠湯包
8個 200元

こちらも推し！

招牌生煎湯包 180元
焼いた小籠湯包。焼き目が香ばしく、隠れた人気メニュー

arucoの推し！

小籠湯包
7個 70元
(5個 55元／9個 85元)

作りたてを味わって

高雄

豐圓小籠湯包

フォンユエンシアオロンタンバオ

家庭の味もあなどれない！

家族で作っていた思い出の味を屋台で提供していたところ、口コミでおいしさの評判が広がった小籠湯包。スープの多い小籠湯包は自家製ネギ醤油で食べる。シンプルなおいしさに感動するかも。

Map 別冊P.16-B3 高雄

⌂高雄市前鎮區復興三路183號 ☎0965-620-102 🕘6:00～13:00 [休]水 [料]40元～ [Card]不可 [席]10 [交]MRT紅線「R8三多商圈」站4番出口より徒歩約9分 [URL]www.facebook.com/profile.php?id=100063895537126

台南の「上海好味道小籠湯包」は、蒸し餃子や麺類も美味。夕食利用にもおすすめ。

おひとりさま
少人数OK

個性が光る☆進化系レストランでとっておき

プチゴージャス

オーツミルクのアイス紅烏龍燕麥奶茶160元

台北 心躍る特別ごはん！ 心潮飯店

シンチャオファンディエン

海鮮パリパリピザを台湾バジルのソースで。九層塔醬海鮮蝦餅480元

店内はゆったり広々

かわいい！ おいしい！ カラスミチャーハンあぶりホタテのせ。ピンクはドラゴンフルーツの天然色。炙烤干貝烏魚子炒飯560元

2019年オープン。新鮮食材にこだわったメニューはビジュアルも味も秀逸！ アールデコをモチーフとした店内はクラシカルかつおしゃれで、空間のすてきさにも目を見張る。感度の高い若者に人気なのも納得。

[Map] 別冊P.11-D2　台北信義イースト

🏠台北市信義區忠孝東路五段68號 2F（微風信義） ☎02-2723-9976 🕘11:00～21:30、木・金・土～22:00 [休]無休 [料]750元～、サ10% [Card]A.J.M.D.V. [日] [席]100 [交]MRT板南線「市政府」站3番出口より徒歩約3分 [URL]www.facebook.com/sinchaoriceshoppe

新鮮野菜を使ったスタイリッシュな創作台湾料理です

宜蘭人のオーナーが台湾の旬の食材を伝統の手法をメインに再解釈した料理です

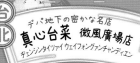

ゴージャス

台北 デパ地下の密かな名店 真心台菜　微風廣場店

チェンシンタイツァイ ウェイフォングァンチャンディエン

台湾北東部に位置する宜蘭名物を高い技術と手間を惜しまず仕上げた料理は、見た目は地味でも味はとびきり！ 特に宜蘭菜脯蛋は忘れがたいおいしさ。ベジタリアンセットや人数に合わせたコースも。

[Map] 別冊P.10-A1　台北信義イースト

🏠台北市松山區復興南路一段39號G樓（微風廣場） ☎02-6600-1280 🕘11:30～14:30、土・日～15:30、17:30～21:30、木～土22:00　L.O.は閉店の30分前 [休]無休 [料]2人セット2099元など、サ10% [Card]A.J.M.V. [席]100 [交]MRT板南線「忠孝復興」站5番出口より徒歩約9分 [URL]www.facebook.com/trulytaiwanesecuisine/

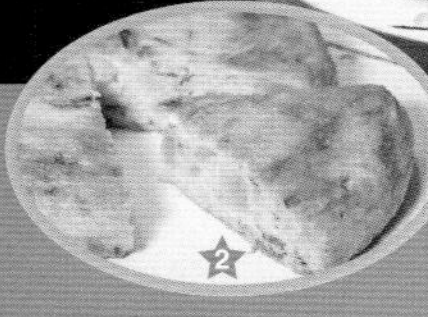

1. 手前から時計回りに宜蘭菜脯蛋280元、宜蘭糕渣289元、蔭豉鮮蚵400元、宜蘭龍鳳腿350元、紅麹醉雞腿469元 2. パンケーキみたいなふんわり卵焼きは、甘くて柔らかな宜蘭の菜脯（大根の漬物）入り 3. モダンな店内

 ✉ 最近、インテリアもおしゃれで女子ひとりで利用しやすいレストランが増えてきてうれしい！（宮城県・麻美）

台湾料理を召し上がれ

伝統的な台湾料理を美しくモダンにプレゼンテーションする進化系レストランが台湾各地に続々誕生！

ゴージャス

伝統的な台湾料理に新感覚をミックス。印象に残るビジュアルと味を提供しています

[高雄]

緻密に計算された華やかな料理

老新台菜 十全店

ラオシンタイツァイ シーチュアンディエン

昔の文化と本のようなストーリー性を体感してもらえるよう、抜かりがない演出をしている。インテリアだけでなく、料理も見事なバランスで提供される。早めに予約して華やかなコースを味わってみて。

Map 別冊P.17-C1 高雄

⌂高雄市三民區十全三路265號 ☎07-311-8099 🕘11:30～14:00、17:30～22:00 [休]無休 [料]800元～、サ10% Card J.M.V. [予]要予約 [席]650 [交]台鐵「美術館」車站・LRT「C20臺鐵美術館」站より徒歩約19分 URL www.facebook.com/OldNewTaiwaneseCuisine [店]九如創始店 ⌂高雄市三民區九如二路227號

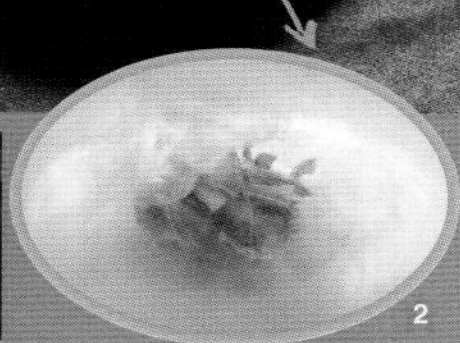

1. メニューなしのコースで1人800元、1000元、1200元。（写真は1200元×2人）。トラ柄バンズの刈包など創意工夫に感動 **2.** イカの瞬間スモーク料理。演出が楽しい **3.** レトロな店内

ゴージャス

[高雄]

家庭料理をよりおいしく昇華

福園台菜海鮮餐廳

フーユエンタイツァイハイシエンツァンティン

「酸酸甜甜、湯湯水水」という台湾料理の特徴を大切にしています

「酒家菜」の代表店。酒家菜とは、伝統の台湾料理をよりていねいに作り込み、精緻な高級料理へと進化させたもの。研究を重ねてよりおいしい台湾料理を提供する名店で、口福感を満喫してみよう。

Map 別冊P.16-B2 高雄

⌂高雄市前金區成功一路266號 高雄漢來大飯店9F ☎07-213-5739 🕘11:30～14:30、17:30～21:30 [休]無休 [料]650元～ Card A.D.J.M.V. [日] [席]102 [交]MRT紅線「R9中央公園」站2番出口より徒歩約10分 URL www.hilai-foods.com/brand-content/20

1. 酸っぱいソースのエビのフリッター「呷酢蝦」580元、タロイモにダックを混ぜた台湾コロッケ「芋茸酥鴨方」380元など、王誌雄シェフの技を堪能したい **2.** 広い店内 **3.** 個室

料理をオーダーし過ぎて食べきれないときは、店員に打包「ダーパオ」とひとこと。紙パックなどに包んでくれるので夜食に。

台南を代表する
老舗阿霞飯店の
姉妹店です
カニおこわは
台南の名物です

プチ
ゴージャス

台南

伝統を受け継ぐ新たな名店

錦霞樓

ジンシアロウ

台南の老舗レストラン「阿霞飯店」（→P.75）の伝統を受け継いだ三代目である呉健豪シェフによって設立された。1〜2人の少人数でも名物の蟹おこわをはじめ、名店の味を堪能できるコース料理を提供している。

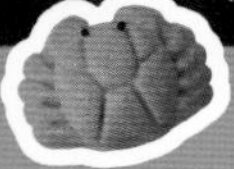

カニさん♡の
スイーツも♪

雙人套餐（ふたり用セット）1980元。手前から時計回りに、蟹おこわ、ベビーキャベツの煮込み、蟹とシーフードのスープ、季節のデザート、杏仁豆腐。ひとり用（單人）セット880元もある

Map 別冊P.15-D2　台南

台南市東區中華東路一段366號 南紡購物中心2F　06-300-6789　11:00〜14:00、17:00〜21:00（L.O.19:50）　休 無休　料 サ10%　Card A.J.M.D.V.　日　席 180　交 台鐵「台南」車站後站の「香格里拉飯店」よりバス77で「南紡購物中心站」下車すぐ　URL jinxia.ezsale.tw/JIJNXIA.asp

台南の名物
料理をラインアップ。
おひとりさまから
団体まで幅広く
対応しています

お値打ち！

台南

気軽に味わう台南料理

府城食府　正宗台南料理安平總店

フーチョンシーフーチョンジンタイナンリアオリー　アンピンゾンデエン

手前から時計回りに、府城擔仔麵50元、網紗鮮蝦捲200元、芋籤粿120元、手工豆花35元、蚵仔煎180元

メニューには台南発祥の名物料理がすべて並ぶ。アラカルトとコース料理があり、手頃な予算で楽しめる。擔仔麵やデザートの豆花を注文すると、屋台がやって来て目の前で作ってくれる楽しいサービスも。

台南銘菓の椪餅など
おみやげも販売

Map 別冊P.14-A1　台南

台南市安平區華平路152號　06-295-1000　11:00〜14:00、17:00〜21:00　休 無休　料 サ10%　Card J.M.D.V.　日　席 340　交 台鐵「台南」車站よりタクシーで約10分　URL tncr.dondom.com.tw

台南を訪れるたび、必ず阿霞飯店のカニおこわを食べる。台南に来たのだ！という実感がしみじみ湧いてくる味。（岡山県・美雪）

台中

美味なる米食パラダイス
有春茶館 大墩店
ヨウチュンチャーグァン ダードゥンディエン

お値打ち！

屏東の米農家・間屋出身のオーナーがお米愛あふれる料理を提案。どれもどこか懐かしさを感じる優しい味わい。スイーツやドリンクまでメニューはバラエティ豊かで選ぶのに迷うほど。

お米のおいしさ、すばらしさを広めたい！お米愛あふれるレストランです

人気のひとり用セット400元は要予約の裏メニュー

Map 別冊P.18-B1　台中

🏠台中市南屯區大進街377號
☎04-2322-1669　⏰11:30～21:00　🈺旧暦大晦日　💰400元～　サ10%　Card J.M.V.　🅿なし
🪑90　🚃台鐵「台中」車站よりバス27で「公益東興路口」下車、徒歩約3分
🌐www.wuchunteahall.com
📍大智店　台中市東區大智路55號 **Map** 別冊P.18-B3

中にも上にもタロイモの芋泥波波奶昵85元

旬の果物かき氷250元。夏はマンゴー、冬はイチゴ

米で作った台湾伝統菓子の宝箱。砂糖50%カットで甘さ控えめ、小ぶりなのも◎。時光珍藏寶盒200元（手前）

台湾の定番・人気料理が集う両人相伴桌1180元。女子なら3人くらいでほどよいボリューム

フレッシュなその土地の食材をシンプルな調理法でご提供しています

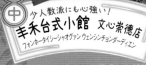

お値打ち！

台中

少人数派にも心強い！
圭禾台式小館 文心崇德店
フォンホータイシーシャオグァン ウェンシンチョンダーディエン

伝統を新しい考えで再構成した料理はしっかり濃いめの味付け。少人数でも品数豊富に台湾料理が楽しめるのがうれしい。お得なおひとりさまセット（280元～）もあり。

気取らず過ごせる雰囲気の店内。2021年オープン

Map 別冊P.18-A3　台中

🏠台中市北屯區文心路四段595號　☎04-2249-0007　⏰11:30～14:30、土・日11:00～、17:30～22:00、土・日17:00～（L.O.14:00、17:30）　🈺無休　💰500元～　サ10%
Card A.J.M.V.　🅿80　🚃台中MRT「文心崇德」站より徒歩約2分（出口2道路向かい側）　🌐www.veggtable.com
📍大里德芳南店　台中市大里區德芳南路476號、台北中山區南京東路二段146號2F

宜蘭

ゴージャス
心を込めて作り出す創作台湾料理
麟的手創料理
リンダショウチュアンリアオリー

陳兆麟オーナーシェフの「麟」がついた店名には、いろんな世界がリンクするという思いが込められている。宜蘭周辺で取れる食材を使った料理を提供する。

Map 別冊P.2-B1　宜蘭

🏠宜蘭市泰山路58-2號 2F　☎03-936-8658
⏰12:00～14:30、18:00～21:00　🈺火
💰1500元～　サ10%　Card D.J.M.V.　🪑95
🚃台鐵「宜蘭」車站より徒歩約17分　🌐www.facebook.com/Link2009Taiwan

1. メニューはなくコースのみ。1人1500元（7品）、2200元（9品）など。宜蘭名物の揚げ出し「糟溜（ゴウチャー）」など、宜蘭を大切にしたコース仕立て　**2.** アート性の高い店内

精神世界や芸術性を重視したメニューのないレストランです

台湾人のソウルフード「滷肉飯」を食べ比べ！

ルーローファン

台湾を代表するローカルフード「滷肉飯」。ご飯にそぼろ肉をかけたシンプルメニューだけど味わいはさまざま。arucoが台湾各地の人気店で食べ比べ！

滷肉飯豆知識

広く使われている「魯」はあて字で正しくは「滷肉飯」。肉などを調味料で煮込み、味をしみこませる料理法「滷」から由来する。一般的に北部から中部は「滷肉飯」、南部は「肉燥飯」と呼ぶことが多い。

滷肉飯は母の味

台北（ほか）

鬍鬚張魯肉飯
フーシィヂャンルーロウファン

1960年の創業当時は屋台。現在、70店以上を展開するチェーン店に成長。ブランド豚の希少なほお肉と台湾の新米にこだわり、奈良漬を添えている。

魯肉飯 39元			
肉	少ない ・・・★・・ 多い
味	あっさり ・・・★・・ こってり
ボリューム	小 ・・・★・・ 大

こんなメニューも！

雞肉飯 39元

優良農産品認定を受けた鶏肉を使い、さっぱりテイスト

Map 別冊P.4-B2 台北大稲埕

🏠台北市大同區寧夏路54號 ☎02-2558-9489 ⏰10:30～翌0:30 ㊡無休 💰40元～ Card不可 座100 ㊡日少し 🚇MRT淡水信義線「雙連」站1番出口より徒歩約8分 URL www.fmsc.com.tw

店名は"ヒゲの張さんの滷肉飯"から命名

2代目社長です

高雄

前金肉燥飯
チエンジンロウザオファン

1959年から肉燥飯を提供。手作り魚デンブをのせて食べるスタイル。毎日10時間以上煮込む豚肉は、少し甘め。辛味の強いコショウをかけて食べるのが◎。

肉燥飯 30元			
肉	少ない ・・・★・・ 多い
味	あっさり ・・・★・・ こってり
ボリューム	小 ・・・★・・ 大

Map 別冊P.16-A2 高雄

🏠高雄市前金區大同二路26號 ☎07-272-7263 ⏰7:00～18:00、土～14:00 売り切れ次第閉店 ㊡日、旧正月 💰30元～ Card不可 座24 🚇MRT橘線「O4市議會（舊址）」站2番出口より徒歩約4分

こんなメニューも！

鴨蛋包 15元

アヒルの揚げ卵を肉燥飯に混ぜると美味！

半熟卵がキメテ！

肉燥飯 40元			
肉	少ない ・・★・・・ 多い
味	あっさり ・・・★・・ こってり
ボリューム	小 ・・・★・・ 大

こんなメニューも！

肉丸仔飯 65元

ミニハンバーグ状の肉丸仔がうまうま

台中

嵐肉燥専賣店
ランロウザオジュアンマイディエン

ローカルグルメが集まる第二市場（→P.106）のなかでも人気が高い行列店。濃いめの味付けの肉燥飯は、青ネギがトッピングされていて見た目よりあっさりしている。

Map 別冊P.18-B3 台中

🏠台中市中區三民路二段 第二市場 內 36・37號 ☎04-2222-6010 ⏰9:20～15:00 ㊡月、旧正月 Card不可 座20 🚇台鐵「台中」車站より徒歩15分 URL www.arashi.tw

家族で手作り♪

📮 台中では滷肉飯の食べ比べをしました。私のお気に入りは「嵐肉燥専賣店」。（福岡県・優佳）

日々研究です！

「滷肉飯」を食べ比べ！

新竹

翁記滷肉飯 牛埔店
ウォンジールーロウファン ニョウブーディエン

100年以上続く老舗。新鮮な肉を約3時間じっくり煮込む滷肉は、口にするとフワリと消えるほどのとろけ具合！ コショウが効いていてスパイシー。スープも評判の味。

Map 別冊P.21-C2外 **新竹**

🏠 新竹市香山區牛埔路8號 ☎03-539-9186 🕐7:00〜14:00、17:00〜21:00 🈺不定休 💴40元ほど **Card**不可 🪑30 🚃台鐵「新竹」車站よりタクシーで約10分 **URL**www.facebook.com/Wanglulofan

滷肉飯（大）		40元
肉	少ない ・・・★・	多い
味	あっさり ・・・★・	こってり
ボリューム	小 ・・・・★	大

台北

金峰魯肉飯
ジンファンルーロウファン

台北で滷肉飯といえばココ。朝8:00の開店直後からにぎわう。滷肉飯は、ちょっと甘めの味つけ。煮玉子（魯蛋）も忘れずオーダーして。

魯肉飯		30元（+魯蛋15元）
肉	少ない ・・★・・	多い
味	あっさり ・・・・★	こってり
ボリューム	小 ・・・・★	大

Map 別冊P.8-B3 **台北西門町＆萬華**

🏠 台北市中正區羅斯福路10號-2 ☎02-2396-0808 🕐8:00〜翌1:00、第2・4日曜〜22:00 🈺旧正月、清明節、端午節、国慶節 **Card**不可 🪑40 🚇MRT淡水信義線・松山新店線「中正紀念堂」站2番出口より徒歩約1分

花蓮

花蓮のイチオシ

四八高地
スーパーガオディー

家庭の味の記憶を元に、豚肉を炒めてから醤油やネギなどで約2時間煮込んで作る肉そぼろ。少し甘くて脂身もほどよい量で、あと引くおいしさ。

Map 別冊P.20-A1 **花蓮**

🏠 花蓮市大同街32號 ☎0910-140973 🕐11:30〜14:30、17:00〜20:00 🈺不定休 💴30元ほど **Card**不可 🪑40 🚃台鐵「花蓮」車站よりタクシーで約8分

滷肉飯		30元
肉	少ない ・・★・・	多い
味	あっさり ・・・★・	こってり
ボリューム	小 ・・・・★	大

台南

肉燥飯		35元
肉	少ない ・・・★・	多い
味	あっさり ・・・・★	こってり
ボリューム	小 ・・・・★	大

周氏蝦捲
ヂョウシーシアジュエン

蝦捲の有名店だが、肉燥飯にもファンが多い。南部独特の甘い味付けで、大根の酢漬けと一緒に食べると酸味がアクセントになり箸が進むこと間違いなし。

店データ→P.73

台南の味をどうぞ

台北

天天利美食坊
ティエンティエンリー メイシーファン

半熟の目玉焼きをのせた滷肉飯が人気で行列が絶えない。焼き立ての蘿蔔糕（大根餅）や蚵仔煎（カキオムレツ）などもあり、ランチや夜食に最適。

滷肉飯加煎蛋		50元
肉	少ない ・・・★・	多い
味	あっさり ・・・・★	こってり
ボリューム	小 ・・・・★	大

こんなメニューも！

蘿蔔糕 55元

Map 別冊P.8-A1 **台北西門町**

🏠 台北市萬華區漢中街32巷1號 ☎02-2375-6299 🕐10:30〜22:30 🈺月、旧正月 **Card**不可 🪑30 🚇MRT板南線・松山新店線「西門」站6番出口より徒歩約6分

「周氏蝦捲」には、台南名物のメニューが多彩に揃っている（→P.73）。女子ひとりでも入りやすいのでおすすめ。

ふかふか蒸したて♡ 名物包子＆饅頭をいただきま～す！

生地もあんも手作りが基本！ 朝食からおやつ、お夜食まで、手軽に満腹になれる包子や饅頭。アツアツをほおばっちゃおう♪

地元で愛される老舗

台北

生地の甘さと香りがやみつきに

可味包子
クーウェイバオヅ

1969年創業。天候を見て皮の発酵を調整し、手作りのあんを手作業で包む。もっちりした生地を存分に味わってみて。

Map 別冊P.5-D2～D3 台北車站北部

🏠 台北市中山區龍江路162號
☎ 02-2501-1963
🕕 6:00～19:00、土～16:00 日・旧正月
🅿 15元～
Card不可 🚇14 ⊗MRT松山新店線・文湖線「南京復興」站1番出口より徒歩約5分
URL www.25011963.com

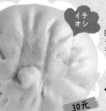

イチオシ

鮮上肉包
シエンシャンロウバオ

豚肉がメインで、ネギ、キャベツ入り。ボリューム満点

← 115mm →

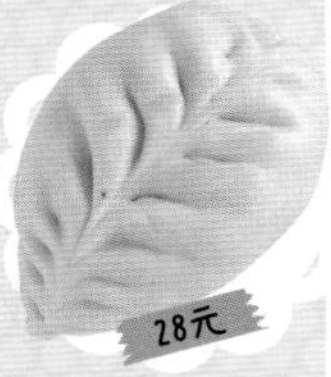

30元

高麗菜包
ガオリーツァイバオ

キャベツとニンジンをたっぷり使ったヘルシーな一品

← 90mm →

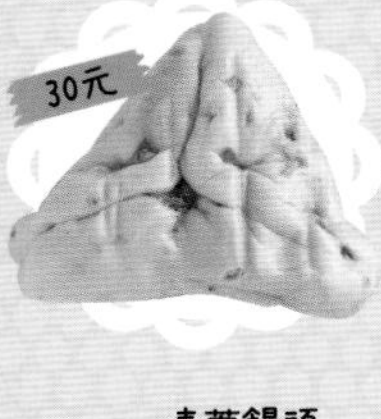

28元

30元

香芋泥包
シアンユィニーバオ

タロイモあんをタロイモ入り生地で包んだタロイモ三昧の包子

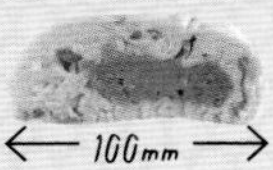

← 100mm →

25元

青蔥饅頭
チンツォンマントウ

宜蘭産のネギを生地に混ぜて。塩味付き

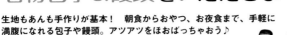

イチオシ

18元

竹筍包
ヂュースンバオ

胡椒を効かせたタケノコはコリコリした食感で美味

← 115mm →

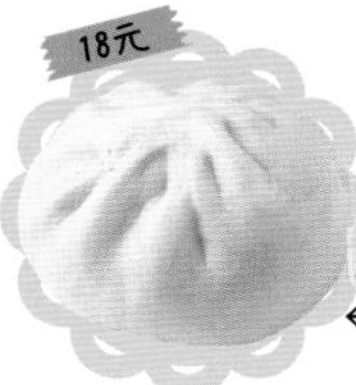

18元

肉包
ロウバオ

豚肉にネギ、ショウガを混ぜて醤油で味を整えたあん

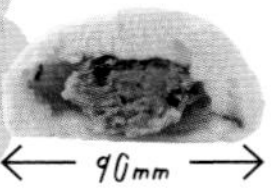

← 90mm →

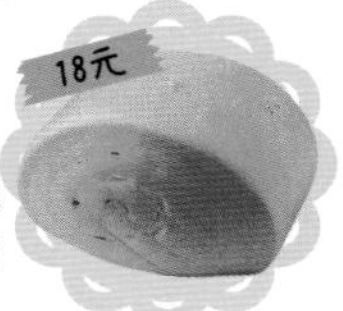

18元

黑糖饅頭
ヘイタンマントウ

ほんのり香る黒糖。甘さ控えめ。ふかふかでおいしい

礁溪

子供からお年寄りまで大人気

鬍鬚包子店
フーシューバオヅディエン

地元の人気店。ふっくらした饅頭の生地は噛んだときに固くなりすぎないよう、発酵度合いにこだわる。

Map 別冊P.20-B2 礁溪

🏠 宜蘭縣礁溪鄉中山路二段60號
☎ 03-988-8247
🕕 6:00～12:30 火、旧正月 🅿 18元～
Card不可 🚃台鐵「礁溪」車站より徒歩約5分

花蓮

肉まんサイズの台湾流小籠包

公正包子店
ゴンヂョンバオヅディエン

昔ながらの製法で、皮が厚めの小籠包（＝ミニ肉まん）を作る、行列必至の名物店。リーズナブルな価格も人気の理由。

Map 別冊P.20-A1 花蓮

🏠 花蓮市仁愛街46號
☎ 03-834-2933
🕕 9:00～21:00
🈵 月3回 Card不可
🚃20「台鐵「花蓮」車站よりタクシーで約10分

小籠包
シアオロンバオ

豚肉＋ネギのあんは甘く感じる。ニンニク醤油で食べる

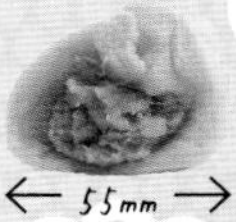

1籠5元（1籠は8個入り）

イチオシ

← 55mm →

1籠10個入り35元

蒸餃
ヂェンジアオ

小籠包と同じあんを餃子の皮で包んだ蒸し餃子も人気の品

花蓮

行列が絶えない超人気店

周家蒸餃小籠包
ヂョウジアヂェンジアオシアオロンバオ

地元の人の支持が強い人気店。名物の小籠包は皮が厚いミニ肉まん。中の肉汁が皮にしみて美味。

Map 別冊P.20-A1 花蓮

🏠 花蓮市公正街4-20號
☎ 0921-999-979
🕕 11:00～14:00、17:00～21:00（テイクアウト10:00～翌2:00、土・日8:00～）
🈵 不定休 Card不可
🚃15「台鐵「花蓮」車站よりタクシーで約10分
URL www.facebook.com/chouchia1975

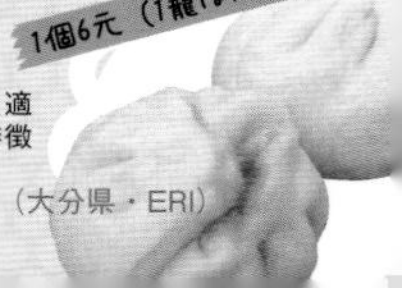

小籠包
シアオロンバオ

たっぷりの肉汁と適度な弾力の皮が特徴のミニ肉まん

1個6元（1籠は10個入り）

 「周家蒸餃小籠包」の小籠包は小さい肉まんみたい。皮も香ばしくて肉汁もたっぷり。並ぶ価値アリです！ （大分県・ERI）

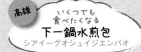

名物包子＆饅頭をいただきま～す！

3つの種類の違いを知っておこう！

包子（バオヅ）

日本でいうところの肉まんやあんまんの類。小麦粉の生地であんを包んだもの

饅頭（マントウ）

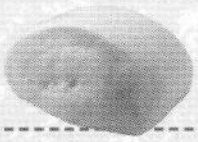

小麦粉の生地を成形して蒸したもの。生地に野菜などを練り込んだものもある

水煎包（シュェイジエンバオ）

こぶりの包子を鉄板で蒸し焼きにして、焼き目を付けて食べる上海料理

八寶肉包
バーバオロウバオ

ひとくち食べたら忘れられない味。軟らかい豚肉が決め手

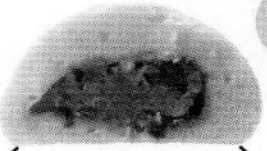

35元

←90mm→

菇菇包
グーグーバオ

イチオシ

35元

キノコ好きは必食。黒キクラゲなど4種のキノコ入り

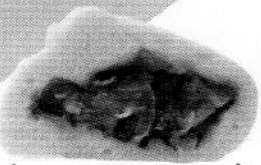

←90mm→

紫米芋頭
ヅーミーユィトウ

♡型にキュン。黒米入り生地でタロイモあんを包んだ甘い包子

28元

←90mm→

[台南]

“台南人の包子”を台南で！ 克林台包
クーリンタイバオ

1952年創業。豚肉に塩漬け卵の黄身をプラスした八寶肉包をはじめ、バジル＆チーズ入りなど変わり種包子も取り揃えている。

Map 別冊P.14-B2 台南

🏠台南市中西區府前路一段218號
☎06-222-2257
🕘8:00～20:00
[休]無休 [料]28元～
[Card]不可 [交]台鐵「台南」車站より徒歩約23分
[URL]klintainan.com

[高雄]

いくつでも食べたくなる 下一鍋水煎包
シアイーグオシュイジエンバオ

午前と午後で場所を変えて、屋台スタイルで営業。時間によっては行列必至。

Map 別冊P.16-B1 高雄

🏠高雄市鹽埕區大禮街24號
☎0915-010-853
🕘14:00～18:30
[休]月 [料]15元～
[Card]不可 [交]MRT橘線「O2鹽埕埔」站4番出口より徒歩約7分
🏠8:00～12:00は三和市場 Map 別冊P.16-B3 で営業

イチオシ
キャベツ＆豚肉のシンプルテイスト

15元

水煎包
シュイジエンバオ

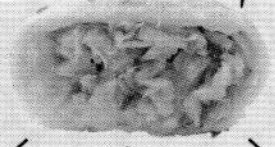

キャベツがメインで豚肉少々のあん。キャベツの甘さが人気

←60mm→

20元

菜包
ツァイバオ

紫芋で着色の生地。キャベツや湯葉などの具で食べごたえ◎

←90mm→

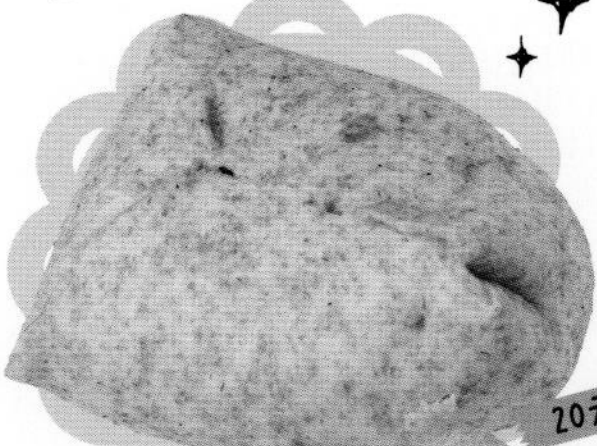

20元

芝麻包
チーマーバオ

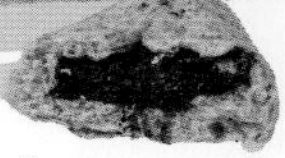

全粒粉の生地の黒ゴマあんまん。ちょうどいい甘さがやみつき

←140mm→

米粿
ミーグオ

野菜や抹茶で着色した蒸し団子。ピーナッツ砂糖で食べるおやつ

15個60元

蒸籠が大活躍！

[高雄]

バリエ豊富な地元密着の実力店 廟口小棧
ミアオコウシアオヂャン

生地も具も手作り、包んで蒸籠で蒸す、油で揚げるなど、大変な作業を家族で分担。食材を生かしたさまざまな包子や蒸し物を食べてみて。

Map 別冊P.16-A1 高雄

🏠高雄市鼓山區興隆路16號
☎07-521-5921 🕘9:00～20:00 [休]月 [料]20元～
[Card]不可 [交]LRT「鼓山區公所」站より徒歩約2分
[URL]www.facebook.com/MiaoKouxiaozhan

包子はボリュームのある大きさで、満足度も高い。飲み物は豆漿（豆乳）をチョイスすれば台湾スタイル。

Creative market

「かわいい」＆個性豊かな作り手が集う メイドイン台湾

さまざまなテーマや場所で開かれているマーケット
こうしたマーケットには多種多様な作り
開催は週末や祝日が多い。ここでは雑貨やアー
農産品が集結する「ファーマーズ
一期一会の

出店のテントでぎっしり！

台中　毎日開催の人気マーケット！

暮暮市集
ムームーシージー

審計368新創聚落 → P.38

台中指折りの人気リノベスポット「審計368新創聚落」で毎日開催されるマーケット。通路に屋台がひしめき合い、週末はテーマパークのようなにぎわい！雑貨、アート、フードにドリンクと縁日のような楽しさ。

Map 別冊P.18-B2
台中
🕐 月～金13:30～18:00、土・日11:00～18:30
@moonmarket368

市集攻略術
どこでいつマーケットが開催されているかを調べるには、ネットで「市集」＋「都市名」(例：市集台中)と入れるとその都市の予定が検索しやすい。屋外開催の場合は天候により中止になることもあるので気をつけて。

交流しながらお買い物を楽しんで♪

こんなものを買いました！

台湾らしいモチーフのワッペンにひとめ惚れ。各100元

個性が光るアクセがいっぱい！

ひときわ行列だった亀の形の人形焼き。4個50元～

アツアツできたて

どれにしようかな

Selection

台湾各地★こだわりマーケット

台北

Creative
にぎわう町で毎週開催
西紅市. 創意市集
シーホンシー チュアンイーシージー

「紅樓」(→P.124) 前の広場で行われる週末マーケット。白いテントがたくさん並び、さまざまなクリエイターたちがブースを展開する。

🕐 土13:30～22:00、日～21:30

Farmers
台湾各地の農産品を販売
花博農民市集 ホァボーノンミンシージー

産地直送の野菜やフルーツを中心に、ハチミツやコーヒーなど、豊富な台湾物産が並ぶ。雑貨やゲーム屋台なども出店。フードコートもあり、楽しめる。

Map 別冊P.4-B1　圓山

🏠 台北市中山区玉門街1號　圓山花博公園　☎02-2720-8889　🕐 土・日10:00～18:00　**Card** 不可
🚇 MRT淡水信義線「圓山」站1番出口より徒歩約1分　URL www.expofarmersmarket.gov.taipei

高雄

Creative
テーマ豊富なマーケットが魅力
駁二藝術特区の市集
ボーアルイーシュー トゥーチュイーのシージー

駁二藝術特区 (→P.23) でもさまざまなテーマで週末マーケットが。詳細は公式ウェブサイト→活動→週末市集から確認を。

Farmers
生産者の思いが伝わる
微風市集 ウェイフォンシージー

高雄物産館 (→P.93) 屋外で毎週末に開催される。生産者と消費者が直接出会うことで、作り手の理念やストーリーもシェアする機会に。

🕐 日7:30～11:30　URL www.facebook.com/breezemarket/

📧 台中の「暮暮市集」に週末行ったらすごい人出でびっくり。食べ物や飲み物屋台もあってお祭り気分でした♡（広島県・うさみ）

朝から
昼にかけて
にぎわう

Farmers market

「おいしい」！こだわりマーケットでみやげをGET!

ット。おもに「市集」(シージー）と称される
手たちが集まり、熱気にあふれている。
トが主体の「クリエイティブマーケット」と、
マーケット」をピックアップして紹介。
出会いを楽しんで♪

台北

新鮮で安全な旬の農産物を農家が直売

希望廣場

シーワングヮンチャン

台湾行政院が主催する週末農業市。台東や雲林など台湾各地の有機野菜や果物を農家が直接運んでくる。会場では、作り手自らが販売。試食もできる。ジャムやお菓子など加工品も並ぶ。

Map 別冊P.9-C1 台北車站南部

🏠台北市中正區林森北路、與北平東路交叉處
☎02-2393-0801 🕒土・日10:00～19:00、日～18:00 [休]月～金 [Card]不可 [日]少し
[交]MRT板南線「善導寺」站1番出口より徒歩約3分 [URL]www.ehope.org.tw

自慢の
コーヒー
だよ！

南投竹山からやって来た「啡坊咖啡莊園」

味見
してみて！
手作り餅も
おいしそう

花蓮縣の手作り餅

おいしそうなレンブ

旬の果物盛りだくさん

こんなものを買いました！

右：コーヒー豆入りシガール(台灣咖啡格子酥) 250元 左：フレッシュパイナップル60元

3代続くパイナップル生産者「阿美鳳梨」

台中

Creative

駅のホームという環境も楽しい
小旅市集 シャオリューシージー

旧台中車站（→P.39）で行われる小さな週末マーケット。雑貨、衣服、アートなどに加えてコーヒーやお菓子などを売る作り手も。

🕒土・日11:00～20:00 [URL]www.facebook.com/littletraveler/

Creative

見応え抜群の開催規模
草悟道・市民廣場の市集

ツァオウーダオ・シーミングヮンチャンのシージー

台中きっての憩いの緑地帯（→P.104）でのマーケットは定期的ではないが、開催規模が大きく見応えあり。

花蓮

Creative

温かみあるリノベスポットで
又一村文創園區の市集

ヨウイーツンウェンチュアンユェンチュィーのシージー

花蓮で話題のカルチャースポット（→P.117）でもマーケットが。最新情報はFBを。

[URL]www.facebook.com/people/花蓮又一村文創園區-Youyitsun-Cultural-and-Creative-Park/100064075780293/

Creative

観光ついでにのぞいてみたい
花蓮文化創意產業園區の市集

ホァリエンウェンホァチュアンイーチャンイェユェンチュィーのシージー

1913年に造られた酒造工場跡地を観光と文化の拠点として再生したこのスポットでは手作り、農業、古道具などマーケットのテーマも多彩。最新情報は公式HPを。

Map 別冊P.20-A1 花蓮

🏠花蓮市中華路144號 ☎03-831-3777内線9
🕒10:00～18:00（市集はおもに週末） [休]月
[交]台鐵「花蓮」車站よりタクシーで約8分
[URL]hualien1913.nat.gov.tw/活動資訊/market/

「審計368新創聚落」や「花博農民市集」など、すてきな常設店があるスポットも。マーケットと一緒に楽しみたい。

おみやげ探しの大本命 スーパーマーケットで 最強フードをまとめ買い！

台湾の生活を身近に感じられるスーパー。おやつや日用品、おみやげを入手できちゃう。2大スーパーへGO！

パクチースナック！

星太郎 香菜口味
幅広ベビースターの香菜（パクチー）味。ビールの肴にぴったり
33元 **B**

Snack

亞麻螺旋藻餅 **A**
健康食品として人気のスピルリナ入りクラッカー。カルフールオリジナル
55元

パッケージも◎

各38元

淡水魚酥
台北郊外の淡水名物の海鮮スナック。えびせんのような食感でビールの友に
99元 **A**

東港櫻花蝦
屏東県東港特産の桜エビ。炒飯や天ぷらにおすすめ
146元 **A**

左:家樂福芒果乾
右:家樂福珍珠芭楽果乾
カルフールブランドのドライマンゴーとドライグアバ。人工色素無添加の自然な味
A

烹大師 干貝風味調味
台湾限定のホタテのほんだし
35元 **A**

鹽之花奶油蝴蝶酥
ハート形のフランスのパイ菓子、パルミエ。日本の源氏パイにも似た味わい
69元 **B**

洋菓子もトライして

真魷味巧果
イカをカットして表面に切れ目を入れた形状がニクイ。懐かし味のスナック
B

16元

48元

Seasoning

桂冠沙拉醬
台湾の甘いマヨネーズは意外とクセになる!?
26元(100g) **B**

52元

宅宅醬 鹹香三杯醬
台湾料理の代表格「三杯」のレトルト調味料。おうちで台湾の味が楽しめる

麻婆豆腐醬
麻婆豆腐のレトルト調味料。豆腐があれば簡単に作れる便利アイテム

A 大型量販店とスーパーの2タイプ
家樂福 Carrefour ジアルーフー
フランス発のスーパーチェーン。台北のMRT西門站近くの桂林店のような「量販店」と「超市」と呼ばれる一般的なスーパーマーケットの2種類のカルフールがある。24時間営業の店も多く、クレジットカードが使えるのでおみやげ探しにもってこい。
URL www.carrefour.com.tw

▽arucoおすすめ店舗
台北桂林店 Map 別冊P.8-A2	台中徳安店 Map 別冊P.18-B3	台南安平店 Map 別冊P.14-A2
台北重慶店 Map 別冊P.4-A2	高雄愛川店 Map 別冊P.16-A1	高雄成功店 Map 別冊P.17-D1

B 台湾最大のスーパーチェーン
全聯福利中心 PxMART チュエンリエンフーリーヂョンシン
店舗数1100を超える地域密着型のスーパーチェーン。クレジットカードが使えないのが唯一のデメリット。
URL www.pxmart.com.tw

▽arucoおすすめ店舗
大同圓環店 Map 別冊P.4-A3	中華山店 Map 別冊P.9-C1	
台中民権店 Map 別冊P.18-B2	台南康楽店 Map 別冊P.14-A2	
高雄七賢店 Map 別冊P.16-A2	高雄苓雅仁智店 Map 別冊P.16-B2	

 「全聯福利中心」は、オリジナルスイーツが充実。ホテルでコーヒーを入れてデザートタイムを楽しんだ。(山梨県・蜜蜜)

49元

49元

家樂福藍莓果茶
洛神葵（ローゼル）とフルーツのティーバッグ。32個入り

Ⓐ

49元

Ⓑ

KAVALAN
茶香蘇打
ウーロン茶と紅茶を使ったハードティージンソーダ

Ⓑ

149元

KAVALAN 琴通寧
台湾の有名ウイスキーメーカー「噶瑪蘭」のジントニック

Sweets

1. 柚香金宣茶法蘭酥69元　2. 東方美人茶法蘭酥69元。1と2は台湾茶風味のゴーフレット　3. 緑豆の甘煮・緑豆甜湯 49元　4. 仙草のゼリーにハチミツを加えた仙草甜湯 49元　5. 台農57號という品種のサツマイモを甘く煮た地瓜甜湯49元

Drink

日月潭産紅茶❤

台湾啤酒
甘甜鳳梨。台湾産パインを使用したビール。アルコール度数2.8%

Ⓐ

32元

120元

日月紅茶
日月潭産のアッサム紅茶。台湾農林ブランド。砂糖を加えずともほんのり甘い

Ⓐ

蜂蜜啤酒
龍眼の花から採取したハチミツを使用。アルコール度数4.5%

Ⓐ

32元

Good Choice!

無印良品の
台湾限定商品を狙え！

おみやげの定番、お菓子とお茶を豊富にラインアップ。レトルトスイーツと烏龍茶で台湾気分を満喫♪

Dried Fruit

6. 無添加金鑽鳳梨果乾179元　7. 無添加愛文芒果乾199元　8. 無添加紅龍果乾179元　9. 無添加蜜蕉果乾179元

Tea

10. 穀物茶紅豆紫米茶89元　11. ドリップ式ティーバッグ、掛耳台灣茶凍頂烏龍茶 149元

台湾メイドの商品が多彩

無印良品 ウーインリャンピン
台湾全土にショップがあり、気軽に立ち寄れる無印良品。台湾産素材を使った食品はおみやげにぴったり。新商品も続々発売中なので訪台のたびに要チェック！

全家便利商店 ファミマの
「Fami Collection」に注目！

フルーツアイス

「生活本来の味を発見する」というコンセプトの「Fami Collection」は、お茶やジュースなどドリンクを中心にお菓子、アイスなどをラインアップ。パッケージの「F」の文字が目印。添加物を極力使わず、安全な商品を提供している。

1. 芒果百香雪酪冰棒マンゴーアイス40元　2. 檸檬鮮果乾ドライレモン55元　3. 芭樂檸檬青茶グアバレモンティー55元　4. 鮮搾西瓜汁スイカジュース45元（季節限定）

「家樂福（カルフール）」の量販店は大容量のお菓子が多め。おみやげ用小サイズのお菓子の購入はコンビニが意外と便利。

やっぱりGETして帰りたい♪
台湾ご当地グルメみやげカタログ

地域の特産物を使い、パッケージもかわいくて、喜ばれるご当地グルメみやげ。どれにしようか迷うあなたに、aruco厳選をご紹介！

台中　Taichung

宮原眼科の原味太陽餅旅行装
（太陽餅1箱3個）

見た目から太陽餅と呼ばれる台中の名物。龍眼の花蜜を使って上品な味に。小さいポーションもうれしい。

2箱　330元

店データ → P.39

櫟社の茶包
（ティーバッグ）

「宮原眼科」を経営する日出グループが手がけるお茶の店。山水をイメージした雰囲気ある店内でティーバッグをチョイス。

3個　180元　6個　330元
（それぞれ包装用の袋・箱付き）

Map 別冊P.18-B3　台中

🏠台中市中區中山路150號　☎04-2222-1903　⏰11:00～18:30、祝10:30～　無休　Card J.M.V.　🚃台鐵「台中」車站より徒歩約14分　URLwww.poets.com.tw

糖村の芝士鳳梨酥
（チーズパイナップルケーキ）

甘い品種と酸味の強い品種のパインをミックスしたジャムを、パルメザンチーズを加えた生地で包んで。洗練された味に定評あり。

1箱（8個）　304元

Map 別冊P.18-B1　台中

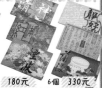

🏠台中市南屯區向上路一段588號　☎04-2320-5381　⏰10:00～22:00　Card J.M.V.　🚃台鐵「台中」車站よりタクシーで約18分　URLwww.sugar.com.tw/jp

裕珍馨の法式檸檬蛋糕
（レモンケーキ）

新鮮なレモンピールとレモン果汁をたっぷり使ったレモンケーキは、甘さの中に酸味を感じる焼き菓子。台北旗艦店 Map 別冊P.6-B3 でも購入可。

1箱（10個）　500元

Map 別冊P.18-A2　台中

🏠台中市西區臺灣大道二段459號 台中廣三SOGO15F　☎04-2328-3259　⏰11:00～22:00、土・日10:30～　無休　Card J.M.V.　🚃台鐵「台中」車站よりタクシーで約15分　URLwww.yjs.com.tw

台南　Tainan

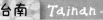

豬飼料柑仔店の爆米花
（ポップコーン）

ユーモラスなデザイン缶入りポップコーンが最旬の台南みやげ。チョコやキャラメルなどのテイストがあり、3缶購入でもらえるバッグも人気。

1缶　120元
3缶（バッグ付）　350元

Map 別冊P.14-B2　台南

🏠台南市中西區國華街174號　☎0965-067-587　⏰11:00～18:00　無休　Card不可　🚃台鐵「台南」車站より徒歩約21分　URLwww.pigpopcorn.com.tw

錦霞樓のASHA虱目魚餅
（サバヒー入りせんべい）

サバヒー（虱目魚）のすり身のせんべい。阿霞飯店（→P.75）、三井アウトレットパーク台南内のASHA（→P.17）でも購入可。

200元

店データ → P.148

連得堂餅家の味噌煎餅盒

路地にある店からは、せんべいを焼く機械の音が聞こえてくる。焼きたてを求めて多くの人が来店。味噌煎餅と雞蛋煎餅（たまごせんべい40元）の2種があり、購入は1人2パックまで。レトロなパッケージもかわいい。

40元

Map 別冊P.14-B1　台南

🏠台南市北區崇安街54號　☎06-225-8429　⏰8:00～20:00、土～18:00　日・旧正月　Card不可　🚃台鐵「台南」車站から徒歩約12分

最近小分け＆おしゃれなパッケージが増えた台湾名物たち。味もいいからバラマキに重宝する。(熊本県・麻子)

台北 Taipei

佳德糕餅の鳳梨酥
（パイナップルケーキ）

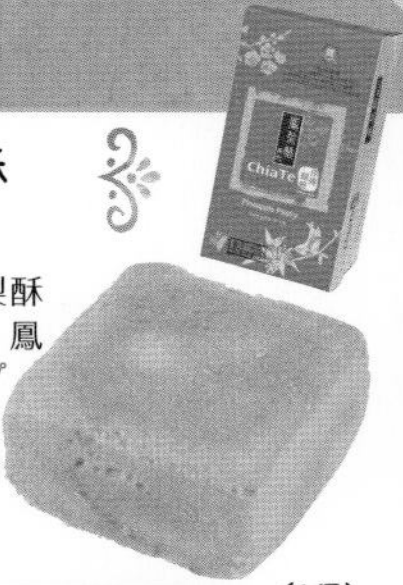

1975年創業のベーカリー。鳳梨酥が流行る前から地道に作り続け、鳳梨酥コンテストでは初代グランプリに輝いた。甘さすっきり。1日に2万個以上売る超人気店。

[Map] 別冊P.7-C3 台北松山區

🏠台北市松山區南京東路五段88號 ☎02-8787-8186 🕘8:30～20:30 [休]無休 [Card]J.M.V. 《日》少し [交]MRT松山新店線「南京三民」站2番出口より徒歩約2分 [URL]www.chiate88.com.tw

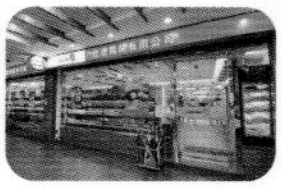

（1個）34元
（6個）204元

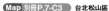

唯星蛋糕の馬告布列塔尼蘇餅
（スパイス入りガレット・ブルトンヌ）

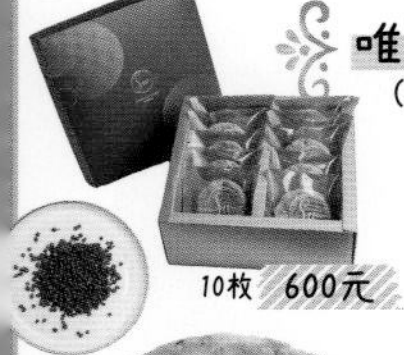

10枚 600元

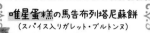

ガレット・ブルトンヌに台湾ならではの素材を練り込んだ、パティシエの連さんの力作。台湾原住民が使うスパイス（マーガオ）やカラスミ入りが台湾らしい。

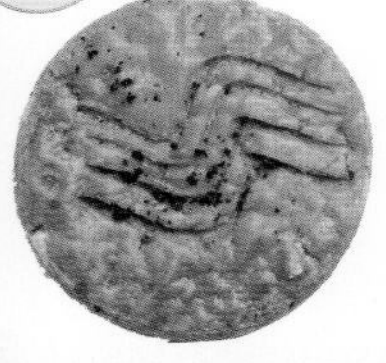

[Map] 別冊P.3-C3 台北市街図

🏠台北市萬華區大理街144號 ☎02-2308-8789 🕘11:00～18:30、金・土～19:30 [休]日 [Card]不可 [交]MRT板南線「龍山寺」站2番出口より徒歩約7分 [URL]www.starwaycake.com

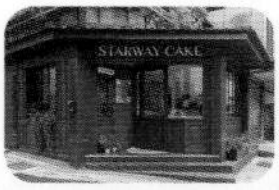

花蓮 Hualien

文旦復興の青柚燒・文旦酥
（ザボンジャム入りまんじゅう／ザボンケーキ）

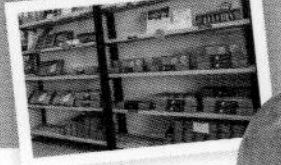

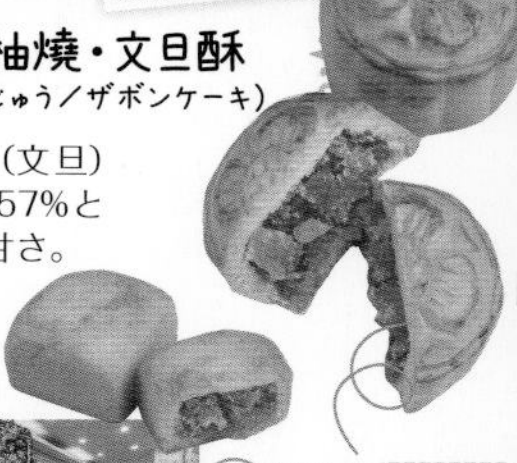

花蓮の特産品のザボン（文旦）を使った焼き菓子。果肉57%と皮43%のジャムは優しい甘さ。

[Map] 別冊P.20-A1 花蓮

🏠花蓮市中山路193號 ☎03-835-0011 🕘10:00～22:00 [休]無休 [Card]M.V. [交]台鐵「花蓮」車站よりタクシーで約9分 [URL]www.facebook.com/RevivalOfPomelos

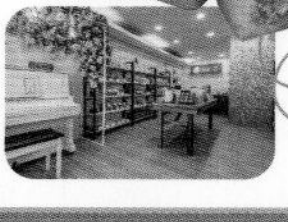

青柚燒3個 210元～
文旦酥9個 450元～

高雄 Kaohsiung

瑪莉食品の旗鼓餅
（人形焼き）

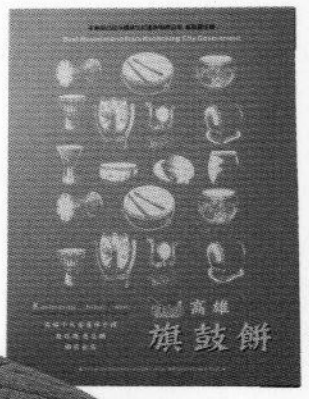

1998年創業の菓子店。高雄らしい菓子をと、市の要請で作ったのが旗鼓餅。かつて栄えた旗津（→P.34）と鼓山からネーミング。さっぱりした甘さで食べやすい。

[Map] 別冊P.20-B1 高雄

🏠高雄市鹽埕區五福四路25號 ☎07-561-4475 🕘10:00～18:00、土～20:00、日12:00～ [休]無休 [Card]不可 [交]MRT橘線「O2鹽埕埔」站4番出口より徒歩約8分 [URL]www.maryfood.com.tw

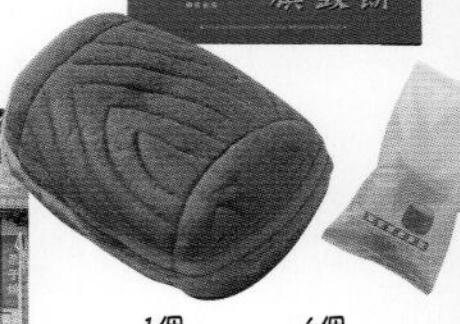

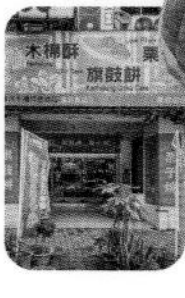

1個 35元
6個 210元～

木侖花生糖の花生糖
（ピーナッツバー）

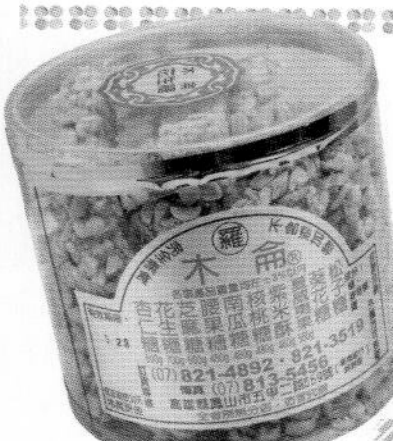

320元

高雄のおみやげとして多くの人が買い求める定番商品。ピーナッツをあめで固めた素朴な手作り菓子。アーモンドスライスバー（400元）も人気。

[Map] 別冊P.17-D1 高雄

🏠高雄市鳳山區五甲二路559號 ☎07-821-4892 🕘9:00～20:00 [休]無休 [Card]不可 [交]MRT紅線「R5前鎮高中」站2番出口より徒歩約18分 [URL]www.facebook.com/木侖花生糖-323857027654895

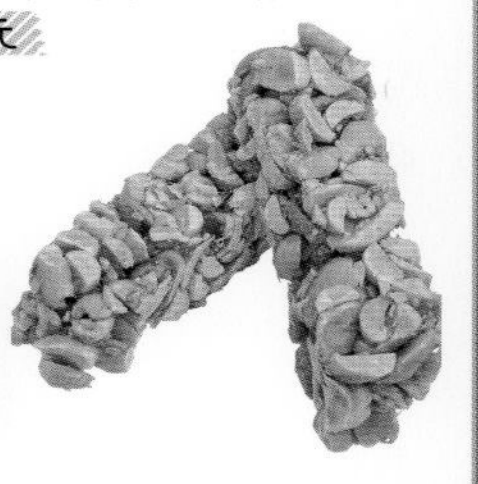

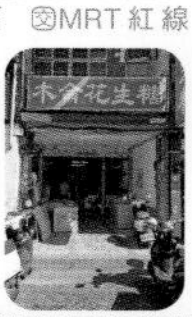

嘉義 Chiayi

南馨食品店の手作り菓子

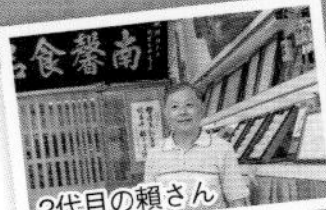

2代目の頼さん

1953年の創業から3代続く老舗菓子店。レモンケーキや雪花餅（パインクリーム、レモンクリームのブッセ）、方塊酥（クッキー）は地元で愛される銘菓。

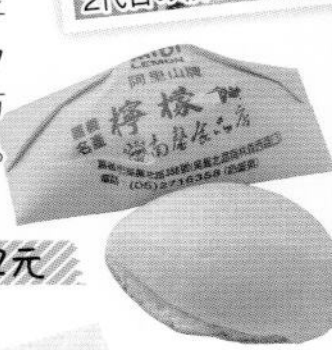

32元

[Map] 別冊P.19-D1 嘉義

🏠嘉義市東區吳鳳北路358號 ☎05-271-6358 🕘8:30～21:00 [休]毎月5日と15日 [Card]不可 [交]台鐵「嘉義」車站より徒歩約20分 [URL]www.nan-hsin.com.tw

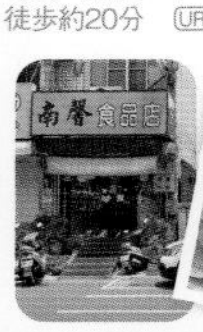

70元

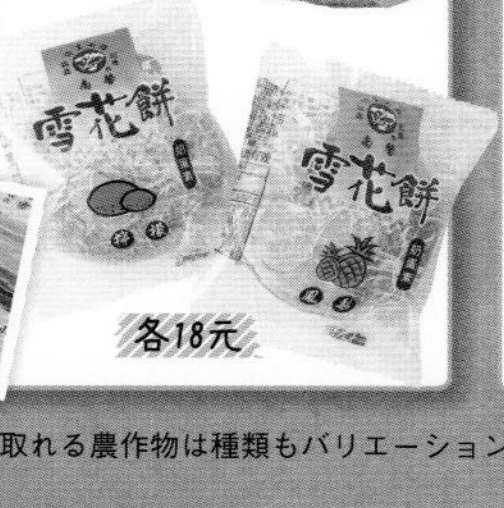

各18元

ナチュラルコスメからドクターズコスメまで
気になるMITコスメをチェック!!

メイドイン台湾

植物や天然素材が持つパワーを携えて、日常に寄り添うMITコスメ。
台湾美人が愛用するコスメで効果を実感してみない?

ショウガで健康に

椿オイルも配合、ツヤツヤ〜

HAIR

BODY

スーッとする清涼感が◎

C 35元
皇冠清涼痱子粉
(復古鐵罐包裝)
メンソール入りのベビーパウダー。キュートな缶も♡

B 600元
阿嬤的配方阿里山金萱樹液黒足貼
足裏に貼るシート。阿里山金萱茶エキス入り(20枚)

大漢酵素「宮」50ml
ウェルネスドリンク。植物由来の酵素で女性の体をケアする
A 59元

草本暖宮貼 3枚入り
生薬成分入りの温熱シート。6種類のラインアップでポカポカをキープ
A 129元

390元
護研茶 金緻極潤護髪油
アルガンオイル配合のヘアオイル。健やかな髪に
D

220元
台湾製ハーブエキス入りシャンプー
ジンジャー配合、イラクサ配合シリーズがある
E

大人気ロングセラーコスメ

 180元
璞玉膚洗面皂(S) 130g
台湾人なら一度は使ったことがあるという愛され洗顔フォーム
A

 139元
白花油蚊怕怕
レモングラスなどハーブメインの虫除けスプレー
E

 125元
綾油精
台湾の万能グリーンオイル。ロールオンで使いやすい
D

緑油精

120元
古寶 無患子天然清潔旅行組
ムクロジ抽出成分配合のトラベルセット
A

おすすめナチュラルコスメ

 430元

天然のショウガがパワーで健康に
薑心比心 ジアンシンビシン
ジンジャー(ハナシュクシャ)のエキスを使い、ハーブを組み合わせたオリジナルコスメを製造販売する。

[Map] 別冊P.9-D3 台北車站南部

🏠 台北市大安區永康街28號
☎ 02-2351-4778 ⏰ 12:00〜20:00 休 無休 Card J.M.V.
日少し MRT中和新蘆線・淡水信義線「東門」站5番出口より徒歩7分 URL ginger800.shoplineapp.com 敦南門市
[Map] 別冊P.10-B1 京站時尚廣場B1 [Map] 別冊P.4-B3

薑暖護手霜 50ml
ジンジャーエキス入りハンドクリーム。じんわりと温かい

茶の実オイル配合のナチュラルコスメ
茶籽堂 チャーヅータン
台湾で昔から使われていた茶の実オイル。現代の需要に合わせて、自家農園で無農薬栽培した茶の実(茶仔)などを使った商品を展開する台湾ブランド。

[Map] 別冊P.9-D2 台北車站南部

🏠 台北市大安區永康街11-1號
☎ 02-2395-5877 ⏰ 10:30〜21:00、金・土〜21:30 休 無休 Card A.J.M.V. 日 MRT中和新蘆線・淡水信義線「東門」站5番出口より徒歩約2分 URL www.chatzutang.com
B1 [Map] 別冊P.17-C1 台中動美誠品店2F [Map] 別冊P.18-B2 など

水芙蓉嫩白護手霜 30ml
9種類の植物抽出エキス配合のハンドクリーム。肌なじみ◎
各480元

各780元
肖楠葉淨化洗髮露(左)、金盞花滋養護髮素 各330m
左のシャンプーはショウナンボク成分、右のコンディショナーはキンセンカエキス入り

台湾各地にある「POYA 寶雅」は、品揃えも豊富で広くて見やすかった。時間を忘れてウロウロした。(東京都・猫派)

コスメ選びの知っ得 中国語講座

化粧水 化妝水 ホアジュアンシュイ

クリーム	ヒアルロン酸	アンチエイジング
乳霜／霜 ルーシュアン／シュアン	玻尿酸 ボーニアオスアン	抗老 カンラオ
セラム(美容液) 精華液 ジンホアイエ	**石鹸** 肥皂／香皂 フェイザオ／シアンザオ	**保湿** 保濕 バオシー
シートマスク 面膜 ミエンモー	**クレンジング** 潔顔露／洗面露 ジエイエンルー／シィミエンルー	**日焼け止め** 防曬 ファンシャイ

heme 六色眼影盤 (赤梨／霧棕) D
肌なじみがよく、思いどおりのニュアンスに仕上がるアイシャドー。飽きのこない色と質感で目元美人に
306元

KOZI 滋養賦活精露 150ml
肌本来の力を引き出すことをサポートするローション。保湿力も高く、肌のキメを整える A
864元

FACE

我的美麗日記 台湾阿里山 控油精粹面膜 4枚入り E
台湾茶抽出成分入りシートマスク。阿里山茶と東方美人茶の2バージョン
229元

1028 野薔薇絨霧嫩彩
ナチュラルでピュアな印象を演出してくれるチーク。自然な発色で年代を問わず人気 A
221元

提提研 超級纖維面膜 2枚入り
高密度な繊維のシートマスク。肌に密着、美容液の浸透を高める A
各109元

台湾発ドクターズコスメ

ペプチド配合の高CPコスメ
PEZRI
559元

PEZRI 派翠 舒顏柔護精華油 30ml
肌なじみのいいフェイシャルオイル。ワントーン明るい肌を目指して A

台湾ドクターズコスメの先駆け
DR.WU

杏仁酸透亮煥膚身體乳 40ml
アーモンド由来マンデル酸など配合のサラッとしたボディローション D
199元

シートマスクと美容液への高信頼度
我的心機

敏感肌のミカタ!
Neogence

BB 10%煙醯胺+發光藻嫩白精華液 30ml
ナイアシンアミド(ビタミンB3)と海藻成分入りの美白用セラム A
380元

玻尿酸保濕精華 50ml (ヒアルロン酸保湿セラム) E
肌の水分量を高めてくれる優れもの。敏感肌にも
1500元

A MITコスメの宝庫
POYA 寶雅
ポーヤー バオヤー

台南発祥の生活雑貨店。品揃えの多さ、店内の見やすさ、MITコスメの充実ぶりは圧巻。

台北南西店 Map 別冊P.12-B1 京西路1號、台中中正店 Map 別冊P.18-B3 台中市中區臺灣大道一段238號、台南北門店 Map 別冊P.15-C2 台南市中西區北門路一段101號、高雄七賢店 Map 別冊P.16-A2 高雄市前金區七賢二路186號など

B 繁華街に店舗がある
金興發生活百貨
ジンシンファーションフォ バイフォ

かわいい生活雑貨が充実。明るくて見やすい陳列の店内。営業時間は9:30～23:30前後。

金興發生活百貨館 Map 別冊P.12-B1 台北市中山區南京西路5-1號、城中店 Map 別冊P.8-B1 台北市中正區重慶南路一段71號、師大一店 Map 別冊P.9-D3 台北市大安區師大路39巷4號など URL www.jsf.com.tw

C 掘り出し物を見つけるなら
勝立生活百貨
ションリーションフォ バイフォ

ローカル色が濃い大型ディスカウントストア。営業時間は9:00～翌1:00という店舗が多い。

雙城旗艦店 Map 別冊P.5-C1 台北市中山區雙城街21號、吉林店 Map 別冊P.5-C2 台北市中山區吉林路133號、和平店 Map 別冊P.10-A3 台北市大安區復興南路二段291號

ドクターズコスメもcheck!

D お財布に優しい
屈臣氏(watsons)
チューチェンシー (ワトソンズ)

香港系の大手ドラッグストア。台湾全土にあって便利。自社ブランド商品も多数展開。

URL www.watsons.com.tw Map 別冊P.6-A3 など

E メイドイン台湾アイテム
康是美(COSMED)
カンシーメイ (コスメド)

台湾の大手ドラッグストア。台湾全土にある。MITコスメが充実。おみやげ探しにも◎。

URL www.cosmed.com.tw Map 別冊P.6-A3 など

観光後にスッキリ癒やされたい♪
極楽スパ&足裏マッサージ、台湾式シャンプーへGO

腕自慢のセラピストやマッサージ師に身を委ね、体の内側からリラックス。短時間でも効果を感じられる施術で、日頃の疲れをリフレッシュ！

1. フェイシャル（60分4000元〜）で施術後の肌の違いを実感 2. 早めの予約がベター

癒やしの施術です

好みの香りだ〜

サロン特製アロマオイルを使用。お茶と甘味のサービス付き

Map 別冊P.5-D3　台北車站北部

🏠台北市中山區南京東路三段133號 JR東日本大飯店 台北9F　☎02-7750-0900（内線5811）⏰10:00〜22:00 ㉫無休 Card A.J.M.V. 💴要予約 💴4 🚇MRT松山新店線・文湖線「南京復興」站2番出口より徒歩約1分

台北
日系スパの技を台北で
庵SPA TAIPEI
アンスパ タイペイ

「日本のおもてなし」をコンセプトに、日本国内外のラグジュアリーホテルに展開する「庵SPA」が台湾に初出店。日本式技法を用いたオリジナルメニューを用意。併設のサウナの利用もスパメニューに含まれる。

全身ストレス発散オイルトリートメント	60分	4500元
JR東日本特典全身オイルトリートメント&フェイシャル	110分	6000元
日本式指圧マッサージコース	60分	4000元

施術内容は URL taipei.metropolitan.tw からスパメニューを参考に。

台北
台湾式シャンプーでスッキリ
小林髪廊　總店
シアオリンファーラン ゾンディエン

予約なし&グループ客でもOKな頼れるチェーン店。座ったままシャンプー、ブローで髪はつやつや。しかもリーズナブルで手軽なリフレッシュ方法だからぜひ一度はトライ！

Map 別冊P.10-B2　台北信義イースト

🏠台北市大安區忠孝東路四段216巷36-1號2F　☎02-2752-6868 ⏰9:00〜19:00、日12:00〜 ㉫無休 Card不可 💴少し 🚇MRT板南線「忠孝敦化」站3番出口より徒歩約5分 URL www.facebook.com/showlinsalonjp ✂支店は各店料金や営業時間が異なる

つやつや！スッキリ！

着席後タオルをかけてシャンプーの準備

ブロー。内巻き、外巻きなどリクエストOK

指圧マッサージしながら泡立てる

洗い流しはシャンプー台に移動して

これが「尖尖頭」よ！

写真撮ってください 請幫我拍照？チンバンヲーパイチャオ

液垂れさせないで髪をまとめ上げる台湾ならではの技の見せどころ

台式坐洗（台湾式シャンプー）380元〜（約40分）

✉台湾式シャンプーのブローのとき、内巻きは「内往外吹」、外巻きは「外往内吹」と書いたらいいですよ。（東京都・たけ）

台中

漢方系デザートでリラックス
春不著足湯 中港行館
チュンブーラオズータン ヂョンガンシングワン

日本の温泉をイメージした施設で癒やしムード満点。足湯から肩マッサージを受け、そのあとに足を徹底的にもみほぐす。漢方風味の亀ゼリーとお茶のサービスもうれしい。

風デてヘルシー

Map 別冊P.18-B2 台中中心部

🏠台中市西屯区台湾大道二段157号 ☎04-2328-9888 ⏰24時間 無休 Card J.M.V 日少し 66 台鐵「台中」車站などバス323などで「臺灣大道民權路口」下車、徒歩約1分 URL www.facebook.com/springyoung01

疲れをほぐします♪

足裏、ふくらはぎと、ベテランの技でマッサージ。痛いときは遠慮せずに伝えよう

足湯腳底按摩
700元（40分）
※肩マッサージ10分、亀苓膏（亀ゼリー）付き

お疲れ解消POINT
イタ気持ちいい度 ☆☆
バク睡度 ☆☆
リフレッシュ度 ☆☆

足裏マッサージ
1400元（60分）

1. ひざから下を徹底的にもみほぐす 2. 肩のマッサージも本格的。施術後は軽くなる 3. オリジナル商品のひざ下専用マッサージオイル399元も人気

お疲れ解消POINT
イタ気持ちいい度 ☆☆
バク睡度 ☆☆
リフレッシュ度 ☆☆

台北

イタ気持ちいい施術で活力アップ
再春健康生活館
ツァイチュンジエンカンションフォガン

40年近く健康に寄り添うサービスを提供。マッサージ師はじめスタッフは定期的な研修を通じて施術などサービス向上に努めている。60分、90分、120分の各コースがあり、肩、足裏、全身から、好みの時間配分に応じて施術してくれる。

Map 別冊P.5-C3 台北車站北部

🏠台北市中山区南京東路二段8號2F ☎02-7702-8985 ⏰9:30～23:00 旧正月 Card A.J.M.V. 日少し 100 MRT中和新蘆線・松山新店線「松江南京」站1番出口より徒歩約5分 URL tsaychuenkuan.com

台南

希望の場所へ送迎サービス
御手國醫養生會館
ユーショウグオイーヤンションホイガン

疲れたなと思ったらぜひどうぞ

漢方生薬を煮出した湯に足を浸したあと、特注のベルト・玉石腰帯を巻き、施術開始。足裏の雙足走罐（カッピング）でコースは終了。電話すれば希望の場所に車で迎えに来てくれ、施術後も夜市など希望の場所に送ってくれる。

お疲れ解消POINT
イタ気持ちいい度 ☆☆
バク睡度 ☆☆
リフレッシュ度 ☆☆

Map 別冊P.14-B1 台南

🏠台南市北区公園南路368號 ☎06-511-6688 ⏰9:00～24:30、金・土・日～翌2:00 無休 Card J.M.V. 台鐵「台南」車站前の南站からバス7で「民權路口」下車、徒歩約3分 URL www.facebook.com/yushouguoyi

1. ブレンドした漢方生薬を10時間煮出した湯に足を浸す「嚴選漢方大陸泡腳」
2. 満足度の高い施術を提供。ワンランク上のサービスを目指す

漢方足底按摩
799元（60分）

腳底按摩
999元（60分）/1599元（90分）
全身1100元（60分）～

お疲れ解消POINT
イタ気持ちいい度 ☆☆
バク睡度 ☆☆
リフレッシュ度 ☆☆

1. むくみやだるさ解消の効果も期待。ふくらはぎはイタ気持ちいいから念入りに 2. 店内の猫たちも癒やしを演出 3. 全身マッサージも好評。早めの予約がベター

高雄

保護猫たちのいるマッサージ店
放鬆意識
ファンソンイーシー

心身ともにリラックスできる場所を提供したいと、猫のいるマッサージ店をオープン。経験豊かなマッサージ師に身を委ねてリラックスしてみよう。足裏マッサージのほか、全身マッサージもある。

Map 別冊P.16-B2 高雄

🏠高雄市前金区民生二路83號 ☎0968-657-750 ⏰11:00～21:30（最終予約20:20） 無休 Card J.M.V. 完全予約制 MRT橘線「O4市議會（舊址）」站2番出口より徒歩約6分 URL reurl.cc/b7m3Zo

足裏マッサージ後は新陳代謝がアップして血行がよくなるので、施術後に白湯を飲むとデトックスが促進されるとか。

温泉でほっこり！
緑島 リュ-ダオ

サンゴ礁から湧く温泉
水着で入浴を満喫♪

1&2. 更衣室やシャワー完備の朝日温泉●16:00～23:00、土・日は早朝営業あり（圏250元）。水着着用で入浴。日焼けに注意　3. 観光スポットの緑島監獄　哈巴狗岩を望む。青い海と空、太陽で南国ムード満載　5. 海沿いの道路標識

Map 別冊P.2-B3　緑島

緑島は人口4300人ほどで、島を1周する環島公路は約20km。夏季が一番にぎわうリゾートアイランド。温泉やダイビングといったレジャーが楽しめる。

緑島へのアクセス

🚢台東から：富岡漁港から緑島・南寮漁港までフェリーで約60分。1日往復2便～（オフシーズンは不定期。繁忙期5便～）。片道560元、往復1120元。チケット購入時パスポートの提示が必要。富岡漁港までは台鐵「台東」車站からタクシーで約20分。

✈️台東空港から緑島空港まで約20分。1日3便。片道1130元～。台東空港 URL www.tta.gov.tw　徳安航空 URL www.dailyair.com.tw　島内の交通は巡回バス（繁忙期1日券100元）などがある。

カニ飛び
出し注意

日帰りOK！
フェリーで
らくらくアクセス♪

台湾の離島

離島への旅は天候に左右されるため時間に余裕があれば訪れてみて。宿泊する場合、繁忙期は混雑するので早めの予約を。日焼けや虫刺されなどに注意して、無理のないスケジュールを。

もっとディープな台湾へ

絶景&温泉が
待っている！

魅惑の離島へ
GO!

• 台北
高雄 • • 台東
小琉球　　　緑島

台湾本島から簡単アクセス、離島へのプチトリップはいかが？　美しい海に囲まれた絶景を探しに行ってみよう！

サンセットは最高！
ロマンティック♡✨

絶景にうっとり！

小琉球 シアオリォウチォウ

Map 別冊P.2-A3　小琉球

面積6.8平方メートル、海岸線は約12kmの小さな島。台湾近海ではサンゴ礁でできた唯一の島で、冬でも穏やかな気候。きれいな海を目当てに人気がある。

小琉球へのアクセス

🚢高雄から：東港渡船碼頭から白沙観光港（民間船）・大福碼頭（公営船）までフェリーで約30分。1日片道12便（最終：白沙港行き16:50、大福行き17:20）。片道250元、往復450元。窓口でチケット購入時パスポートの提示が必要。高鐵「左營」站・台鐵「左營」站新台湾好行バス9127Dで「東琉線碼頭站」下車（所要約50分、120元、8:30～17:30の間30分間隔で運行）。東琉線交通船 URL www.tungliu.com
※島内の交通：レンタサイクル（250元～／日）、レンタル電動スクーターもある。

遊びに
おいで～

©台湾観光局/台湾観光協会

1. 小琉球で一番有名な「花瓶岩」。夕暮れをバックに撮影するのが人気　2. 蛤板湾は貝殻砂の浜。星の砂はここだけ。横には珊瑚礁が広がる

ビギナーも
安心！

安全・快適
旅の基本情報

日本各地から飛行機でわずか1時間半～4時間ほどの台湾。
近いとはいえやはり海外。持っていくべきアイテムや
交通事情、トラブル対処法など、知っておきたい情報はいろいろ。
安心して台湾を満喫するためのアレコレをarucoがサポート！
ビギナーもリピーターもしっかりおさらいしてから旅立って♪

INFRMATION

★ aruco的 おすすめ旅グッズ

台湾にはどんなものを持っていけばよいのかな？ 台湾ツウのスタッフが
オススメ旅グッズをご紹介。こんなものがあると台湾女子旅がグッと快適になる。
愛用のバッグに入れて、さぁ、台湾にGO！！

忘れ物はないかな？

旅のお役立ちアイテム

□ ウェットティッシュ＆ポケットティッシュ

ティッシュは、夜市の屋台で食事をするときに便利。ウェットティッシュは揚げ物系スナックなどを食べて、手がベタついたときに大活躍。

□ タッパー＆ジッパー付透明プラスチック袋

タッパーはつぶれたり、こわれたりしては困るものを持ち帰る際に重宝する。ジッパー付透明プラスチック袋は、食べかけの袋菓子を保存したり、大袋入りの食品を同行の友達と分け合ったりするのに便利。

□ メモ帳と筆記具

中国語が話せなくてもそこは同じ漢字文化圏の強み。筆談でコミュニーションがとれる。タクシーに乗るときには目的地の住所を書いて見せれば連れて行ってもらえる。

□ エコバッグ

台湾のコンビニやスーパーはレジ袋が有料なのでエコバッグは必需品。また、おみやげで荷物が増えたときのサブバッグとしても活用できる。

eco. bag

□ 歩きやすい靴

街歩きには、スニーカーなど歩きやすい靴がイチバン。新しいものではなく、足になじんだはき慣れたシューズで出かけよう。

□ 折りたたみ傘

季節によっては突然雨に見舞われる台湾。コンパクトで軽い折りたたみ傘をバッグに入れておくと安心。

機内手荷物のアドバイス

台湾までは短時間のフライトだけど、乾燥対策用の乳液（1〜2回分のサンプルがベスト）、肌寒いときに必要なはおり物やストールがあれば安心。また、台湾線にはにぎやかな乗客が多いので耳栓、そしてつい忘れがちな入出国カード記入のためのボールペンなどをバッグに入れておきたい。

機内持ち込み制限についての詳細はP.168をチェック！

基本の持ち物チェックリスト

貴重品
- □ パスポート 残存有効期限は要チェック！ →P.11
- □ 現金（円）
- □ クレジットカード
- □ 航空券（e-チケット）
- □ ホテル予約確認書
- □ 海外旅行保険証書

日用品
- □ シャンプー類
- □ 化粧品
- □ 歯磨きセット
- □ タオル
- □ マスク
- □ 除菌シート

衣類など
- □ カジュアルな服
- □ 靴下 □ 下着
- □ パジャマ □ サングラス
- □ 水着（温泉に行くなら）

その他
- □ カメラ □ スマホ
- □ 常備薬 □ 雨具
- □ 虫除けスプレー
- □ 生理用品
- □ 電池・充電器

知って楽しい！ 台湾の雑学

へぇ〜
なるほど

台北や高雄は大都会なので、東京とそれほど違わない印象をもつかも。
でも、訪れる前に少しだけ勉強していくと、台湾をより深く楽しめる！
基礎知識を仕入れておいて、現地の人とコミュニケーションをとれば、距離もぐっと縮まるはず。

台湾の基礎知識メモ

正式名称	中華民國（台湾）Republic of China (Taiwan)
国旗	赤地に青、白の太陽と「青天白日満地紅旗」
国歌	中華民國国歌　国花 梅
人口	2337万人（台北市250万人）
面積	約3万6000km²（日本の九州ほど）
首都	台北　政体　民主共和国
元首	蔡英文（ツァイ インウェン）　総統
民族	漢民族98%、原住民16部族2% ※本書では、台湾の少数民族を尊重し、台湾で呼称されている「原住民」という言葉を使用しています。
宗教	仏教、道教、キリスト教など

台湾の太陰暦祝日
台湾は太陽暦（新暦）と太陰暦（旧暦、農暦）を併用。
太陰暦による祝日は毎年日にちが変わるので要注意！

台湾の歴史年表

1624年	オランダが現在の台南を中心とした地域を制圧。
1642年	オランダがスペイン勢力を台湾から追放。
1662年	鄭成功の攻撃でオランダが完全に撤退。
1683年	鄭氏政権が清朝に降伏して滅亡。
1895年	日本による統治が始まる。
1945年	日本の敗戦に伴い、中華民国に復帰。
1947年	二・二八事件が勃発。
1971年	国連を脱退。
1996年	国民の総統直接選挙により、李登輝が当選。
2016年	蔡英文が初の女性台湾総統となる。

3大節って何？

春節（旧正月）
旧暦の1月1日から3日。この期間は、公共機関をはじめ、店もほとんどが休業。大晦日は「除夕」と呼ばれ、家族が集まって夕食を食べる習慣がある。

端午節
旧暦5月5日。中国古代の詩人、屈原が入水自殺した日。ちまきを食べて、屈原の魂を鎮める。毎年開催されるドラゴンボートレースが見もの。

中秋節
旧暦8月15日。1年で最も美しい月が見られるといわれる。月餅や文旦を食べ、月を観賞する。

このほか、お正月のお祝いシーズンをしめくくる「元宵節」、家族全員で祖先をお祀りする「清明節」、中華民国の建国記念日「国慶節（雙十節）」などがある。

勉強になるなぁ

毎年元宵節に平渓で開かれる天燈節（→P.58）

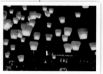

「8折」ってどういう意味？
バーゲンセール時期になると店頭に「8折」、「5折」などと書いた紙が貼り出される。これは割引率を表示したもので、例えば、通常価格より1割引なら「9折」、2割引なら「8折」、3割引なら「7折」となる。バーゲンの最終時期には、「3折」（7割引）なんていう商品が登場することも。「折」の字に注目です！

台湾のレシートは宝くじ付き！
台湾で発行されるレシート（統一發票）には8桁の宝くじ番号が書かれていて、奇数月の2日に当選番号が発表される。当選最大金額は1000万。当選した場合はパスポートとレシートを郵便局に持参して換金する（外国人でもOK）。最近は「電子發票證明聯（電子レシート）」を発行するところが増加。レシート右側のQRコードで買い物明細、左側のQRコードで宝くじ番号などの情報が取れる。
URL invoice.etax.nat.gov.tw

台湾入出国かんたんナビ

日本から3〜4時間のフライトでふわりと台北にランディング。
ドキドキ、ワクワク、いよいよ台北旅がスタート！空港でのアレコレをご紹介します。

空港には2時間前に着こう！

日本から台湾へ

① 台北到着

飛行機で台北に到着したら、まずは検疫カウンターを通り、入国審査（入国審査／IMMIGRATION）のブースへ向かおう。

② 台湾入国審査

日本人は「持非中華民國護照旅客」という表示がある外国人専用カウンターへ進む。パスポートと機内で記入した入国カードを審査官に提示。指紋採取と顔写真撮影をし、入国スタンプを押してもらう。

③ 荷物受け取り

案内板で搭乗便の表示があるターンテーブルへ向かう。搭乗時に預けた荷物を受け取る。

④ 税関審査

申告するものがない場合は緑のカウンター、ある人は赤のカウンターで申告。免税で持ち込めるものは右記の表でチェックを。

⑤ 到着ロビー

ツアーの場合、現地ガイドが名前を書いたボードを持って待っている。個人旅行者は、交通手段を確認し、市内へ。

台湾元への両替

桃園国際空港のターミナル1と2には、いずれも入国審査エリアと到着ロビーに両替業務を行う銀行がある。手数料は、1回につき30元としている銀行が多い。クレジットカードをメインに支払いに使う予定の人も、とりあえず市内までの交通費程度は両替しておこう。

入国カードの記入例

入國登記表 ARRIVAL CARD

6951190624

① 姓 Family Name　CHIKYU
② 名 Given Name　ARUCO
③ 護照號碼 Passport No.　CD9876543
④ 入境航班/船名 Flight / Vessel No.　CI107
⑤ 出生日期 Date of Birth　⑦ Year 1987　月 Month 01　日 Day 15
　性別 Gender　□ 男 Male　☑ 女 Female
⑥ 性別 Gender
⑦ 國籍 Nationality　JAPANESE
⑧ 職業 Occupation　Employee
　簽證種類 Visa Type
　□ 外交 Diplomatic　□ 禮遇 Courtesy　□ 停留 Visitor
　□ 免簽證 Visa-Exempt.　□ 落地 Landing　□ 其他 Other
　入出境證 / 兼簽證號 Entry Permit / Visa No.
⑫ 居住地 Place of Residence　JAPAN
⑨ 旅行目的 Purpose of visit
　□ 商務 Business　□ 求學 Study
　□ 觀光 Sightseeing　□ 展覽 Exhibition
　□ 探親 Visit Relative
　被探人姓名 Relative's Name
　預定出境日期 Intended Departure Date
⑬ ⑦ Year 2024　月 Month 05　日 Day 01
⑭ 出生地 Place of Birth　JAPAN
　被探人電話 Relative's Phone No.
　□ 會議 Conference
　□ 醫療 Medical Care　□ 宗教 Religion
　□ 就業 Employment
　□ 其他 Others
　來臺住址或旅館名稱 Address or Hotel Name in Taiwan
⑮ HOTEL GRACERY TAIPEI
　台灣連絡電話或信箱 Phone in Taiwan or E-mail
⑯ chikyuaruco@gmail.com
　旅客簽名 Signature
⑰ 地球 歩子
　公務用欄位 OFFICIAL USE ONLY

歡迎光臨臺灣 WELCOME TO R.O.C (TAIWAN)
You may fill in this card or "Online Arrival Card" via the QR-CODE before immigration clearance.

① 姓（ローマ字）　② 名（ローマ字）　③ パスポートNo.　④ 航空便名　⑤ 生年月日　⑥ 性別　⑦ 国籍　⑧ 職業（会社員）：Employeeなど）　⑨ ビザのタイプ　⑩ 旅行の目的　⑪ ビザNo.（⑨、⑪はビザを取得した場合のみ）　⑫ 居住地　⑬ 台湾出国予定日　⑭ 出生地　⑮ 台湾滞在中の住所（ホテル名など）　⑯ 台湾での電話番号やメールアドレス　⑰ パスポートと同じサイン
※ 2023年11月現在、入国カードは縦型から横型に移行中です。

オンラインで入国カードを提出

事前にオンラインで入国カードを提出すれば、機内で記入する手間が省ける。
URL niaspeedy.immigration.gov.tw/webacard/
入国の際は審査官にパスポートを渡し、「オンライン」と伝えればOK。

リチウムイオン電池について

スマホ用充電バッテリーやパソコン、カメラなどの予備バッテリー「リチウムイオン電池」は機内預け荷物に入れるのは禁止。機内持ち込みにしよう。ただし、160Whを超える電池は機内預け・持ち込みとも不可。

機内持ち込み制限

チャイナエアラインの場合、W36cmxH56cmxD23cm以内、重さが7kg以内。ひとり1個のみ持ち込みが可能。100mℓ以上の液体物は持ち込み禁止（出国手続き後の免税店で購入されたものを除く）。液体物は事前に機内預け荷物の中に入れて、カウンターに預けること。薬など必需品はジッパー付きの1ℓ以下の透明プラスチック袋に入れられている場合のみ持ち込みOK。刃物類の持ち込みは不可。機内預け荷物については利用する航空会社の公式サイトで確認を。

台湾入国時の免税範囲

品名	内容
たばこ	20歳以上1人紙巻たばこ200本、葉巻25本またはたばこ製品1ポンド（454g）まで
酒	18歳以上1人1ℓ以内
外貨	1万US$相当以下
台湾元	10万元以下
有価証券	1万US$相当以下

※肉製品の持ち込みは禁止。最高100万元の罰金が科せられる

台湾へのフライト

日本各地からチャイナエアライン、エバー航空、スターラックス航空、キャセイパシフィック航空、日本航空、全日空、スクート航空、ジェットスター・ジャパン、ピーチ・アビエーション、タイガーエア台湾などが運航。所要約1時間30分〜4時間。高雄への直行便もある。

LCCの多くは機内持ち込み荷物が7kgだけどタイガーエアは10kg。3kgの差は大きく、おみやげ買っても大丈夫だった！（静岡県・羽奈）

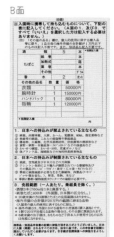

① 税金還付制度（TRS）手続き

税金還付制度を利用する人は、「海關及外籍旅客退税服務台 Foreign Passenger VAT Refund Service Counter」へ行き、パスポート、航空券（eチケット控え）、申請表、購入品、レシートを提示して還付を受ける。

↓

② 搭乗手続き（チェックイン）

航空会社のカウンターで航空券（eチケット控え）とパスポートを提示し、機内預け荷物を託す。クレームタグ（荷物の引換証）と搭乗券を受け取る。

↓

③ セキュリティチェック

機内持込荷物の検査とボディチェックを受ける。ドリンクなど液体のものは没収される。

↓

④ 台湾出国審査

出国審査のカウンターへ向かい、係官にパスポートと搭乗券を提示し、パスポートに出国スタンプを押してもらう。

↓

⑤ 搭乗

出国エリアには免税店やレストラン、カフェなどがある。台湾元が残っている場合は、銀行で再両替が可能。買い物や食事をしていて、搭乗時間に遅れないように。早めにゲートに向かおう。

↓

⑥ 帰国

機内で配布される「携帯品・別送品申告書」を記入。別送品がある場合は2枚必要。日本の空港の税関審査で提出した後、到着ロビーへ。入国手続オンラインサービス（Visit Japan Web）で事前に税関申告をウェブで行うことができる。
URL vjw-lp.digital.go.jp

出国するときはおみやげに注意！

国外持ち出し許可書のない骨董品や違法コピーのCD、DVD、本などは台湾からの持ち出し禁止。気をつけたいのは、肉類。小籠包や肉まんといった肉加工品は、台湾から持ち出せても日本へ持ち込むことはできない。また、ほとんどの生の果実も日本への持ち込み禁止。おいしいものはお腹と写真に収めてガマン。

携帯品・別送品申告書記入例

A面 B面

税金還付制度（TRS）とは？

外国籍の旅行者を対象にデパートなどTRS認定店の同一店舗で1日2000元以上買い物をし、90日以内に購入した商品を持って出国する場合、還付金額から手数料14％を差し引いた額が払い戻される。ただし、食品や台湾滞在中に使用する品物は対象外。一般的に購入金額が4万8000元以下なら購入当日に店で受け取れる（要パスポート）。それ以上の場合は、帰国時に空港の税金還付カウンターに出向き、購入店で発行してもらった「還付明細申請表」と品物を提示して手続きを行う。空港に設置されている自動払い戻し機（KIOSK）でも申請が可能。また、税金還付マークが店頭にある認定店では、当日少額の税金還付ができる。
URL www.taxrefund.net.tw ☎0800-880-288

KIOSK ▶

日本入国時の免税範囲
税関 URL www.customs.go.jp

品名	内容
酒類	3本（1本760mlのもの）
たばこ	紙巻たばこのみ…200本、加熱式たばこのみ…個装等10個、葉巻たばこのみは50本、その他の場合250g
香水	2オンス（1オンスは約28ml。オーデコロン、オードトワレは含まれない）
その他	20万円以内のもの（海外市価の合計額）
おもな輸入禁止品目	・麻薬、向精神薬、大麻、あへん、覚せい剤、MDMA ・けん銃等の鉄砲 ・爆発物、火薬類 ・貨幣、有価証券、クレジットカード等の偽造品、偽ブランド品、海賊版等

※免税範囲を超える場合は追加料金が必要。海外から自分宛に送った荷物は別送品扱いになるので税関に申告する。

ハンディファンとワイヤレスイヤホンは、機内持ち込み可だが機内預け不可。コンセント式ヘアアイロンは機内預け・持ち込みとも OK。

空港から市内へ

いよいよ台北に到着。
台北の空の玄関口は台湾桃園國際空港と台北松山空港のふたつ。
各空港からのアクセスは所要時間や料金を確認してチョイスしよう。

台北には
ふたつ空港が
あるよ

Map 別冊P.2-B1

その1 台湾桃園國際空港に到着
URL www.taoyuan-airport.com

台北から約40km離れた桃園市に位置する。台北市内へのアクセスは、リムジンバスと2017年に開通した桃園空港MRTが便利。リムジンバスは本数が多く、有名ホテル近くに停車するなど利便性が高い。桃園空港MRTは、台北車站から約39分とスピーディに到着できるメリットがある。

1 まずは、両替

台湾桃園國際空港の銀行は、航空便の発着がある限り1年中開いており、24時間対応の窓口やATMもある。旅行中に使う金額は空港内で両替しておくと便利。

↓

2 市内へのアクセスを確認

台北市内へは、①リムジンバス②桃園空港MRT③タクシー④ホテルリムジンを利用する。リムジンバスは、宿泊するホテルのロケーションによって利用するバス会社が異なる。バス会社の公式サイト（→P.171）でルートを確認しよう。

航空会社によってターミナルが違うよ！

●第1ターミナル発着
チャイナエアライン（東南アジア・欧州の各線）、キャセイパシフィック航空、ジェットスター・ジャパン、ジェットスター・アジア航空、スクート航空、スターフライヤー（2024年3月30日まで運休）、スターラックス航空、タイガーエア台湾、ピーチ・アビエーション、フィリピン航空
●第2ターミナル発着
チャイナエアライン（アメリカ・カナダ・日本・オーストラリア・中国の各線）、エバー航空、全日空、日本航空

2つのターミナル間の移動

第1と第2、2つのターミナル間の移動手段は3つ。
①スカイトレイン（無料）：5:00〜24:00、2〜6分間隔で運行。24:00〜5:00は利用者が乗車ボタンを押して電車を呼び出す。
②MRT桃園機場線：交通系IC利用は無料。5:57〜24:26運行。
③シャトルバス（無料）：23:50〜5:50、1時間に1〜3本運行する。

リラックスできる施設は第2ターミナル5階

無料で利用できる「休憩エリア」にはソファや充電用コンセントが完備。また、無料のシャワー室も点在。気軽にリフレッシュを！

台湾桃園国際空港 第1ターミナル

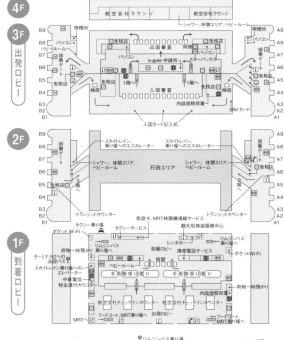

桃園空港第2ターミナル5階北側展望台（◑6:30〜22:30）からの夕日が美しかった！（愛知県・TAKI）

第2ターミナル

3F 出発ロビー

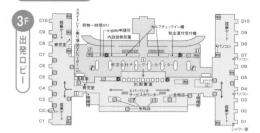

2F 入出国手続きフロア

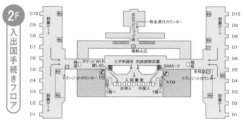

1F 到着ロビー

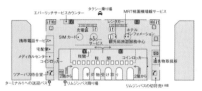

B2

凡例
- 入国エリア
- 出国エリア
- 一般立ち入り可能エリア
- 銀行、両替
- エレベーター
- 公衆電話

リムジンバス

市内まで所要50～90分。

会社	行き先	空港発	台北市街発	運行間隔	運賃※
國光客運	國光客運 台北車站(1819)	24:10～23:50	24:20～23:50	30～140分	132元 (159元)
	松山空港 (1840,1841)	3:30～23:45	4:55～22:40	40～180分	57～129元 (152元)
	南港 轉運站西站(1843)	9:10～17:20	7:10～15:10	1日3本	158元 (158元)
大有巴士	1960 (市府轉運站)	6:00～24:20	4:40～23:00	60～120分	160元
	1961/1961A (MRT西門駅)	6:00～24:30	4:30～22:50	1日12本	160元
長榮國際儲運 (5203/5203A)	松江新村站	―	6:25～22:00 (土日祝8:15～16:55)	30～60分	90元

※ （ ）内は3列シート利用の運賃

國光客運 URL www.kingbus.com.tw　大有巴士 URL www.airbus.com.tw　長榮國際 URL www.evergreen-bus.com.tw/bus/dayuan

---

\ 市内中心部への /

各交通手段の特徴

MRT桃園機場線

桃園國際空港と台北車站を結ぶMRT桃園機場線は、直達車（快速）と普通車（各駅停車）があり、料金は同じ150元。台北車站までの所要時間は、直達車が約39分、普通車は約53分。5:55～23:35の間、いずれも15分間隔で運行。

路線図→別冊P.13

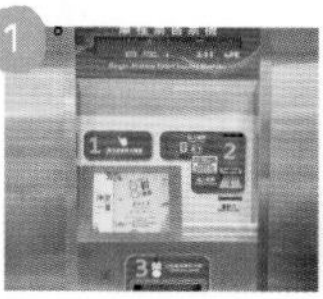

1 乗車券（トークン）購入

片道乗車券（トークン）を自販機で購入。画面をタッチして日本語を選択。自動改札機では悠遊卡も利用可。

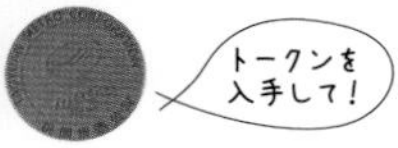

トークンを入手して！

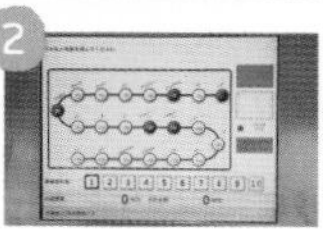

2 日本語対応の自販機

画面をタッチして、目的の駅と枚数を選び、硬貨かお札を入れる。トークンとお釣りが出てくるので受け取る。

3 トークンの使用方法

自動改札機のセンサーにトークンをかざして入場。出場の際は、トークンを自動改札機の投入口に入れる。

インタウン・チェックイン

MRT桃園機場線の台北車站と新北産業園區站では、搭乗当日の6:00～21:30（新北産業園區站は9:00～16:00）、フライトの3時間前までチェックインが可能。2023年11月現在チェックインできるのは、チャイナエアライン、エバー航空、マンダリン航空、ユニー航空、キャセイパシフィック航空（台北車站のみ）、スターラックス航空（台北車站のみ）、タイガーエア台湾（新北産業園區站のみ）。

タッチ決済で改札通過

桃園空港MRTは、クレジットカードで改札を通過できるタッチ決済サービスを開始。カード券面に「タッチ決済対応マーク」がある非接触型のJCB、Visa、MasterCardに対応。乗車券の購入の必要がなく便利になった。

�得 空港MRTと台北MRTのセット券

桃園空港MRT往復＋台北MRT乗り放題のジョイントチケットは、48時間乗り放題券520元と72時間乗り放題券600元の2種。

タクシー

空港と台北市内間のタクシー代金は、メーター料金×1.5に高速代をプラスした料金になる。目安は1500元程度。

その2 台北松山空港に到着

URL www.tsa.gov.tw

台北市内に位置し、MRTの松山機場站がターミナルビルの前にある。荷物が多い場合はタクシー利用がおすすめ。MRT・タクシーどちらも、町の中心部まで10〜15程度で便利。 Map 別冊P.6-A1〜B1

両替

荷物をピックアップしたところに銀行の両替窓口がある。また、到着ロビーにも両替窓口が設けられている。また、ロビーには現地通貨をキャッシングできるATMも設置されている。

市内へのアクセス

市内へのアクセス手段は、①MRT文湖線（20〜55元）②市内バス（15元〜）③タクシー（85元〜）の3通りある。スーツケースなど大きな荷物がある場合、最も利用しやすいのはタクシー。市内中心部まで10〜15分ほどで出られる。また、桃園國際空港、基隆や新竹など近郊へ向かう長距離バスも運行されている。

台北松山空港

第1ターミナル 2F

11番ゲート　10番ゲート　9番ゲート　8番ゲート　7番ゲート　6番ゲート　5番ゲート　4番ゲート

トイレ、ベビールーム　エスカレーター　トイレ、ベビールーム　案内所　トイレ、ベビールーム　トイレ

国際線入国審査　トイレ　銀行　ATM　航空会社ラウンジ　国際線イミグレーション　エスカレーター　エレベーター　トイレ　無料インターネット端末

第1ターミナル 1F

2F　エレベーター　トイレ　車イス用トイレ　ベビールーム　入国手荷物受取所　税関　銀行　ATM　トイレ　到着ロビー　公衆電話

航空会社のオフィス　航空会社のオフィス　TRS税金還付　国際線航空会社のチェックインカウンター　エレベーター　国際線航空会社のチェックインカウンター

国内線へ　銀行　銀行　SIMカード　SIMカード（中華電信）　旅客サービスセンター　海外旅行保険カウンター　銀行　案内所　公衆電話　ATM

飲食及びショッピング・サービス

❶ 7-11、康是美 ❷ SUBWAY ❸ コインロッカー ❹ 手信坊 ❺ 新東陽 ❻ 麥記正宗港式燒臘 ❼ 救護室、動植物検疫カウンター ❽ スターバックス ❾ 新東陽 ❿ 台湾特色商品館 ⓫ 品川蘭 ⓬ 大心 ⓭ 翰林茶館 ⓮ 昇恆昌免税商店 ⓯ 好饗廚房 ⓰ 松禮鋪 ⓱ Wing Cafe ⓲ C' airshop 飛機場 ⓳ 荷物宅配（台湾内）

その3 高雄國際空港に到着 Map 別冊P.17-D1

URL www.kia.gov.tw

高雄市内へのアクセス

空港とMRT紅線「R4高雄國際機場」站が接している。MRTに乗車し、「R11高雄車站」まで約18分（35元）。iPASS、悠遊卡も利用可能。

1F到着フロア

エスカレーター　入国カード記入机　エスカレーター　エレベーター　WC　エレベーター　WC　イミグレーション　ATM　内政部入出国及移民署　手荷物受け取り所　手荷物受け取り所　観光局旅客服務中心　WC　税関　税関　WC　動植物検疫　エレベーター　ATM　WC　内政部入出国及移民署　出迎え客用ベンチ　中華電信（SIMカード）　到着ロビー　出口　出口　エバーリッチ DUTY FREE カスタマーセンター　出口

3F出発フロア

WC　エレベーター　動植物検疫医務室　航空会社　セキュリティチェック　航空会社　WC　MRT駅行きエレベーター・国内線ターミナル行き動く歩道へ　航空会社チェックインカウンター　航空会社チェックインカウンター　B　荷物棚包サービス　TRS税金還付　インフォメーション　エレベーター　コンビニ　エレベーター　MRT駅行きエレベーター・国内線ターミナル行き動く歩道へ　B

その4 台南／台中空港からのアクセス

台南空港 URL www.tna.gov.tw

Map 別冊P.2-A3

台鐵「台南」車站まではバス5（18元）or紅3（30元）、所要約40分。高鐵「台南」站までは、高鐵シャトルバス H 31で所要約10分。

台中空港 URL www.tca.gov.tw

Map 別冊P.2-A2

台鐵「台中」車站までは、バス500（48元）orバス302（57元）、所要約70分。高鐵「台中」站までは、バス156で所要約30分、55元。

松山空港到着後、銀行窓口で両替してからSIMカードを買った。中国語はできないけどスタッフが親切で助かった。（富山県・ぷぶん）

台湾内移動ガイド

台湾は、鉄道、中長距離バス、飛行機と移動手段が充実。スケジュールや予算に合わせたアクセスを選ぼう。鉄道は台湾の連休や週末、観光シーズンは非常に混雑するため、早めの予約がおすすめ。

詳細は　高鐵→P.174　台鐵→P.175
中・長距離バス→P.176　飛行機→P.177

日本語対応あり！

鉄道をネットで予約！

台鐵　URL www.railway.gov.tw/tra-tip-web/tip/tip001/tip123/query

「個人で予約」トップメニューで座席の種類、出発駅と到着駅、日付、時間を選ぶ。次に、列車一覧から希望の列車を選び、パスポート番号を入力。14日前から予約可能。予約後、別画面でクレジットカード決済を行う。予約番号を控えるか予約票持参で、発車時刻の20分前までに駅の窓口で発券。座席指定自動券売機ではパスポート番号と予約番号入力で発券できる。コンビニや郵便局での発券も可能（パスポート、予約番号持参。手数料1枚につき8元）。

高鐵　URL jp.thsrc.com.tw

乗車日を含む28日前の午前0時から乗車駅を出発する1時間前まで予約可能。自動券売機にパスポート番号の下4桁と予約番号を入力すれば、発券できる。コンビニでの発券も可能（手数料1枚につき10元）。また、早期購入割引切符に実名制を導入。乗車時に入力した身分証明書の携帯が求められる。

指定席が安心だよ

台湾各空港から市内へ／台湾内移動ガイド

主要都市間の移動所要時間

	台北	台中	台南	高雄
台中	高鐵 約50分 台鐵 約1時間40分～ バス 約2時間45分			
台南	高鐵 約1時間30分～ 台鐵 4時間10分 バス 約4時間20分	高鐵 約55分 台鐵 約1時間30分～ バス 約2時間30分		
高雄	高鐵 約1時間30分～ 台鐵 約3時間40分～ バス 約5時間～	高鐵 約50分 台鐵 約2時間30分 バス 約3時間20分	高鐵 約12分 台鐵 約30分～ バス 約2時間	
花蓮	台鐵 約2時間	台鐵 約4時間	台鐵 約5時間15分～	台鐵 4時間30分～ 飛行機 約55分

高鐵「台南」站から台鐵「台南」車站へ沙崙線に乗り換え約25分

台東空港からは、台北、綠島、蘭嶼への便がある。URL www.tta.gov.tw

何を利用しよう？

高雄國際空港へは成田、関空、名古屋、福岡から便がある

台北車站2Fは広いレストラン街（微風台北車站）。高鐵や台鐵で移動前の食事ができるので便利。

 高鐵（台湾高速鉄道／新幹線）　ガオティエ

日本の技術援助で2007年に開通。2015年に「苗栗」站、「彰化」站、「雲林」站が開業。2016年7月には「南港」站が誕生した。南港站〜左營站348.5kmを最高時速300km以上で結ぶ。12両編成で10〜12号車は自由席、そのほかは指定席でビジネス車両もある。

切符の買い方

Ⓐ 駅の窓口で購入する

駅の窓口では、乗車日と時刻、発着駅、席種（普通車両の自由席・指定席／ビジネス車両＝商務車廂）、枚数を書いた紙を提示するのが早道。クレジットカードも可。**Card** A.J.M.V.

Ⓑ 駅の自動券売機で購入する

窓口に行列があっても自動券売機は数が多く、空いている場合が多い。スタート画面で中国語か英語かを選ぶことになるが、都市名が漢字表記の中国語の方が日本人にはわかりやすい。

❶ 自由席か指定席「對號座」か選ぶ → **❷** 片道「單程」か往復「去回」か選ぶ → **❸** 乗車駅を選ぶ → **❻** 乗車日を選ぶ → **❹** 降車駅を選ぶ → **❼** 乗車時間と列車を選ぶ → **❺** 人数を選ぶ

指定席をチョイス　片道をセレクト

❽ 支払方法を選ぶ → **❾** 現金orクレジットカード払い

クレジットカード「信用卡」の場合、4ケタのPINコード（暗証番号）を入力

Ⓒ コンビニで購入する

セブンイレブンのibon、ファミリーマートのFamiPortなどコンビニの通信端末から購入できる。代金と手数料（1枚につき10元）をレジで支払う。

Ⓓ 公式サイトで予約・購入する

高鐵の公式サイトで予約・購入が可能。詳細は→P.173

乗り方と車内の過ごし方

チケットを忘れずに

乗車時は改札口にチケットを通して構内へ。構内はコンビニもある。車内には、スーツケースが置ける荷物置き場も完備。

割引運賃ガイド　▼詳しくは下記公式サイトへ

●早割「早鳥優惠」
乗車日の前5〜28日の予約で普通車両の指定席が10〜35％割引になる。

●高鐵パス（事前購入）
外国人限定の「高鐵3日パス」は3日間、普通車指定席が乗り放題。2200元。指定の7日間のうち2日を選んで乗車できる「フレキシブル2日パス」は2500元。

高鐵問い合わせ先

URL www.thsrc.com.tw/jp
上記サイト「問い合わせ」より✉メールまたはLive Chat（9:00〜22:00）

●運賃と所要時間

	台北	板橋	桃園	新竹	苗栗	台中	彰化	雲林	嘉義	台南	左營	
南港	40 (35) 11	70 (65) 19	200 (190) 34	330 (320) 47	480 (465) 58	750 (725) 77	870 (840) 90	970 (940) 101	1120 (1085) 115	1390 (1345) 133	1530 (1480) 145	南港
台北		40 (35) 8	160 (155) 23	290 (280) 36	430 (415) 47	700 (675) 66	820 (795) 79	900 (900) 90	1080 (1045) 104	1350 (1305) 122	1490 (1445) 134	台北
板橋			130 (125) 15	260 (250) 26	400 (385) 39	670 (645) 58	790 (760) 71	900 (855) 82	1050 (1015) 96	1320 (1280) 114	1460 (1415) 126	板橋
桃園				130 (125) 13	280 (270) 24	540 (520) 43	670 (645) 56	780 (755) 67	920 (890) 81	1190 (1150) 99	1330 (1290) 111	桃園
新竹					140 (135) 11	410 (395) 30	540 (520) 43	640 (620) 54	790 (760) 68	1060 (1020) 86	1200 (1160) 98	新竹
苗栗						270 (260) 19	390 (375) 32	500 (485) 43	640 (620) 57	920 (890) 75	1060 (1025) 87	苗栗
台中							130 (125) 13	230 (220) 24	380 (365) 38	650 (630) 56	790 (765) 65	台中
彰化								110 (105) 11	250 (240) 25	530 (510) 43	670 (645) 55	彰化
雲林									150 (145) 14	420 (405) 32	560 (540) 44	雲林
嘉義										280 (270) 18	410 (395) 30	嘉義
台南											140 (135) 12	台南
											左營	駅名

表の見方（上から）

指定席運賃（元）
（自由席運賃）（元）
（各停所要時間）（分）

高鐵はワゴンでの車内販売があり、お弁当が買えた。菜食弁当があるのは台湾ならではだと思った。（長野県・ベジタリアン）

台鐵 タイティエ

台湾の沿岸部を一周するように走る、台湾国有鉄道の在来線。
URLwww.railway.gov.tw

路線名	区間	説明
西部幹線（縦貫線北段）+台中線（山線）+縦貫線南段	基隆～台北～台中～彰化～嘉義、台南～高雄	基隆・台北から高雄を結ぶ最主要路線。一部区間は海側を走る海岸線（海線）もある。自強號など20～30分に1本の割合で運行。
東部幹線（北廻線、宜蘭線、台東線）	台北～基隆～礁溪、宜蘭～蘇澳、花蓮～台東	台北から台東を結ぶ路線。自強號から区間車まで10分～50分の割合で運行。
南部幹線（屏東線、南廻線）	高雄～屏東～枋寮～台東	高雄から台東を結ぶ路線。花蓮まで乗り入れる自強號などは約2～3時間に1本。
内湾線	新竹～内湾	全13駅の支線。
平溪線（→P.54）　集集線（→P.46）　阿里山林業鐵路（→P.48）		

高鐵／台鐵

列車の種類 　路線図→P.173

日本の特急に相当する自強號のほか、新車両の普悠瑪號と太魯閣號がある。普悠瑪號と太魯閣號は大きなスーツケースを置くスペースもあり、人気が高いので早めの予約が必要。URLwww.railway.gov.twで、乗車日の14日前から予約可能。予約が完了したら別画面で支払い手続きを忘れずに。自強號は大きな荷物を置くスペースが限られるので荷物棚を活用しよう。区間快車、区間車、普快車は座席指定はなく、通勤や通学の時間帯は混雑することもある。

列車の種類		説明	ICカード（悠遊卡・iPASS）の利用
自強號	太魯閣號、普悠瑪號	全席指定の特急列車。自願無座（立席乗車）は不可	×
	自強號	全席指定の特急列車	△自願無座（立席乗車）のみ可
	莒光號	全席指定の急行列車	○
	復興號	準急列車	○
	区間快車	快速列車	○
	区間車・普快車	普通列車	○

切符の買い方

Ⓐ 駅の窓口で購入する

當日票（当日売りの切符）と預票（14日前から販売の翌日以降の予約切符）が買えるが、窓口を分けている場合もあるので注意して並ぶ。予定が決まっていれば往復で購入すると1割引になる。確実に購入するには、乗車日、列車番号、発車時刻、行き先（乗車区間）、人数を紙に書いて見せればよい。クレジットカードでの購入も可能。

Ⓑ 駅の自動券売機で購入する

自動券売機での購入は日本とほぼ同じ流れだが、列車の種類を選択する必要がある。また、往復で購入する場合は「去回」を選択。一部の駅の券売機を除き、座席指定はできず、自願無座（立席乗車）のみ購入可能。急ぎのときはこの切符を購入して乗車し、席が空いていたら着席し、その席の購入者が来たら立てばよい。

1. 枚数を選ぶ
↓
2. 列車の種類を選ぶ
↓
3. 全票（おとな）を選ぶ
↓
4. 下車駅を選ぶ
↓
5. 料金投入（硬貨、紙幣、ICカードの利用可）

Ⓒ コンビニで購入する（→P.174）

購入方法は、高鐵と同様。手数料は1枚につき8元。

Ⓓ 公式サイトで予約・購入する（→P.173）

高鐵⇔台鐵の乗り継ぎ

台中　高鐵「台中」站直結の台鐵「新烏日」車站から区間車（15～30分間隔、15元）で台鐵「台中」車站まで約10分、タクシーで約20分（270元～）

嘉義　高鐵「嘉義」站から嘉義客運BRT7212（20分間隔、48元）で約30分、タクシーで約25分（250元前後）

台南　高鐵「台南」站直結の台鐵「沙崙」車站から区間車（約30分間隔、25元）で台鐵「台南」車站まで約25分、タクシーで約30分（500元前後）

高雄　高鐵「左營」站直結のMRT「R16左營」からMRT「R11高雄車站」まで約11分（25元）、直結の台鐵「新左營」車站から区間車（約10～30分間隔、15元）で約11分、タクシーで約25分（200元～）

コインロッカーと手荷物一時預け

駅にはコインロッカーが設置されていて、1時間30元～。小さいサイズからスーツケースも入る大きなサイズまである。イラスト付きの利用案内があるから安心。

コインロッカーに入らない荷物やコインロッカーがない場合や空いていないときは、駅構内にある「行李房」へ。有料で預かってくれる。

行李房 Baggage Room
營業時間 Operation Hours

中・長距離バス　客運　クーユィン

主要バス会社 URL

	URL
國光客運（国）	URL www.kingbus.com.tw
統聯客運（統）	URL www.ubus.com.tw
和欣客運（和）	URL www.ebus.com.tw
葛瑪蘭汽車客運（葛）	URL www.kamalan.com.tw
首都之星（首）	URL www.capital-bus.com.tw
高雄客運（高）	URL www.kbus.com.tw

乗り方

大きな町ではバス会社ごとにバスターミナルが分かれているか、数社が集まる「轉運站」で乗降する。切符の購入は窓口で。行き先ごと・会社ごとに窓口が分かれていることもある。途中乗車時は運転手に料金を払う。切符は降車時まで捨てずに。

鉄道&バス　アクセス便利表

	台北まで	台中まで	台南まで	高雄まで	花蓮まで
台北から	台北のターミナル 鉄道 高鐵・台鐵「台北車站」 Map 別冊P.4-B3 バス 台北轉運站（国、統、和、葛） Map 別冊P.4-B3 市府轉運站（首、統） Map 別冊P.11-C2	鉄道 高鐵（片道700元、所要50分〜） 台鐵（片道241〜375元、所要約100分〜） バス 国 1826・1827（片道265元〜）／統 1619・1620（片道260元〜）／和7511（片道265元〜）所要約2時間45分〜	鉄道 高鐵（片道1350元、所要約95分〜） 台鐵（片道569〜738元、所要約3時間10分〜） バス 国1837（片道445元〜）／統1611・1612（片道410元〜）／和 7500（片道450元〜）所要約4時間20分	鉄道 高鐵（片道1490元、所要約90分〜） 台鐵（片道650〜843元、所要3時間40分〜） バス 国1838（片道511元〜）／統1610（片道490元〜）／和7500+7512（片道550元〜）所要約5時間〜	鉄道 台鐵（片道283〜440元、所要約2時間〜） 飛行機 （片道1166元〜、所要50分）
台中から	鉄道 高鐵（片道700元、所要約50分〜） 台鐵（片道241〜375元、所要約100分〜） バス 国 1826・1827（片道265元〜）／統 1619・1620（片道260元〜）／和7511（片道265元〜）所要約2時間45分〜	台中のターミナル 鉄道 高鐵「台中」站 Map 別冊P.18-B1 台鐵「台中」車站 Map 別冊P.18-B3 バス 台中朝馬轉運站（国、統、和） Map 別冊P.18-A1	鉄道 高鐵（片道650元、所要約40分〜） 台鐵（片道233〜363元、所要約90分〜） バス 国1871（片道253元〜）／統 1625（片道240元〜）／和7512（片道230元〜）所要約2時間30分〜	鉄道 高鐵（片道790元、所要約45分〜） 台鐵（片道301〜469元、所要約2時間30分〜） バス 国1872（片道280元〜所要約3時間10分〜）／統1621（片道305元〜）所要約3時間20分	鉄道（片道815元、所要約4時間〜） 飛行機 （片道2472元、所要60分）
台南から	鉄道 高鐵（片道1350元、所要約95分〜） 台鐵（片道569〜738元、所要約3時間10分〜） バス 国1837（片道445元〜）／統1611・1612（片道410元〜）／和 7500（片道450元〜）所要約4時間20分	鉄道 高鐵（片道650元、所要約40分〜） 台鐵（片道233〜363元、所要時間約90分〜） バス 国1871（片道253元〜）／統 1625（片道240元〜）／和7512（片道230元〜）所要約2時間30分〜	台南のターミナル 鉄道 高鐵「台南」站 Map 別冊P.2-A3 台鐵「台南」車站 Map 別冊P.15-C2 バス 台南轉運站（國、統、和） Map 別冊P.14-B1 台南火車站（高） Map 別冊P.14-B2	鉄道 高鐵（片道140元、所要約12分〜） 台鐵（片道68〜106元、所要約30分〜） バス 高8046A・B（片道142元）所要約90分〜	鉄道（片道810〜1178元、所要約4時間30分〜）
高雄から	鉄道 高鐵（片道1490元、所要約90分〜） 台鐵（片道542〜843元、所要約3時間40分〜） バス 国1838（片道511元〜）／統1610（片道490元〜）／和7500+7512（片道550元〜）所要約5時間〜	鉄道 高鐵（片道790元、所要約45分〜） 台鐵（片道301〜469元、所要約2時間30分〜） バス 国1872（片道280元〜所要約3時間10分〜）／統1621（片道305元〜）所要約3時間20分	鉄道 高鐵（片道140元、所要約12分〜） 台鐵（片道68〜106元、所要約30分〜） バス 高8046A・B（片道142元）所要約90分〜	高雄のターミナル 鉄道 高鐵「左營」站 Map 別冊P.17-C1 台鐵「高雄」車站 Map 別冊P.16-A2 バス 高雄車站（国）／高雄國站（高、統、和） Map 別冊P.16-A2 高雄左營站（高） Map 別冊P.17-C1	鉄道（片道705〜1284元、所要約4時間〜） 飛行機（片道2329元、所要65分）
花蓮から	鉄道 台鐵（片道283〜440元、所要約2時間〜） 飛行機 （片道1166元〜、所要50分）	鉄道（片道815元、所要約4時間〜） 飛行機 （片道2472元、所要60分）	鉄道（片道810〜1178元、所要約4時間30分〜）	鉄道 台鐵片道705〜1284元、所要約4時間〜） 飛行機（片道2329元、所要65分）	花蓮のターミナル 鉄道 台鐵「花蓮」車站 Map 別冊P.20-A1

台北から台中まで統聯客運バス（1619）に乗車。3列シートで、全席に充電用USBポート付きだった。（石川県・亮大）

飛行機 飛機 フェイジー

高鐵が運行していない東部や離島への国内線が便利。片道2000元前後。旅行者向けの格安航空券はない。機体の小さい台東発着便は早めの予約がベター。搭乗時にはパスポートが必要。

ATA/SHIZUKA
TransAsia

台湾国内線の主要航空会社

華信航空（マンダリン）	[URL]www.mandarin-airlines.com 予約☎02-412-8008	松山／台中／高雄⇔金門、松山／台中／高雄⇔澎湖、松山⇔南竿、松山⇔台東、台中／高雄⇔花蓮
立榮航空（ユニ）	[URL]www.uniair.com.tw 予約☎02-2508-6999	松山／台中／嘉義／台南／高雄／澎湖⇔金門、松山／台中／嘉義／台南／高雄／金門⇔澎湖、松山／台中⇔南竿、松山⇔北竿、松山⇔台東／花蓮
德安航空（デイリー）	[URL]www.dailyair.com.tw 予約☎07-801-4711	台東⇔蘭嶼／綠島、高雄⇔望安／七美、澎湖⇔七美

遺失物問合せ先

桃園國際空港　[URL]www.taoyuan-airport.com　☎03-398-2538
高雄國際空港国際線　☎07-805-7631（🕘5:30～21:00）

チケット購入

航空会社のウェブサイトから予約・購入が可能。搭乗日、カウンターで予約番号を提示すればよい。電話予約の場合は中国語か英語のみ。台湾国内線を扱う旅行代理店で手配代行依頼も可能だが手数料が発生する。

↓

搭乗

機内預け荷物は荷物カウンターに自分で運んで預ける。時間に余裕を持って搭乗口へ移動する。

→ **到着**

機内預け荷物があればターンテーブルで待つ。クレームタグを係員に見せて外に出る。

悠遊卡を使いこなそう

一卡在手、悠遊全台

ICチップが見える晶片悠遊卡

EASYCARD

悠遊卡（ヨウヨウカー）

「悠遊卡」（ヨウヨウカー：Easy Card）は、JR東日本のSuicaやJR西日本のICOCAなどと同じICカード。改札でタッチするだけで乗車でき、チャージも可能。ICカード（晶片悠遊卡）は1枚100元。新しく購入したときはチャージ金額は0なので、チャージしてから使用する。万一の遺失に備えて、一度に高額をチャージするより少額をこまめにチャージする方が安心。チャージ残額の返金手続きは台北・市府轉運站1階にある「悠遊卡客服中心（火～金11:30～19:30、土・祝10:00～17:00）」で。購入後3ヵ月以内または使用回数5回未満なら返金手数料20元必要（どちらかの条件を満たしている場合の返金手数料は免除される）。残額チェックはMRT駅設置の加値機（または加値售票機）に置いて「查詢」を選択すれば見られる。
[URL]www.easycard.com.tw

悠遊卡はココでGET！

- セブンイレブン、ファミリーマート、ハイライフ、OKマート
- 悠遊卡服務中心（台北・市政府轉運站1階）
- MRT（台北・桃園・高雄）各駅の「旅客詢問處（窓口）」
- 國光客運駅（台北車站東門外、南港轉運站、桃園國際空港第1・第2ターミナル設置の「悠遊卡售卡／加值機」

ココで使える

MRT（台北・桃園・新北・台中・高雄）の全駅、台鐵全駅、高鐵全駅、中・長距離バス（→P.176）、YouBikeや公共のレンタル自転車（→P.182）、主要なタクシー、旗津などの主要なフェリー（→P.34）のほか、コンビニやスーパー、ドラッグストア、小売店、飲食店、駐車場など。海外では日本の沖縄県の提携店（2023年11月現在）

チャージはココで

＜有人＞
- MRT(台北・桃園) 各駅の「旅客詢問處（窓口)」、悠遊卡マークのあるセブンイレブン、ファミリーマート、ハイライフ、OKマート、義美、美廉社
- 高雄MRT各駅の「旅客服務台（窓口)」

＜チャージ機＞
- 台北MRT各駅
- 桃園MRT、淡海LRT各駅
- 高雄MRT各駅
- 國光客運駅（台北車站東門外、南港轉運站、桃園国際空港第1・第2ターミナル

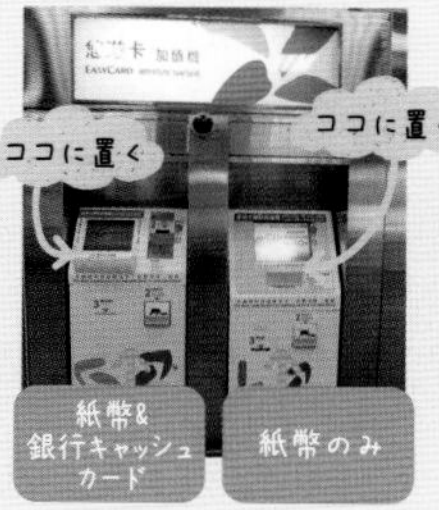
悠遊卡
EASYCARD
ココに置く
ココに置く
紙幣&銀行キャッシュカード
紙幣のみ

小銭いらずで便利♪

高雄生まれの iPASS（一卡通 イーカートン）

悠遊卡同様、台湾全土で使えるICカード。購入場所はコンビニ各店、MRT（台北・高雄）各駅インフォメーションセンター、高雄國際空港到着ロビー1階金建旅行社カウンターなど。チャージは基本的に悠遊卡と同じ。残額返金手続きはiPASSサービスセンター（台北：市府轉運站1階首都客運カウンター＜月～金9:00～17:00＞ Map 別冊P.11-C2、台中：台中客運サービスセンター＜月～金9:00～17:00＞ Map 別冊P.18-B2、高雄：MRT紅線「R12後驛」站2番出口そば＜火～土11:00～19:00＞ Map 別冊P.17-C1）で。[URL]www.i-pass.com.tw

[得] 割引&優待情報

高雄MRTの運賃が1.5割引、高雄LRT乗車が1回10元になるほか、台北MRT⇔路線バスの乗り継ぎ（1時間以内）で4・6・8元、台北MRTとYouBikeの乗り継ぎ（1時間以内）で5元の割引になり、市バスや台湾好行バス（→P.183）も割引料金で利用できる。アニメキャラなどのデザインカードが期間限定で販売されるので、タイミングがあえば入手可能。また、台湾観光協会が悠遊卡のプレゼント企画を行うことがあるのでウェブサイト[URL]go-taiwan.netを要チェック。アプリ「Easy Wallet（Android、iOS)」を使えば、悠遊卡の残高や利用記録をチェック可能。悠遊卡の使用頻度の高い人には便利。

台湾の人にEasy Cardと言っても通じないので「悠遊卡（ヨウヨウカー）」と言って購入を。

各都市の市内交通

行き先別の購入窓口だよ

台鐵の案内所だよ

台南

バス Bus 公車

市バス路線のハブとなるバス停は「台南」車站【Map】別冊P.15-C2。成功路を挟んで北站と南站に分かれている。乗車1回につき18元〜。なお、高鐵「台南」站で乗降する高鐵の乗客であればシャトルバスH31に無料で乗車が可能(当日限定、バス車内で検札あり)。

台南の交通 お役立ち情報

大台南公車 URL 2384.tainan.gov.tw/NewTNBusWeb
台南市と周辺のバス路線図、運賃、時刻表などバス情報総合サイト

台南市政府観光旅遊局 URL www.twtainan.net
台南市と周辺の観光情報サイト

台灣公車通(アプリ) Android、iOS
台北・桃園・台中・台南・高雄のバスの路線図、運賃、時刻表、ルート検索、バス現在位置情報などがわかる便利なアプリ

台灣好行バスは → P.183　台南空港は → P.172

タクシー Taxi 計程車

料金システムはメーター制。初乗り(起跳)は1.25kmまで85元。以降200mごとに5元ずつ、もしくは100秒ごとに5元ずつ加算。23時から翌6時の間は夜間料金となり、20%割増料金になる。春節(旧暦大晦日〜旧暦1月5日)や大型連休時は表示金額プラス50元。トランク使用は10元プラス。

チャーターもおすすめ

1時間500元〜、6時間2500元〜、8時間以上3500元〜が目安。乗車する前にドライバーに「包租車旅遊,多少錢?」(チャーターはいくら?)と書いて筆談で交渉してみよう。体力温存、有効な時間活用のため、タクシーチャーターも便利。

高雄

MRT 高雄捷運 路線図→別冊P.17

台北に次いで台湾で2番目に開通した高雄のMRT。正式社名は高雄捷運股份有限公司(KRTC:本書ではMRTと表記)。紅線(R赤色)と橘線(Oオレンジ色)の2路線があり、「R10/O5美麗島」站で交差する。各駅には番号がついている。紅線は高雄市を南北に縦断、高雄市の中心部を通る。橘線は高雄市内を東西に横断する。運賃は20〜60元。運行時間は紅線が5:55〜24:00、橘線が6:00〜24:00。

乗車券購入

1 自動券売機は日本語画面選択が可能。説明通りに画面をタッチする

2 運賃→人数を選択して表示された金額を投入する

3 購入した「QR單程票」の二次元バーコードを、改札の「掃區區」にかざして通過

クレカのタッチ決済も便利!

タクシー Taxi 計程車

料金システムはメーター制。初乗りは1.25kmまで85元。以降200mごとに5元ずつ、もしくは100秒ごとに5元ずつ加算。23時から翌6時の間は夜間料金となり、20%割増料金になる。春節(旧暦12月30日〜旧暦1月5日)は表示金額プラス50元。トランク使用は10元プラス。

空港 機場 ジーチャン

高雄國際空港には国際線ターミナルと国内線ターミナルがある。国際線ターミナルは日本など海外のフライトが離発着する。MRT紅線「R4高雄國際機場」站6番出口が国際線、2番出口が国内線にアクセスできる。空港の詳細はURL www.kia.gov.tw

LRT 輕軌

一部区間(C1籬仔內〜C24愛河之心)が開通している。30元。ICカード利用の場合10元。運行時間は6:30〜22:00。10〜15分間隔で運行。

LRTの乗り方は → P.90

バス Bus 公車

市バスは一段票12元、二段票24元(段票の詳細→P.181)。200を超える路線がある。iPASSで2回乗車すれば3回目の乗車が無料。iPASSでMRTとの双方向換すれば6元の割引あり。

高雄駅前バスターミナルは2023年11月現在工事中。乗り場案内の確認を

中距離バス発着所は建國二路周辺【Map】別冊P.16-A2

高雄の交通 お役立ち情報

高雄旅遊網 URL khh.travel
高雄市と周辺の観光情報サイト

高雄客運 URL ksbus.com.tw
高雄中心地や高雄「左營」站発着で、郊外や観光地を結ぶバスの運賃、時刻表、ルート検索

自強号の車内〜♪

台中MRTの駅

台中

バス Bus 公車

市バスを現金で乗車の場合は10km未満は20元、10km以上は距離に応じて加算される。ICカード利用なら15元。約7000個近いバス停があるためバス路線は複雑だが、アプリ「台中公車」や「台中公車即時動態資訊」[URL]citybus.taichung.gov.tw/ebusを使えば利便性が高くなる。

タクシー Taxi 計程車

料金システムはメーター制。初乗りは1.25kmまで85元。以降200mごとに5元ずつ、もしくは60秒ごとに5元ずつ加算。23時から翌6時の間は夜間料金が適用され、通常運賃に20元追加となる。春節（旧暦大晦日〜旧暦1月5日）は表示金額プラス50元。

台鐵 （在来線）

台中市の中心駅である台鐵「台中」車站は、2020年に新駅舎が完成した。1917年建設の旧駅舎は国定古蹟に指定されている。台鐵「台中」車站は台中線（山線）沿線なので、海岸線（海線）沿線には駅はないので注意しよう。

高鐵 （新幹線）

高鐵「台中」站は [Map] 別冊P.18-B1 にある。駅の営業時間は5:40〜24:00。運行時間は、台北行き6:05〜23:03、左營行き6:25〜23:07。台中までの最終列車は台北発23:00→台中着23:59、左營発22:55→台中着23:59。高鐵「台中」站から台鐵「台中」車站のアクセスはP.175。チケット購入など詳細はP.174へ。

台中空港は → P.172

TMRT 台中捷運 （台中MRT）

2023年11月現在、台中メトロ烏日文心北屯線（緑線）の一部（「103a北屯總站」〜「119高鐵臺中站」）で運行。高鐵「台中」站、台鐵「大慶」車站に接続。6〜15分間隔で運行。運賃は20〜50元。ICカードかトークン（単程票）で乗車する。

台中MRT路線図
（2023年11月現在）

北屯總站 103a
舊社 2.5
松竹 103
文心中清 104
文華高中 108 107 106 105 3
文心櫻花 109 1.5 文心崇德 四維國小
市政府 110 2
水安宮 111 1.5
文心森林公園 112 1.5
南屯 113 1.5
豐樂公園 114
大慶 115
高鐵臺中站 116 1.5
烏日 119 118 117 九張犁
九德 1.5

緑 線
台湾高速鐵路乗り換え
台灣鐵路乗り換え

花蓮

バス Bus 公車

市バスは花蓮客運がメインで走る。一段票23元、二段票46元（段票の詳細→P.181）。路線や時刻表はウェブサイト参照のこと。花蓮客運[URL]www.hualienbus.com.tw

タクシー Taxi 計程車

料金システムはメーター制。初乗りは1kmまで100元。以降230mごとに5元ずつ、もしくは120秒ごとに5元ずつ加算。22時から翌6時の間は夜間料金が適用される。初乗りは834mまで100元、あとは2割増し。春節（旧暦大晦日〜旧暦1月5日）は表示金額プラス50元。

空港 機場 ジーチャン

花蓮と高雄を結ぶ国内線の利用がある空港。花蓮空軍基地併設の軍民共用空港でもある。空港へのアクセスは統聯客運1123バスで台鐵「花蓮」車站→花蓮空港42元、所要約40分。統聯客運1123バスで花蓮空港→台鐵「花蓮」車站25元、所要約25分。台鐵「花蓮」車站からの運行時間は6:20〜19:40。60〜90分間隔で運行。空港施設は花蓮周辺で切り出された大理石が多用されている。空港の詳細は[URL]www.hulairport.gov.tw

太魯閣峡谷（→ P.118）への玄関口なので外国人利用者も多い

台鐵「花蓮」車站で買える駅弁「台鐵花東特蔬便當」（100元）は花蓮産の野菜、近海のシイラなどが入って大人気の品。

台北市内交通

台北は、MRTとバスが２大公共交通機関。プラス、タクシーを上手に活用すれば、行動半径が大きく広がる。各交通機関の特徴と使い方をご紹介。
めざせ、台北町歩きの達人！

とっても便利だよ

 台北MRT 台北捷運 （ジェユィン） 路線図→別冊P.13

台北市を東西南北に路線が走る鉄道交通システム、台北大衆捷運系統（通称「捷運」）＝Mass Rapid Transit、略称MRT）。運行本数も多く、渋滞に巻き込まれることもない。旅行者にとって最も利用しやすい交通手段。運行時間は6:00〜24:00頃。平日の7:00〜9:00と17:00〜19:30は混雑する。１日フリー乗車券やICカードは旅行者も利用価値が高い。MRTを上手に乗りこなせれば行動半径がぐっと広がる。基礎知識をチェックしたら、別冊P.13の路線図をしっかりチェックして乗り込もう！ URL www.metro.taipei

乗車券

単程票 （ダンチェンピアオ）

片道切符。運賃は、乗車区間によって20〜65元。改札口付近に並んでいる自動券売機（售票機）で購入する。券売機には、購入手順が1、2、3とNoで表示されているので、それに従って操作を行う。手順は次のとおり。

1 券売機上部にある料金表「**售票圖**」で目的地までの運賃を確認。確認した運賃ボタン「**票價選擇**」を押す。

↓

2 「**投幣口**」にコインまたは紙幣を入れる。

↓

3 「**出幣口**」から切符にあたる「**トークン**」（専用コイン）が出てくる。

▲トークン

プラスチック製のトークンは磁気式で、有効時間が決まっている。乗車駅で改札を通ってから下車駅で回収されるまでは２時間、同じ駅で改札を出入りする際は15分。時間オーバーした場合の追加料金は20元。

一日票 イーリィーピアオ

１日乗り放題券。猫空ロープウェイ以外のMRTの全路線が購入当日にかぎり、乗り降り自由。購入は、駅のインフォメーション「詢問處」で。価格は1枚150元。改札の「悠遊卡」マークがある部分にタッチすれば通過できる。
URL m.metro.taipei/jp/ticketinfo.asp

MRTの車内は飲食厳禁。あめやガムも禁止。水を一口飲むのもダメなので、うっかり口にしてしまわないよう注意!!

MRTのフリーWi-Fi

MRTの全131駅や列車内などで無料Wi-Fiサービスを展開。アクセスポイントの識別名は「TPE-Free」。ログイン画面をクリックして接続し、1回につき30分間利用できる。使用回数の制限はない。中山地下街や東区地下街、猫空ロープウエイでも提供されている。

注意しよう！

MRT駅構内の無料充電コーナー。充電用ケーブルは持参して。充電中の盗難に注意

夜間婦女候車區
ホームに設けられている「夜間婦女候車區」。足元にこの表示があるあたりには、夜間でも防犯カメラが稼働している。

雨天時に点灯、傘の準備を促す電光掲示板が2駅に登場（2023年11月現在）

傘のシェアリングサービス「raingo」が2023年8月スタート。傘レンタルの無人設備を台北MRT全117駅構内に設置。利用にはスマホで専用アプリをダウンロード。1時間19元、以降1時間ごとに10元。

台北MRTの地下街は、天候を気にせずに歩けて助かる。台北車站、中山站〜雙連站、忠孝敦化站は買い物もできて便利。（埼玉県・森）

バス Bus 公共汽車

台北市内のほとんどを網羅している市バス。路線も多く安くて便利だけど、ちょっと予備知識が必要。「大臺北公車」公式サイトやアプリ「台灣公車通」で事前にルートをチェックしてバス旅にトライ！ URLebus.gov.taipei

バスの乗り方かんたんナビ

① バス停を探す

同じ停留所であっても、路線によってバス停の位置が違っていることがあるので、要注意。

② 小銭もしくは悠遊卡を用意する。

おつりは出ないので小銭または悠遊卡（→P.177）を用意しておこう。悠遊卡などのICカードは乗車と降車時にカードリーダーにタッチする。なお、1時間以内にMRTから路線バスに乗り継ぐと4～8元の割引あり。

③ バスを停めて乗車

乗りたいバスが近づいてきたら、手を挙げて乗車の意思を示す。運賃は、入口付近にある集金箱へ。

④ 降車

目的地に近づいたら降車ボタンを押す。降車時にも悠遊卡をカードリーダーにタッチする。

運賃システムは？

バス路線を大きく3ブロック（段）に分け、段をまたがって乗車すると、2段分または3段分の運賃を適用。1段票で一律15元。距離に応じて2段票30元、3段票45元。

運賃（現金）の支払い方は？

バスにより乗車時に運賃を支払う「上車收票」と降車時に支払う「下車收票」の2通りがある。乗車したらまず運転席後ろの電光掲示板をチェックして、「上車收票」か「下車收票」か表示を確かめて。長距離の場合は、乗車時に支払っていても、途中で「下車收票」と表示が変わる路線がある。この場合は、降車時に15元（1段票）または30元（2段票）支払う。先に段をまたぐことがわかっている場合は、先に30元を支払い、運転手から「段號證」という札を受け取り、降車時に札を運転手に返すシステムを取っている路線もある。

オープントップバスで楽々観光も！

台北の主要観光スポットを回る、乗り降り自由のバス。紅線（8便）、藍線（4便）がある。乗車券150元。（→P.182）
URLwww.taipeisightseeing.com.tw

タクシー Taxi 計程車

MRTの駅から離れているお店へ行くときや荷物が増えてしまったときなど、タクシーが便利。日本より安く、流しのタクシーも多いので旅行者も利用しやすい。イエローの車体に屋根に載せた「計程車」または「出租汽車」という標識が目印。

タクシーの乗り方かんたんナビ

配車アプリ「Uber」も便利

利用前の登録や設定は必ず日本で完了。台湾での使用は、現在地と目的地を入力→配車のナンバーが通知される（営業登録済のナンバープレートの文字は赤色）。

① 乗車方法

日本と同様、フロントガラス上部に「空車」と表示されたタクシーを見つけたら、手を挙げて乗車の意志を伝える。日本語や英語はあまり通じないため、行き先の名称と住所を漢字で大きく書いて見せるといい。「後部座席のシートベルト着用」が義務化されており、従わなかった場合、一般道路1500元、高速道路3000元以上6000元以下の罰金が乗客に科される。乗車したらすぐシートベルトを着けよう。

② 料金システム

メーター制（台北市）。初乗りは1.25kmまで85元。以降200mごとに、または時速5km以下の場合は60秒ごとに5元ずつ加算。チップは不要。後部トランクに荷物を入れた場合、原則として＋10元。23時から翌6時の間は、夜間料金として＋20元。旧正月期間も＋30元。

③ チャーター利用価値大

1時間500元、7時間で3000～4000元が目安。走行距離や待ち時間により金額が変動。料金は事前に交渉し、決めた料金は必ず紙に書いてもらっておこう。

タクシーをつかまえるノウハウ

空車が見つからないときは、ホテルやデパートのタクシー乗り場へ。夜間、レストランやバーからホテルへ戻る際には、お店のスタッフにタクシーを呼んでもらおう。また、セブンイレブンのマルチコピー機「ibon」から無料で配車可能。操作方法は、ibon画面の「生活服務」をタッチ→「叫車服務」→「下一歩（次へ）」（この後、続ける場合は「下一歩」をタッチ）→タクシー会社を選択→「一般叫車」を選択→「同意、繼續下一歩」を選択→台湾の電話番号or固定電話を入力（なければ下一歩をタッチしてスキップ）→支払い方法「現金」を選択→配車情報と待ち時間が表示されるので「列印單據（印刷する）」をタッチ→印刷された予約シートを持って店外でタクシーを待つ。

MRT遺失物サービスセンター：台北☎02-218-12345（24時間）窓口：「台北車站」中山地下街R1出口付近B2（祝日以外の火～土12:00～20:00）、高雄☎07-793-9666（内線25185）窓口：「R10/O5美麗島」站4番出口そば（祝日以外の火～土12:00～20:00）

181

台北市内交通

ダブルデッカーバス 雙層觀光巴士
台北 台南 高雄

屋根がない2階建て観光バスでパノラミックな景色を楽しみながら、主要観光スポットを効率よく回ることができる。2階中央～後方は屋根なしだから日焼けや暑さ対策を忘れずに。2階前方の席は屋根と空調がある。

`台北` `URL` www.taipeisightseeing.com.tw

	台北	台南	高雄
乗り方	専用バス停で乗降可能。チケットは乗車時購入可。乗車時に無料イヤホンをゲット、座席の音声ガイド（中・英・日・韓）が使える。	専用バス停で乗降可能。チケットは乗車時購入可。	指定のバス停でしか乗降できないので注意。チケットは乗車時に購入可。乗車時にイヤホンをレンタルすれば音声ガイドが聞ける（100元）。
時刻表	● 紅線　台北車站発 09:10、11:40、13:30、14:50、15:10、16:40、18:20、18:40 一周約75分 ● 藍線　台北車站発 09:40（休日）、10:50、13:10、16:40 一周約85分	台南車站発 09:30、11:30、13:00、14:30、16:00、17:30 一周約55分 ※土・日・祝のみ運行。	● 西子灣線　愛之船國賓站発 11:00、13:30、15:30、17:30 一周約40分 ● 新灣線　愛之船國賓站発 12:30、14:30、16:30 一周約50分 ※どちらの路線も土・日・祝のみ運行。
料金	1回券150元、4時間券300元（利用は20:00まで）、日中券（9:10～18:00）500元、1日券600元、2日券1000元　`Card` J.M.V.　現金、悠遊卡、iPASS	1日券300元、2日券500元 `Card` 不可　現金、悠遊卡、iPASS	1回300元 `Card` 不可　現金、悠遊卡、iPASS
ルート	● 台北　台北車站→MRT西門站→小南門「往南」→MRT龍山寺站→小南門「往北」→中正紀念堂→信義永康街→MRT大安森林公園站→MRT大安站「信義」→信義教化館口→信義通化街口→101國際購物中心→MRT市政府站→MRT國父紀念館→MRT忠孝敦化站→頂好市場→MRT忠孝復興站→華山文創園區→台北車站 ● 台北車站→MRT北門站→延平一路→圓環→MRT中山站→晶華酒店→大同公司→台北市立美術館→圓山飯店→銘傳大學→士林官邸→故宮博物院→士林官邸→MRT劍潭站→圓山飯店→台北市立美術館→大同公司→台北車站	台南車站→赤崁樓→神農街→安平漁人碼頭→億載金城站→安平漁人碼頭→小西門→孔廟→台南車站 `URL` tainansightseeing.com.tw	● 西子灣線 愛之船國賓站→駁二站（城市商旅）→西子灣→鼓山輪渡站→愛之船國賓站 ● 新灣線 愛之船國賓站→LRT高雄展覽館站→MRT中央公園站→六合夜市→愛之船國賓站 `URL` www.kaohsiungsightseeing.com.tw

行き先を確認してラクラク観光♪

レンタサイクル YouBike

YouBike2.0は車体が白！

台湾政府交通局と台湾を代表する自転車メーカーGIANTによる自転車シェアリングサービス。以前は名称やサービスが異なる都市もあったが近年YouBikeに統一された。古いYouBike1.0はほぼ新たなYouBike2.0に置き換わっている。ここではクレジットカードと悠遊卡でのレンタル方法を紹介。チョイ乗り＆エコで快適な移動を！ `URL` www.youbike.com.tw

設置エリア：台北市、新北市、台南市、高雄市、台中市、嘉義市、新竹縣、新竹科學園區、屏東縣（苗栗縣、桃園市は1.0）

利用方法

❶ 利用者登録を行う

YouBikeアプリ（YouBike微笑單車2.0 官方版）をインストール。

クレジットカードの場合
アプリ起動後、Login/Register→Single Rentalからクレジットカード情報を紐づける。認証コード受取りのためのeメールアドレスが必要。使用は120時間（5日間）限定。それを超えたら再度登録する。

悠遊卡の場合
会員登録を行う。会員登録には台湾の携帯電話番号が必要。画面右下「Sign Up」から画面に沿って入力。支払い方法（Card Type）で「EasyCard（悠遊卡）」を選択し、カード裏面にある番号を入力する。iPASSなども使用可能。

❷ 自転車を借りる

レンタル操作は自転車のモニター部分で行う。

クレジットカードの場合
オレンジ色のボタンを押すとQRコードと番号が表示されるので、アプリ画面の「Scan」をタップしそのQRコードを読み込むと番号を入力。

悠遊卡の場合
緑色のボタンを押すと画面に文字が表示されるので、中央の「感應區」と書いてある部分にカードをタッチ。「請取車」と表示が出たらタッチ成功。

❸ 乗車・駐輪する

レンタルが成功したら自転車を引き出し乗車。自転車は3段変速付き。レンタル中に駐輪する場合は付帯のワイヤーロックを使う。使用方法は前カゴの図を参照。

❹ 返却する

ステーション内の空いている柱に自転車の左前方にある出っ張りを差し込み、モニターに「還車成功」と表示が出たらOK。悠遊卡の場合は「感應區」にカードをタッチすると残額が表示される。

料金

4時間以内：30分毎に10元
4～8時間：30分毎に20元
8時間以上：30分毎に40元

電動YouBike2.0Eも登場。2時間以内：30分毎に20元、2時間～：30分毎に40元。設置エリアは台南市、高雄市、台中市、嘉義市、新竹市など（2023年10月現在。台北市、新北市は2024年導入予定）。オレンジのカバーが目印。

注意事項
- 登録端末「KIOSK」はYouBike2.0に未対応のため、アプリでの登録が必須。
- クレジットカードの場合はデポジット3000元が必要（問題なく使用・返却されればあとから返金される）。
- 困りごとは「服務中心」（公式HP→聯絡我們→服務中心）から検索可能）で尋ねることができる。
- レンタル前に故障やパンクないかチェック。
- 緑色・自転車マークの自転車専用レーンを走行。赤色で「行人優先」とあれば歩行者優先レーンの意味。

便利に使おう！

台湾好行バス

タイワンハオシン

予約不要で、鉄道主要駅や高鐵、MRT駅などを起点として、周辺の観光スポットを巡回する乗降自由な観光シャトルバス。料金は基本的に一般の市バスと同じ段票制で初乗り25元～が多く、1日周遊券がある路線も多い。バス乗車時に悠遊卡、iPASS、現金で支払う。1日周遊券は乗車時のバスターミナル（提携バス会社のカウンター）で買えるほか、悠遊卡やiPASSで周遊券を買えばICカードが周遊券として使える。詳細情報はウェブサイトで。[URL] www.taiwantrip.com.tw

台湾好行バス主要ルート一覧表

路線名	料金／所要時間	ルート
6670 ABCDEF 日月潭線	片道193元、 対キロ制27元～ 1時間45分(直通)	台中干城站 Map 別冊P.18-B3 から出発し、台鐵「台中」車站 Map 別冊P.18-B3 、高鐵「台中」站 Map 別冊P.18-B1 などを経て日月潭（→P.42）へ行く。直通路線（B,E,F）、埔里経由線（A,D）、中台禅寺路線（C：休日のみ運行）がある。7:20～18:45（1日22本）、金・土は～19:45（26本）
716 皇冠北海岸線	1日券160元、 対キロ制15元～ 1時間35分	MRT淡水信義線「淡水」站から出発し、老梅（緑石槽）（→P.61）などを経て、野柳地質公園（→P.60）へ行く。夏季（5～10月）は毎日、冬季（11～4月）は土・日・祝のみ運行。9:00～15:00（1日6本）
106 故宮南院線	片道158元、 対キロ制25元～ 1時間50分	台鐵「嘉義」車站 Map 別冊P.19-C1 から出発し、檜意森活村（→P.113）などを経て、故宮南院を通り、高鐵「嘉義」站 Map 別冊P.2-A2 へ行く。平日8:00～15:00（1日4本）、土・日・祝7:00～15:00（1日8本）
7322C 阿里山B線 (台鐵発)	片道251元、 対キロ制25元～ 2時間30分	台鐵「嘉義」車站 Map 別冊P.19-C1 から出発し、石棹を経て阿里山 Map 別冊P.20-A2 へ行く。1日5本（7:10、8:40、9:10、9:40、11:10）、9:40発の7322Dは奮起湖を経由のため所要時間3時間。
7322AD・ 7329 阿里山A・B線 (奮起湖線)	奮起湖-阿里山 82元、 奮起湖-阿里山 60～75分	奮起湖（→P.48）から阿里山 Map 別冊P.20-A2 へ行くのは1日3本（11:30、12:50、14:00）。
7329 阿里山A線 (高鐵発)	片道278元、 対キロ制25元～ 2時間35分	高鐵「嘉義」站 Map 別冊P.2-A2 から出発し、石棹を経て阿里山 Map 別冊P.20-A2 へ行く。1日4本（9:30、10:10、11:00、最終は16:40発）。11:00発は奮起湖を経由のため所要3時間。
88 府城巡回線	1回18元 約40分	台鐵「台南」車站 Map 別冊P.15-C2 から出発し、孔廟（→P.64）、林百貨（→P.82）、鄭成功祖廟、赤崁樓（→P.64）、神農街（→P.28）、台南轉運站を経て台鐵「台南」車站に戻る。土・日・祝のみ運行10:00～20:00（1日11本）。
99 安平台江線	1回18元～ 約1時間40分	台南轉運站から出発し、台鐵「台南」車站 Map 別冊P.15-C2 や建興國等（府前路）（→P.64孔廟近く）、林百貨（→P.82）、鄭成功祖廟、赤崁樓（→P.64）、安平古堡（→P.66）、徳記洋行・安平樹屋（→P.67）、観夕平台、四草生態文化園區（→P.61）を経て、七股鹽山へ行く。土・日・祝のみ運行8:20～17:20（1日8本）。
310 太魯閣線	1日券250元、 2日券400元、 片道140元 40分（太魯閣 遊客中心まで）	花蓮轉運站を出発し、七星潭、台鐵「新城」車站を経て、太魯閣、太魯閣遊客中心（→P.118）へ行く。6:30～13:40（1日平日6本、土・日・祝10本）、復路最終18:30（1日8本）。道路状況により太魯閣遊客中心公園まで行く場合は302バス（太魯閣客運）もある。
8101A 東部海岸線	台東車站から 三仙台まで 208元、1日 券399元 5時間15分	台東轉運站から出発し、金樽休憩區、阿美民俗中心、成功漁港、台鐵「台東」車站 Map 別冊P.2-B3 、小野柳、成功を経て三仙台遊憩區へ行く。1日1本（8:30台東轉運站発、14:00三仙台遊憩區着、17:15台東轉運站着）
線11 礁溪線A線 ／B線	1回20元、 A線30分、 B線20分	A：台鐵「礁溪」車站 Map 別冊P.20-B2 から出発し、礁溪轉運站（→P.120）、礁溪溫泉公園、湯圍溝公園（→P.120）、五峰旗風景特定區を経て、佛光大学雲起樓へ行く。平日8:50～18:50（1日11本）、土・日・祝10:50～18:35（1日13本） B：台鐵「礁溪」車站 Map 別冊P.20-B2 から出発し、礁溪轉運站（→P.120）、礁溪溫泉公園、湯圍溝公園（→P.120）、林美石磐步道を経て、淡江大学蘭陽校區へ行く。平日7:30～（1日4本）、土・日・祝12:15～19:35（1日3本）

デザイン覚えてね

赤いバス停が目印！

MRT「淡水」站 716　野柳地質公園

台湾桃園国際空港

高鐵「桃園」站

高鐵「新竹」站

高鐵「苗栗」站

台北

佛光大学雲起樓

淡江大学蘭陽校區

礁溪站 11

台中

高鐵「台中」站

天祥

310

6670

日月潭

花蓮

106

高鐵「嘉義」站

嘉義

奮起湖　阿里山 7322 / 7329

三仙台

8101A

99

台南轉運站

88

台南

高鐵「台南」站

高鐵「左營」站

高雄

高雄国際空港

台東

台東轉運站

—— 台湾好行バス
—— 高鐵（新幹線）
—— 台鐵

ダブルデッカーバス＆レンタサイクル／台湾好行バス

切符は専用窓口で購入。筆談でOK

台湾好行バス

台湾観光に便利な足として、MRTや高鐵、台鐵の駅前から主要な観光スポットを結ぶシャトルバス。台湾交通部観光局と各バス会社が催行。台湾好行バス専用バス停で乗降する。途中から乗車する場合はバス停で挙手を。

ウェブサイトから予約OK

2023年10月現在、台中と日月潭（→P.42）を結ぶ日月潭線や高雄頭線などウェブから予約できるバスも。日月潭線は乗車日の3～6日前から、礁溪線は2～5日前から予約可能。[URL] www.taiwantrip.com.tw/Frontend/Reservation/Ticket

旅の便利帳

お金、通信、マナーなど、台北を旅するのに
知っておきたいインフォメーションを集めてご紹介。
これだけおさえておけば、安心して台北へ旅立てるはず。

困ったときは
すぐ確認！

お金

台湾の通貨は、国際的に新台弊・NT$（ニュー・タイワン・ドル）と呼ばれている。単位は、「元」だが紙幣や硬貨には「圓」と表示。紙幣は100、200、500、1000、2000元の5種類、硬貨は1、5、10、20、50元の5種類。

100元

200元

500元

50元

1000元　2000元

1　5　10　20元

クレジットカード・スマホ決済

VISA、Masterなど国際ブランドのクレジットカードは、ホテルや飲食店、スーパーなどで使え、タッチ決済ができる店も増えている。桃園空港MRTと高雄MRTは、タッチ決済可能なクレカで乗車OK（→P.14）多額の現金を持ち歩くのはリスクが高いので、両替は最小限にしてクレカで支払うのがベター。台湾で使われているスマホ決済のトップはLINE Pay。LINE Payを国際クレジットカードと連携させ、LINEアプリ内でサービス利用国を「台湾」に変更すると使えるが正式にサポートされていないため、使用できないこともある。また、使用時はネット回線への接続が必要。

両替・ATM

外貨両替は、空港内の銀行で行うと手数料（30元）がかかるのが一般的。市内の銀行は手数料を徴収する銀行としない銀行があり、レートも異なる。なお、台北駅構内など、一部の郵便局も両替を行っている。銀行や郵便局ではパスポートが必要で時間もかかりがちなので、2〜3日の滞在であれば空港で両替しておくのがおすすめ。また、国際ブランドのクレカであれば、空港や駅に設置されているATMで台湾元をキャッシングできる。旅に出る前に海外利用限度額とICカードの場合はPIN（暗証番号）をカード会社に確認しておこう。利用の際は金利には留意を。

電話

台湾の公衆電話は「公共電話」と呼ばれる。硬貨投入式のほか、悠遊卡やiPASSなどのICカードやクレジットカードが使用可能な電話機もあり、国際電話もかけられる。町なかではあまり見かけなくなっているが、空港や駅などには設置されている。

P.185の「スマホ」欄にも記述しているが、SIMフリーのスマートフォンであれば、台湾のSIMカードに入れ替えることで使用可能。台湾の空港で販売されているSIMカードには台湾の電話番号が付き、台湾内で電話が使用できる。台湾の電話番号があれば、悠遊卡などのICカードをYouBike（→P.182）用に登録して使えるというメリットもある。

日本から台北へ

国際電話会社の番号	国際電話識別番号	台湾の国番号	相手先の市外局番の
0033/0061	**010**	**886**	**最初の0をとった番号**

※台北の市外局番は（02）

台北から日本へ　東京03-1234-5678にかける場合

国際電話識別番号	日本の国番号	市外局番・携帯電話の最初の「0」は取る
002 009	**81**	**3-1234-5678**

現地での電話のかけ方

● 市内への電話は　そのままプッシュする（市外局番は不要）
● 市外への電話は　（　）内の番号を0を含めてプッシュする

電源電圧

台湾の電圧は110V・60HZ。100Vの日本製電化製品は多少負担がかかるが、そのまま使えることが多い。心配な人は変圧器を使用すると万全。また、コンセントのプラグの形状も日本と同じ。スマートフォンやデジカメ、パソコンなどのデバイスの充電器は、海外対応の場合が多いので確認を。

スマホ

旅の必須アイテム、スマホ。Wi-Fiルーターをレンタルするか、SIMフリースマホであれば台湾の空港でSIMを購入すれば、日本と同様に使用できる。台湾の大手通信会社は、「中華電信」「台湾大哥大」「遠傳電信」の3社があり、料金は利用日数で異なり、3日間300元と3社とも変わらない。通信会社のカウンターでSIMの交換も行ってくれる。また、ドコモのahamoと楽天モバイルであれば、SIMの入れ替えなしで国際ローミングが利用できる。ahamoのデータ通信容量は月間20GBで海外滞在時に利用したデータ量も20GB内にカウントされ、追加料金は不要。楽天モバイルは2GBまで無料。

Wi-Fi

台湾のホテルやレストランカフェなどは、多くがフリーWi-Fiを提供している。パスワードを教えてもらうだけで接続できるフリーWi-Fiが普及していて便利だ。台湾政府が提供する登録不要の無料Wi-Fiサービス「iTaiwan」は、ネットワークに接続すればすぐ利用可能。詳細は公式サイトで確認を。
(URL) itaiwan.gov.tw

禁煙電子たばこ

台湾は、3人以上いる屋内はすべて禁煙。歩きたばこ、妊婦の喫煙、妊婦や3歳児未満の子どもがいる部屋での喫煙等も法律で禁止されている。屋内で喫煙できるのは、喫煙室など空調が整った施設のみ。また、電子たばこと加熱式たばこの使用も持ち込みも禁止。違反者には、5万〜500万元の罰金が科される。

水

台湾の水道水は硬水なので、そのままでは飲めない。飲用には、ミネラルウォーターがおすすめ。コンビニなどで多種類のミネラルウォーターが販売されている。また、ペットボトル入り無糖台湾茶各種も売られている。ホテルの客室には、湯沸かしポット、ティーバッグやコーヒーなどが用意されていることが多い。

郵便

日本への国際郵便は、エアメールの場合、はがきが10元、封書が10gまで13元（10g増すごとに＋9元）、小包（航空便）は、0.5kgまで425元、1kgまで480元、以下0.5kgまでごとに55元を加算。日本までは5〜7日間。郵便局の営業時間は8:30〜17:00（月〜金）、9:00〜12:00（土）。ポストは赤は速達と国際郵便用、緑が台湾国内普通郵便用。EMS（書類）は、250gまで240元、500gまで340元。

トイレ

台湾ではトイレのことを「廁所」「洗手間」、公衆トイレは「公廁」と呼ぶ。最近はトイレットペーパーを流せる公共トイレが増えつつあるが、備え付けのゴミ箱に捨てるトイレもまだ残っている。常時ティッシュ持参が安心。町歩きの際は、ホテルやデパートのトイレがおすすめだが、トイレを利用できるセブンイレブン（看板に表示あり）が増加中。MRTの駅にもトイレがある。

台湾旅行に便利なアプリ

台湾高鐵 T Express
台湾高鐵のチケット予約から購入（決済）、乗車まで完結できる。中国語と英語での対応。

台鐵e訂通
台湾鉄道のチケットを購入できる。予約から発券（チケットレス）までアプリで可能。

台湾大車隊 55688
台湾最大のタクシー会社「台湾大車隊」の配車サービスアプリ。対応言語は中国語と英語。

Googleマップ
地図アプリは台北でも大活躍。地図をダウンロードしておけばオフラインでも使える。

Google翻訳
手書きや音声での入力もできる翻訳アプリ。カメラ入力機能を使えばメニュー解読も一瞬。

Currency
オフライン対応の外国通貨換算アプリ。リアルタイムで台湾元のレートが確認できる。

「LINE」は台湾でユーザーが多く、多くの飲食店が LINE から予約を受け付けている。

旅の安全情報

台湾は治安がよく、女子も不安なく街歩きができる都市。
でも外国であることを忘れずに、少し気をひきしめて。
最後まで楽しく旅を終えるための大事なインフォメーション。

注意してね〜

治安

台湾の治安は比較的良好。親日的であるため、日本人にとって安心して旅ができる都市だが、以前より犯罪は増加傾向にある。日本人が台湾で遭遇する事件事故は、毎年平均120件前後。台湾で旅行者が遭いやすいトラブルは、スリ、ひったくり、置き引きなど。また、交通量が多くルールも厳守されていないので交通事故にも充分注意。
・外務省 海外安全ホームページ
URL www.anzen.mofa.go.jp

病気・健康管理

グルメ天国台湾でつい食べ過ぎて胃腸をこわしたり、衛生状態が万全とはいえない屋台の食べ物で下痢をしたり…。節度のある食べ方をし、胃腸薬や下痢止め、風邪薬など常備薬を忘れずに持っていこう。また、台湾は5月から9月頃まで日差しも強く蒸し暑い。日射病や熱射病を防ぐため帽子やサングラスは必需品。疲れたなと感じたらタクシーでホテルへ戻り、休憩をとるようにしたい。

海外旅行保険

旅行中、どんなトラブルに遭遇するかわからないので、出発前に海外旅行保険に加入しておこう。病院やケガで診察を受ける場合、保険に加入していないと高額の医療費が必要となる。また、カメラやスマホの盗難なども補償の対象になるので安心。ウェブで簡単に加入でき、クレジットカード付帯の保険に不足している補償を選択して入れる保険もある。クレカ付帯の保険内容をチェックしておこう。

こんなことにも気をつけて！

エピソード1 夜市はスリ多発地帯！

台湾各地で開かれる夜市は定番夜遊びスポット。深夜までにぎわっているがスリやひったくりが多いのも事実。持ち物には充分注意を払って。ショルダーバッグは道路側に持たないように。斜めがけがおすすめ。パスポートや不要な現金はホテルのセーフティボックスに。バッグの中は小銭とハンカチ＋ティッシュで充分。

エピソード2 タクシー利用時にはここをチェック！！

①車体に傷が多い、または汚れているタクシーは避ける　②乗車時には車内前部にある運転者登録証を確認し、ない場合は降車　③運転手が酒臭かったり、服装が乱れていたりする場合は乗車しない　④料金が高いと感じた場合または故意に遠回りされた場合などは、運転手名や車両Noをメモしておき、降車後すぐ警察に通報。

エピソード3 深夜の女子ひとり歩きはNG

にぎやかな大通りはまず大丈夫だが、人通りの少ない路地は絶対避けて。治安のよい台湾とはいえ、ほとんどの店が閉まった後の街を歩くのは危険。ひとりの時は、深夜まで出歩いて路地に迷い込まないように注意しよう。また、深夜にタクシーにひとりで乗るのも避けよう。時間帯と場所をわきまえて行動をしよう。

エピソード4 知り合ったばかりの人をすぐ信用しない！

当たり前のことだが、町で知り合った人をホテルの部屋に入れたり、ついて行ったりするのはとても危険。同性からの「泊まりに来ない？」といった誘いも断ろう。台湾の人は親日的でやさしく、親切で声をかけてくれることがほとんどだけど、なかには好意を装った詐欺行為もないとはいえないので常識をもって判断を。

エピソード5 食べ過ぎ、食中毒に注意！

台湾で起こりがちなのが食べ過ぎによる腹痛や下痢。特に屋台では生ものは避けたい。衛生状態が良いとはいえないので食中毒を起こすこともある。具合が悪くなったら、まずホテルのフロントに相談。ホテルドクターや近くの病院を紹介してくれる。台北には日本語が通じる病院（→P.187）もあるので早めに受診を。

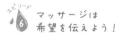
エピソード6 マッサージは希望を伝えよう！

足裏やボディマッサージを受けている際、力が強すぎるときはその場でマッサージ師に伝えよう。男性マッサージ師が不安なときは、入店時（または予約時）に「女性マッサージ師を希望」と明確に伝えること。万一セクハラまがいの施術を受けたときには、店側にきちんとクレームを入れること。

急な雨でタクシーがつかまらず、Uberを利用した。すぐ車が呼べて助かった！（大阪府・佳奈）

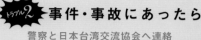

トラブル別 困ったときの イエローページ

トラブル1 パスポートを紛失したら

まずは内政部移民署と交流協会に届け出て手続きを…

パスポートを紛失した場合は、交流協会で新しいパスポートを発給してもらう手続きをとることになるが、発給まで2週間程度必要。帰国まで時間がない旅行者の場合は、「帰国のための渡航書」（原則として当日発給。有効期限3日、帰国時1回のみ使用できる）を発給してもらう。

 帰国のための渡航書発給に必要な手順

- ☐ 内政部入出国及移民署で発行してもらった「紛失・盗難証明書」(写真2枚必要)
- ☐ 紛失一般旅券等届出書1通(写真1枚必要)
  →提出後、紛失したパスポートは失効。
- ☐ 本籍地が記載された住民票、戸籍謄(抄)本(6ヵ月以内)のいずれか1通
- ☐ 手数料570元　※詳細は日本台湾交流協会のHPで確認

トラブル2 事件・事故にあったら

警察と日本台湾交流協会へ連絡

盗難などにあったときはまず警察へ届け出よう。台北には24時間可能なホットラインもある。事件や事故の場合は、警察と交流協会に連絡する。

緊急連絡先

警察　**110**
警察局外事服務站
台北 **02-2556-6007**(24時間/日本語可)
高雄 **07-215-4342**　台中 **0922-958-110**
詳細は URL www.anzen.mofa.go.jp/manual/pdf/taiwan3.pdf
日本台湾交流協会　台北事務所 Map 別冊P.6-A3
02-2713-8000
高雄事務所 Map 別冊P.16-B3
07-771-4008 URL www.koryu.or.jp
内政部移民署　台北 Map 別冊P.8-A2　高雄 Map 別冊P.17-D1
Free **1990**

トラブル3 クレジットカードを紛失したら

至急カードを失効処分に

すぐにカード発行会社に連絡し、カードを使えないようにする手続きを取る。その後、警察に行き、盗難・紛失届証明書を発行してもらう。旅立ち前にクレジットカードの会員番号は必ず控えておくこと。

緊急連絡先

カード会社
Visa 　　　　　　**0080-1-444-190**※
アメリカン・エキスプレス 　**00801-65-1169**※
ダイナース 　　　**(81)3-6770-2796**
JCB 　　　　　　**(00)800-00090009**※
Master 　　　　　**00801-10-3400**※
※トールフリー（日本語対応）

トラブル4 病気になったら

緊急の場合は救急車、日本語が通じる病院も

熱が下がらない、下痢が続く、ケガをした…といったときは、病院へ。ホテルのフロントでも紹介してくれるし、海外旅行保険の緊急連絡デスクに連絡すると近くの病院を教えてくれる。台北には日本語が通じる病院がある。

緊急連絡先

救急・消防/病院（抜粋）

救急車 　　　　　　**119**
台北　臺安醫院特診中心 　**02-2776-2654**(日本人特別外来) Map 別冊P.10-B1
　　　國泰綜合醫院 　　　**02-2708-2121**(日本語可) Map 別冊P.10-B2
台中　仁愛醫院大里院區 　**0928-928-403**(日本語ホットライン) Map 別冊P.18-B2外
台南　衛生福利部台南醫院 **06-220-0055** Map 別冊P.14-B2
高雄　蔡忠雄外科診所(内科も可) **07-226-5701** Map 別冊P.16-A3
花蓮　衛生福利部花蓮醫院 **03-835-8141** Map 別冊P.20-A1

トラブル5 荷物を忘れたら

遺失物センターに問い合わせる

緊急連絡先

桃園空港MRT 　**03-324-1810**
高鐵 　公式サイトへ→P.174
台鐵 　**02-2191-0096**
台北MRT 　**02-218-12345**
高雄MRT 　**07-793-9666**(内線25185)

その他連絡先

保険会社
（日本のカスタマーセンター）
損保ジャパン日本興亜 **0120-08-1572**
東京海上日動 　　　**03-6758-2460**
AIG損保 　　　　　**0120-04-1799**

航空会社
日本航空 　　　　　　**00801-81-2727**
全日空 　　　　　　　**00801-81-4750**
エバー航空 　　　　　**02-2501-1999**
キャセイパシフィック航空 **02-7752-4883**
チャイナエアライン 　**02-412-9000**

観光案内所
(財)台湾観光協会 　　　**02-2752-2898**
台北交通部観光局
旅遊服務中心 　　　　　**02-2717-3737**
観光局ホットライン 　**0800-011-765**
　　　　　　　　　　　(24時間・日本語可)
URL jp.taiwan.net.tw

クレジットカードは第三者の不正利用には支払い義務ナシ。覚えのない利用明細があったらカード会社にすぐ連絡を！

旅の安全情報／イエローページ

187